- 国家社会科学青年基金项目《为盈利诉求与公共利益的平衡求解：媒介商业化的陷阱与出路》（2009XW007）结项成果
- 河北省社会科学重要学术著作出版资助项目
- 河北省新闻学重点学科资助项目

新闻传播学研究前沿（第三辑）

媒介问题内容产制研究
——一种批判的视角

◉ 商建辉

中国传媒大学 出版社

·北京·

序
力量与困境：现实语境下的媒介商业化

市场之于传媒，正如金融之于工业，离开了自由市场提供的赖以生存的货币面包，作为第三产业的传媒行业无异于无源之水、无本之木。

但事实并非如此简单，20世纪70年代末，中国传媒进入市场，在为自身僵化的肌体注入了竞争与活力的同时，前所未有的困惑与迷茫也随之而来。

就像以亚当·斯密为代表的自由市场力量和以凯恩斯为代表的国家资本主义力量之争一样，困惑和迷茫的根源正来自于市场失灵与公共服务提供的争论。市场并非万能，不能盈利的高品质新闻对市场压力下的商业传媒来说毫无吸引力；而传媒并非单纯的商业企业，在中国的具体语境下，除了社会公器，它还承担着"喉舌"的重任。

尤其是当中国传媒界的新生力量出生在以家国视域为主导的儒家文化背景中，成长在西方新闻专业主义的新闻理念下，工作在企业化经营、事业化管理的传媒体制中，交往在资本、政治、受众三重现实维度压力之下时，这样的迷茫与困惑在个体身上的碰撞就演绎得更为剧烈。

社会契约创造了合法国家的正当权利，与此类似，传媒握有的舆论权亦天然具有公权性质。著名的议程设置理论认为："传媒不能决定受众怎样想，但在决定受众想什么上却十分有效"，拟态环境学说也认为受众通过媒介感知与认识周围的世界，如此种种，无不证明着传媒对受众的巨大影响。利润导向掣肘下的问题内容产制带来的是对公共利益的侵蚀与遮蔽，而这对于培养负责的公民与建设负责的公民社会来说影响甚巨。

那么，对于媒介商业化问题研究的拓展与深化也就变得紧迫起来。令人欣喜的是，眼前新脱稿的这本书，对媒介商业化环境下的问题内容产制进行了仔细的诠释与考量，使读者对当前媒介商业环境下的问题内容产制状况有了初步的体认与印象：翔实的案例，严密的逻辑，加上文字精心串联下形成的证据链，将媒介商业化下问题内容的出现与背后的原因进行了全面的解读，读来令人震惊，使人警醒，发人深思。

总体来说，传媒经济的本质特征仍然表现在传媒产品之上，试图了解媒介商业化的发展状况，从媒体生产的内容本身入手分析无疑是一条捷径。商建辉博士具有经济学和新闻学双重学科背景，他从解析资源配置问题的经济学经典架构即生产什么、如何生产、为谁生产出发，探析媒体问题内容产制，融合媒介社会学的理论框架，在政府、受众、经济力量传统三维角度中引入传播政治经济学全新的观察视角，采用文献法、内容分析法以及深度访谈等多种方式细述了商业化环境下受到影响的传统媒介问题内容产制状况，并提出了初步问题解决方案，使研究既具理论意义又具现实价值。

同时，由于作者复合型的知识结构，书中对于政治学、新闻学、传播学、产业经济学等多学科概念上的条分缕析更让读者领略了学科交叉处的风景与魅力，可谓是本书达到的另一效果。

回到问题的原点，正如哈钦斯委员会在《一个自由而负责的新闻界》中阐述的那样"自由而负责的新闻界是否处在危险之中？我们的回答为：是的。"商业化的脚步已经侵蚀着新闻独立与专业。那么问题内容究竟从何而来？

合上书的一刻，想起传播学大师罗杰斯的话语："任何涉入一条新的河流的人都想知道这里的水来自何方，它为什么这样流淌。"

本书正是溯源媒介商业化的小溪。

是为序。

白　贵

（作者为河北大学新闻传播学院创院院长、教授、博士生导师）

目 录

绪 论 / 1
    第一节　研究背景　/ 1
    第二节　研究取向与文献综述　/ 13
    第三节　研究思路、方法与内容框架及创新　/ 20

第一章　媒介商业化的历史进程　/ 25
    第一节　中国媒介商业化的起点——体制变革　/ 26
    第二节　经营管理视角下媒介商业化的历程　/ 27

第二章　生产什么?
    ——媒介商业化背景下问题内容的呈现　/ 41
    第一节　信息品质下降　/ 43
    第二节　普遍服务消失　/ 67
    第三节　内容同质化　/ 86

第三章　如何生产?
    ——媒介商业化背景下问题内容产制的组织因素　/ 94
    第一节　生产规则　/ 94
    第二节　组织效率　/ 121
    第三节　市场竞争　/ 133
    第四节　传播者变为"新闻民工"　/ 152

第四章　为谁生产？
　　　　——媒介商业化背景下问题内容出现的宏观原因　/ 168
  第一节　为资本市场相关利益者生产　/ 168
  第二节　为产品市场利益相关者生产　/ 180

第五章　平衡利润与公益的媒介内容产制方案　/ 212
  第一节　从媒体自身出发的策略　/ 213
  第二节　从政府出发的策略　/ 224
  第三节　从受众出发的策略　/ 230
  第四节　从行业协会出发的策略　/ 233

结　语　/ 236

附　录　市场结构的综合分类法　/ 239

主要参考文献　/ 241

后　记　/ 246

绪 论

第一节 研究背景

自20世纪70年代末上海《解放日报》率先刊登商业广告以来,中国传媒业①发生了复杂而深刻的变化,这种变化在中国学术界中存在着市场化、企业化、产业化等多种提法,它们都是指中国媒介商品属性回归、走向市场竞争和企业化发展模式的变迁过程。在西方学术界,"商业化"(commercialization)是在媒介研究尤其是在对中国现代媒介研究中普遍使用的专业术语,是与"国有化"(nationalization)相对的概念;而"市场化"一词在英文中并没有直接相对应的词组,传媒学术界也没有这样的提法。可以说,"市场化"是与我国中央政府所提出的社会主义市场经济体制相呼应而产生的本土化概念。所以,本书认为,"商业化"应该是解释中国的传媒从单一的政治功能向多种社会功能过渡中更具概括性、更具学术规范的概念。② 因此,本书将运用"媒介商业化"一词来表示中国媒介市场化的改革方向与发展路径。

一、"中国式"的媒介商业化

所谓"媒介商业化","可以分为广义和狭义两种。狭义的媒介商业化指的是非商业媒介全面地向商业媒介转化的过程和倾向。1990年以后东欧的匈牙

---

① 本书研究的"传媒业"系大众传播媒介产业的简称,包括报刊、广播、电视、电影等媒体的产业。为研究的方便,未将互联网列入。因互联网一出现即是商业化的,故不予涉及。
② 李莉:《商业化、全球化与公共领域——传播政治经济学视野下的中国大众传媒公共领域构建研究(1978—)》,西北大学2005年硕士论文,第17页。

利、波兰等国大众传媒私有化的浪潮可以说是狭义的媒介商业化的例证;广义的媒介商业化则是非商业化媒介在不触动其原有的所有制、党派立场、编辑方针的前提下以商业经营的方式从市场获取更多收益的取向。"①本书的媒介商业化显然属于后者,其商业化程度的高低,可以通过"其全部收入中从广告、发行(不包括公费订阅)和其他商业经营活动所取得的收入所占的比例高低(对报业来说)"②来判断。

中国式媒介商业化的过程,简单地说,是在既定的体制下,经济力量或者说市场力量全面渗透的过程。所谓既定体制,我们可以将其理解为,自2002年以来,国家新闻出版广电总局一直强调媒介改革必须坚持四个不变:"一是新闻出版广播影视业的喉舌性质不能变;二是党管媒体不能变;三是党管干部不能变;四是正确舆论导向不能变。"③这"四不变"已成为中国媒介改革历程中政府眼中不可逾越的底线,在随后的诸多文件中不断地被提及。

(一)喉舌性质

把媒介比喻为"喉舌",肇始于梁启超。他在《论报馆有益于国事》(1896年)中提到"上有所措置,不能喻之民,下有所苦患,不能告之君,则有喉舌而无喉舌。其有助耳目喉舌之用而起天下废疾者,则报馆之为也"。

据陈力丹先生的考证,中国共产党关于"党报是党的喉舌"的比喻,较早的论述来自于延安《解放日报》社长博古1944年在内部的一个讲话④:

> 我们是党的机关报,在工作上有很大的责任,做党的喉舌,党每天经过报纸向群众讲话,没有别的工具能如报纸这样更紧密地和群众联系,……我们要成为党的喉舌,必须要贯彻党性、群众性、组织性、战斗性。……每一个做党报记者的同志要认识到自己做党的喉舌……是很光荣的。⑤

1948年4月,毛泽东在《对〈晋绥日报〉编辑人员的谈话》中提出,"报纸的力量和作用,就在于它能够使党的纲领路线、方针政策、工作任务和工作方法,最

---

① ② 何舟、陈怀林编著:《中国传媒新论》,香港太平洋世纪出版社1998年版,241页。
③ 徐光春、石宗源、李从军:《中国新闻出版广播影视业改革谈》,《中华新闻报》2002年12月17日,第5版。
④ 陈力丹:《新闻理论十讲》,复旦大学出版社2008年版,第136—137页。
⑤ 中国社会科学院新闻研究所:《中国共产党新闻工作文件汇编(下)》,新华出版社1980年版,第203、205页。

迅速、最广泛地同群众见面。"这段话也可算作对媒介"喉舌"性质的论述。

改革开放以后,关于媒介"喉舌"性质的表述,比较有代表性的来自胡耀邦和江泽民。胡耀邦在《新闻工作的性质问题》中提出:

> 我们党的新闻事业,究竟是一种什么性质的事业呢? 就它最重要的意义来说,用一句话来概括,我想可以说党的新闻事业是党的喉舌,自然也是党所领导的人民政府的喉舌,同时也是人民自己的喉舌。①

江泽民在《关于党的新闻工作的几个问题》中再次重申了这一观点,并将其进一步推广到广播电视,他指出:

> 我们党历来非常重视新闻工作。始终认为,我们国家的报纸、广播、电视等是党、政府和人民的喉舌。这既说明了新闻工作的性质,又说明了它在党和国家工作中的极其重要的地位和作用。②

既然是"喉舌",也就从一个侧面表达了"一种传媒所处的地位,即它本身不是独立的,而是属于一定的阶级的组织(政党)、国家政治的组织、经济的集团,或更直接成为某个党的领导机关的一部分"③。

(二) 党管媒体、党管干部

由于媒体在社会中不可替代的地位,无论中外,媒体被各国政府给予较多的规制。党管媒体、党管干部即为中国管理媒体颇具特色的方面之一。《中共中央、国务院关于深化文化体制改革的若干意见(中发[2005]14号)》中提出:"要牢牢掌握对国有文化企事业单位主要领导干部的任免权、重大事项的决策权、资产配置的控制权、宣传内容的终审权。"

(三) 准入制度

我国现行的媒体管理制度在机构准入方面执行的是审批登记制。2005年国家新闻出版总署颁布的《报纸出版管理规定》,要求创办报纸、设立报纸的出版单位应当具备下列条件:

---

① 新华社新闻研究所:《新闻工作文献选编》,新华出版社1990年版,第288页。
② 新华社新闻研究所:《新闻工作文献选编》,新华出版社1990年版,第190页。
③ 陈力丹:《新闻理论十讲》,复旦大学出版社2008年版,第136页。

(1) 有确定的、不与已有报纸重复的名称；

(2) 有报纸出版单位的名称、章程；

(3) 有符合新闻出版总署认定条件的主管、主办单位；

(4) 有确定的报纸出版业务范围；

(5) 有30万元以上的注册资本；

(6) 有适应业务范围需要的组织机构和符合国家规定资格条件的新闻采编专业人员；

(7) 有与主办单位在同一行政区域的固定的工作场所；

(8) 有符合规定的法定代表人或者主要负责人，该法定代表人或者主要负责人必须是在境内长久居住的中国公民；

(9) 法律、行政法规规定的其他条件。

除前款所列条件外，还须符合国家对报纸及报纸出版单位总量、结构、布局的规划。

中央在京单位创办报纸并设立报纸出版单位，经主管单位同意后，由主办单位报新闻出版总署审批。

中国人民解放军和中国人民武装警察部队系统创办报纸并设立报纸出版单位，由中国人民解放军总政治部宣传部新闻出版局审核同意后报新闻出版总署审批。

其他单位创办报纸并设立报纸出版单位，经主管单位同意后，由主办单位向所在地省、自治区、直辖市新闻出版行政部门提出申请，省、自治区、直辖市新闻出版行政部门审核同意后，报新闻出版总署审批。

符合以上条件的地方和单位，经上级主管部门审核同意后，再经新闻出版行政管理部门批准才能登记注册，领取报刊登记证，纳入国家统一刊号，完成进入报业的程序。

国家新闻出版总署1993年发布的《关于出版单位的主办单位和主管单位职责的暂行规定》中指出："主办单位是指出版单位的上级领导部门，而主管单位是出版单位主办单位的上级主管部门。"此外还规定了主管单位的行政级别："中央是部级（含副部级）以上单位，省（自治区、直辖市）是厅级以上单位，地、县是县级以上或县级。社委会、编委会、管委会等机构都不能成为出版单位的主办单位。"这就表明，主管机关级别低的或无主管机关的单位（特别是民营企业）

或者其他集体、个人都不能成为出版单位。1999年报刊机构又做了新的调整，规定中央国家机关各部门原则上不办机关报，有些报纸可划归《人民日报》等报社或集团，司、局所办报纸一律撤销，省、地级以下的局不办报，原有报纸可划归当地党报主办，党报吸纳不了的要撤销。

与此类似，《广播电视管理条例》(1997年8月11日国务院令第228号公布，自1997年9月1日起施行)第十条规定："广播电台、电视台由县、不设区的市以上人民政府广播电视行政部门设立，其中教育电视台可以由设区的市、自治州以上人民政府教育厅行政部门设立。其他任何单位和个人不得设立广播电台、电视台。国家禁止设立外资经营、中外合资经营和中外合作经营的广播电台、电视台。"第三十一条规定："广播电视节目由广播电台、电视台和省级以上人民政府广播电视行政部门批准设立的广播电视节目制作经营单位制作。广播电台、电视台不得播放未取得广播电视节目制作经营许可的单位制作的广播电视节目。"2004年8月18日，国家广电总局颁布的《广播电台电视台审批管理办法》(自2004年9月20日起施行)第五条，对《广播电视管理条例》做了一些变通和补充："广播电台、电视台原则上由县、不设区的市以上广播电视行政部门或经批准的广播影视集团(总台)设立，其中教育电视台可以由设区的市、自治州以上教育行政部门设立。"第十八条："广电总局对经批准设立的广播电台、电视台颁发《广播电视播出机构许可证》，并同时对批准开办的每套广播电视节目颁发《广播电视频道许可证》，许可证有效期为三年。"①

(四)国有资产

关于媒体的外资准入问题，1990年国务院批准公布的《外资企业法实施细则》把新闻、出版、广播、电视、电影列为禁止设立外资企业的行业。1991年经国务院批准，国家新闻出版总署发出通知，申明新闻出版行业禁止设立外资企业，原则上不搞在华中外合资、中外合作企业，也不与港、澳、台建立合资、合作企业。1994年国家新闻出版总署再次发布《关于禁止在我境内与外资合办报纸期刊出版社的通知》，重申原则上禁止创办中外合资的报纸、期刊、出版社，并指出这一规定同样适用于港、澳、台地区的合资。中国在入世协议中虽然对新闻传媒业的相关行业，如广告业、发行业等承诺对外资开放，但并没有承诺开放新闻传媒业。

---

① 转引自芮必峰：《政府、市场、媒体及其他——试论新闻生产中的社会权力》，复旦大学2009年博士论文，第27—28页。

对于私人和集体的资本，1999年国家机关事务管理局、财政部和国家新闻出版总署发给中国社会科学院主管的《关于〈中国经营报〉及〈精品购物指南〉报社产权的界定作的批示》已成为一个"具有权威性和普遍适用性的文件"，其内容为：

> 根据我国出版管理法规和规章的规定，设立报刊出版单位须经国家审批，并且须有符合国务院出版行政部门认定的主办单位及其必要的上级主管机关。主办单位要为出版单位的设立提供和筹集必要的资金、设备，并创造其它必要条件，报刊的主办单位即是报刊的投资人。目前尚无可由个人、集体出资创办或拥有报刊的规定，因此，我国的报刊社均为全民所有制单位。鉴于该报社的主办单位是全民所有制单位，《中国经营报》及《精品购物指南》报社创办时也已明确为全民所有制性质，其形成的资产应为国有资产。
>
> 报刊创办时，若有个人、集体自筹启动资金的，不能认定为对该报刊的投资，应按债权债务关系处理，由主办单位参照银行同期贷款利率予以退还。①

这一复函表明私人资本和集体资本不具备投资人的资格，自然无法享受出资人的收益。即直接投资于媒介的私人资本和集体资本既不合法，也无保障。也就是说，目前中国媒体尚不拥有完整意义上的法人财产权。

(五)党性原则

在丰富的无产阶级新闻宣传思想中，党性原则作为其核心思想，不但决定了党的新闻事业的兴衰成败，而且影响到党的宣传工作的成败与优劣。2007年6月20日，胡锦涛同志在视察人民日报社时，就提高舆论引导能力提出"五个必须"。其中第一个"必须"就是必须坚持党性原则。学者李良荣将党的新闻工作的党性原则的表现总结为：

> 党的任何新闻媒介必须无条件地服从党中央和上级党委的领导，无条件地执行党中央和上级党委的决议、决定。
>
> 党的任何新闻媒介必须把党的纲领作为自己总的宣传纲领，无条件地宣传党的基本理论、基本路线、方针政策；不得公开传播任何违背

---

① 新闻出版总署教育培训中心:《报纸出版工作法律法规选编》，中国大百科全书出版社2003年版，第422页。

党纲、党章以及中央、上级党组织决议的文章;不得公开批评关系到全局性的重大理论问题以及重大方针、政策;对于任何违背中央制定的路线、方针、政策的错误展开斗争,保证中央的政令畅通。

在当前及今后很长一段时间内,把我国建设成为现代化的、高度文明、高度民主的社会主义国家,是我们党和人民的宏伟奋斗纲领。党的新闻事业必须围绕着经济建设这一中心去开展宣传报道。①

(六) 宣传管理

"党管媒体"与"党管干部"的原则在具体的新闻生产实践中是在宣传管理掌控之下完成的。所谓"宣传管理",是"各级党委及其宣传部门对新闻生产的政治管理,通常采用的形式是会议部署、以文件形式下达的宣传意见或电话通知、阅评反馈等。其约束机制主要是党的组织机制,即通过'宣传纪律'对媒体领导及相关人员进行组织处罚(如批评、通报、调离、撤职等),特殊情况下才直接以行政的名义对媒体及其从业者进行处罚"②。学者芮必峰曾以"学习运动"③"宣传通知"④"命题作文"⑤等为例,对中国共产党的宣传管理策略作了全面阐述。通过这些路径,意识形态为新闻生产的具体运作构建了边界明确清晰的有形活动空间。

在陆晔与上海新闻界十多名中层干部和资深记者的访谈中,双方对于这类新闻生产中有形的权力控制空间的看法大致接近,即尽可能以退让的姿态应对:"不管你是想实现自己的专业追求,还是想挣钱,学会避开宣传政策的雷区,都是必须掌握的基本功",而且,"这一点比什么都重要"。某报社部门的一次编辑会议,就抢新闻问题强调了两点:一是若新闻发布会有规定的,则应按其规定

---

① 李良荣:《新闻学(第二版)》,复旦大学出版社 2006 年版,第 280—281 页。
② 芮必峰:《政府、市场、媒体及其他》,复旦大学 2009 年博士论文,第 54 页。
③ 中国共产党在新闻界领导、发动和开展的思想教育活动,如 2003 年以来中宣部在全国新闻界开展的"三项学习教育活动"。
④ 各级党委宣传部门(有时也联合有关部门)针对某一时期或某一方面的新闻报道(个别情况下也可能针对某一则新闻报道)向新闻生产者(组织/个人)下达的具体指示,一般包括"宣传提示"和"报道注意"两大类型。前者侧重于从正面对报道重点、宣传口径提出要求,后者侧重于对一些报道内容的限制,其中对报道内容做出具体限制的,通常被视为"宣传禁令"。在一份以正式文件形式下达的宣传通知中,往往同时包括这两方面内容。
⑤ 宣传主管部门根据一定的宣传目的和需要指派所辖媒体所做的报道,业界也称"规定动作"。多数情况下,命题作文是由党报、党刊和国家通讯社来承担,它是"命令型新闻体制"下"常规"新闻生产的一种"特色产品"。

发稿,不得提前;二是若中宣部或市委宣传部有禁止的,则不许发稿。宁可抢不上稿,也要遵守纪律。①

综上所述,我们可以看出,中国媒介商业化是约束条件下的制度创新过程。其路径曾被陈怀林称为"束缚创新"、"自上而下的'合谋'",即"在封闭的竞争环境中,媒介制度创新是自上而下、上下合谋。媒体为及时获利而'以身试法',但无疑放弃旧制度的'优惠'。政府力保其根本利益,但也在旧制度的架构中提供有限的创新空间"②。胡正荣则称之为"政商共谋"。这种改革路径最大的隐忧就是"对公共利益的伤害与侵蚀","因为在观念上有一个误区:国有或政府拥有媒介就是为公共利益服务的公共媒介"。③

换句话说,中国媒介商业化的过程是"执政党运用其组织力量和意识形态话语主导权以及它所掌握的国家机器所展开的历史变迁项目,改革的进程是党的利益、国家利益、市场内生发的集团或阶级利益等相互间博弈、协调的政治过程,其结构呈现出国家法团主义的形态,即在以表述和实现公共利益为名的国家这个供公共政策制定与执行的场域,各利益团体——包括执政党——相互博弈,达成互依和互益的交换格局"。④ 即中国媒介商业化是"不变中求变,以变来实现不变"⑤的过程。也可以说,中国媒介商业化的过程是在政府的既定框架内商业利益与公共利益博弈的过程。

二、公共利益与媒介的"公共利益"

(一)公共利益的全面解读

公共利益,从字面上看,就是公共的利益或者公众的利益。该词的源头可以上溯至古代希腊。古希腊社会特殊的城邦制度造就了一种"整体国家观",这种观念不仅长期贯穿于古希腊政治思想史,也影响到中世纪。与"整体国家观"相联系的是具有整体性和一致性的公共利益。公共利益被视为一个社会存在所必需的一元的、抽象的价值,是全体社会成员的共同目标。亚里士多德把国家看作是最高的社团,其目的是实现"最高的善",这种最高的善在现实社会中

---

① 转引自陆晔:《新闻生产过程中的权力实践形态研究》,《信息化进程中的传媒教育与传媒研究——第二届中国传播学论坛论文汇编(上册)》,复旦大学出版社 2013 年 12 月版,第 160 页。
② 陈怀林:《九十年代中国传媒的制度演变》,《二十一世纪》(中国香港)1999 年 6 月号,第 11 页。
③ 胡正荣、李继东:《我国媒介规制变迁的制度困境及其意识形态根源》,《新闻大学》2005 年第 1 期,第 6 页。
④⑤ 潘忠党:《序言:传媒的公共性与中国传媒改革的再起步》,《传播与社会学刊》2008 年第 6 期,第 6 页。

的物化形式就是公共利益。卢梭在谈到"公意"时指出,公意永远是公正的,它只着眼于公共利益,且并非所有人的利益,"唯有公意才能够按照国家创制的目的,即公共幸福,来指导国家的各种力量;因为,如果说个别利益的对立使得社会的建立成为必要,那么,就正是这些个别利益的一致才使得社会的建立成为可能"。卢梭的重要贡献是为近代政治生活奠定了合法性的基石——公意和公共利益。而孟德斯鸠则认为,"公共利益绝不是用政治性的法律或法规去剥夺个人的财产,或是削减哪怕是它最微小的一部分"。①

(二)媒介"公共利益"的内容与使命

公共利益对媒介而言,它既可以"成为进行揭露性报道的旗帜性口号,也可以成为被卷入肖像权和名誉权等新闻官司时的抗辩事由;对政府而言,它则是对新闻传播业进行管理规制的正当性之源"。② 例如,曾获 2004 年度普利策公共服务奖的伯格曼认为,"公共利益是一个社会和国家的整体利益,新闻最大的价值莫过于其所揭露的问题可以换来所有人的安康和幸福,媒体的责任就在于将那些危害公众利益的事件暴露出来。"③

传播学界著名学者丹尼斯·麦奎尔认为,"当'公共利益'一词运用到媒介上时,其简单的意义就是执行当代社会中若干重要的甚至是根本性的任务。公共利益意味着我们应当拥有这样的一套媒介体系,即它遵守管理社会其他部分时所运用的体系,尤其是和正义、公平、民主以及当前值得向往的社会与文化价值相关联的原则。"④同时他从媒体政治、法律与规范的实践中得出了一个"公共利益对大众媒介要求"的共识,这些共识包括"多元的媒介所有权、出版自由、公众能够获得多样性的信息、意见表达的多样性、广泛的传播接触权、使公众能获得有品质的信息与文化、足够的支持民主政治体系、尊重司法、尊重个人和基本人权"。⑤华裔传播学者赵月枝则认为,公共利益包含了以下原则:"独立——在政治上不为政府或其他利益集团所左右;平等——观众不分等级享受同样的服务;全面——满足不同层次、不同口味的观众的需求;多元——反映不同的观点,照顾少数人的兴趣;不迎合——不追求最大的观众数,不一味迎合观众,而

---

① 转引自胡建淼、邢益精:《公共利益概念透析》,《法学》2004 年第 10 期。
②③ 罗以澄、刘兢:《论新闻传播中的公共利益原则》,《当代传播》2006 年第 4 期。
④⑤ 〔英〕丹尼斯·麦奎尔:《麦奎尔大众传播理论(第四版)》,崔保国、李琨译,清华大学出版社 2006 年版,第 120—121 页。

是通过节目来培育民主精神,提高公众的文化品位"。①

中外众多的新闻行业道德规范也将公共利益作为重要的诉求,呈现出新闻人眼中的"公共利益"。如英国全国新闻协会在其 2001 年年会上达成的 129 号协议将公共利益解读为,"公共利益包括:追踪或揭露犯罪或严重失职;保护公众健康和安全;使公众免于受到某些个人或组织言行的误导;揭露滥用公款或公共机构的其他贪污行为;解释当权者潜在的利益冲突;揭露小集团的贪欲;揭露位居高位之人的伪善","表达自由本身就包含了公共利益","在涉及儿童的个案中,记者必须展示出非一般的公共利益,以优先于通常意义上非常重要的儿童利益"。② 美国联邦通信委员会在 20 世纪 60 年代颁布的《1960 年节目政策声明》中列出了 14 项通常为公共利益所必需的节目要素:(1)给予地方居民以表达自我的机会;(2)地方禀赋的发展和使用;(3)儿童节目;(4)宗教节目;(5)教育节目;(6)公共事务节目;(7)社论;(8)政治广播;(9)农业节目;(10)新闻节目;(11)天气和市场报告;(12)体育节目;(13)对弱势群体的服务;(14)娱乐节目。③

上述对"公共利益"内容与使命的分析,为我们总结可操作性的公共利益模式提供了思路。本书将以学者张春华总结的媒介公共利益原则(如图 0－1 所示)为基础进行论述。

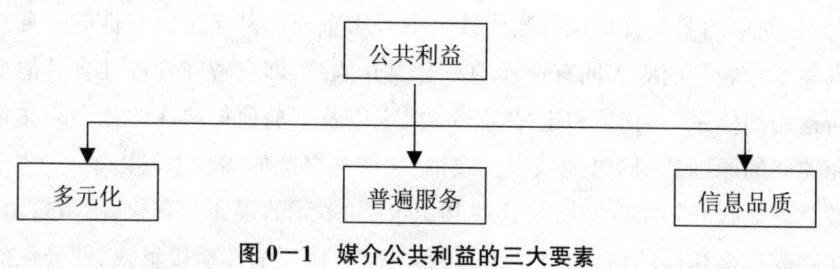

图 0－1　媒介公共利益的三大要素

公共利益将围绕多元化(diversity)、普遍服务(service to all)、信息品质(information quality)这三个维度展开。其中,多元化包括媒体的多元化和内容的多元化。内容的多元化又可分为政治的多元化、文化的多元化。绝对自由的市场竞争带来的结果不一定是多元化,多元化的实现需要有效的政府规制。普遍服务强调通过最大限度地让更多人接触媒介,确保其接近权、知晓权和表达权。

---

① 赵月枝:《传播与社会:政治经济与文化分析》,中国传媒大学出版社 2011 年版,第 104 页。
② 罗以澄、刘兢:《论新闻传播中的公共利益原则》,《当代传播》2006 年第 4 期。
③ 宋华琳:《美国广播管制中的公共利益标准》,《行政法学研究》2005 年第 1 期。

它是形成意见自由市场、确保观点多元化的一个基本前提,更是其实现公共利益的一个基本条件。信息品质则是对媒体基本的道德要求,由于媒介产品强大的外部性,因此有必要通过对媒体施加道德标准,确保其传播庄重、有品位、不违背社会准则,同时还能促进社会价值的内容。①

三、媒介商业化的问题已成为媒介改革亟待解决的问题

(一)中国媒介在商业化道路上渐行渐远

中国媒介在改革开放30年之后,进一步汇入商业化的滚滚洪流中。2011年5月,新闻出版总署署长柳斌杰在接受记者采访时称"非时政类报刊年内将全面转企"。据柳斌杰介绍,全国非时政类报刊大约有6000多家,主要包括中央和地方党报党刊所办的都市报、晚报;所有企业法人办的报刊,例如出版集团办报、报业集团办报等;还有诸如中石油、中石化等大公司办的行业报刊。2011年首先要对这三类报刊进行转制,目前已经改制了1300多家单位,其余还涉及5000多家单位。② 也就是说,大约60%(截至2014年底,中国出版报纸1912种,出版期刊9966种)的报刊将要变为企业。"转制后,这些企业将按照《公司法》的要求,加强产权制度改革,完善法人治理结构,建立现代企业制度,成为真正的市场主体,参与市场竞争"③。

2009年10月,上海文广新闻传媒集团分拆为上海广播电视台、上海东方传媒(集团)有限公司。上海广播电视台继续实行上海文广现有的事业体制,由中共上海市委宣传部领导,上海市文广局实行行政管理。上海文广的播出资源和涉及"新闻制作"的部门,包括节目编审委员会、台总编室、广播频率、电视频道、播出总控、电视新闻中心、广播新闻中心等,都将置入电视台。新成立的东方传媒将由上海广播电视台控股,实行"台属、台控、台管",并承继上海文广现有的英文名缩写——SMG。东方传媒将囊括上海文广除"新闻"以外的全部制作资源,包括第一财经频道及周边产品、管理上海时尚频道的星尚传媒集团等。由

---

① 张春华:《传媒体制、媒体社会责任与公共利益——基于美国广播电视体制变迁的反思》,《国际新闻界》2011年第3期。
② 杜丁:《非时政类报刊年内全面转企——新闻出版总署署长柳斌杰称"报刊数量不减,主办单位大减"》,《新京报》2011年5月9日第1版。
③ 徐楠:《报刊改制将出台资本介入方案——时政报刊经营业务民营有望参股》,《北京商报》2010年5月10日第C3版。

此,上海文广在全国率先整体实施广播电视制播分离。上海文广将电视播出渠道和新闻制作与内容制作分开,既保证了电视台和新闻制作作为党的喉舌的宣传功能,对于剥离出去的非新闻类内容制作环节,则可以进行转企改制,并吸纳社会资本,最终走向融资上市的道路。① 随后,湖南广电等也进行了制播分离改革。"这次的改革,基本上可以解读为以制播分离为手段,实现事企进一步剥离的体制突破,从而使企业真正成为市场主体。"②

媒体从行政单位到"事业单位,企业化管理"的事业单位再到企业单位,市场与自负盈亏所带来的压力使媒体逐步变为追逐利润的组织,利润最大化正逐步成为支撑媒体理念的圭臬。

(二)中国媒介商业化的问题

中国媒介商业化的 30 余年来,所取得的成就举世瞩目,所带来的活力前所未有。从产业的发展来看,截至 2014 年底,全国共出版报纸 1912 种,平均期印数 22265.00 万份,总印数 463.90 亿份(四舍五入),总印张 1922.30 亿印张,定价总金额 443.66 亿元。出版期刊 9966 种,平均期印数 15661 万册,总印数 30.95 亿册,总印张 183.58 亿印张,定价总金额 249.38 亿元。拥有出版社 583 家(包括副牌社 33 家)。2014 年,全国共出版图书 448431 种(初版 255890 种,重版、重印 192541 种),总印数 81.85 亿册(张),总印张 704.25 亿印张,折合用纸量 165.51 万吨,定价总金额 1363.47 亿元。③ 王太华在 2010 年亚洲媒体峰会开幕式上说,目前,中国共开办广播电台 251 座,电视台 272 座,广播电视台 2087 座。④ 据 CNNIC 第 36 次发布数据,截至 2015 年 6 月,我国网民规模达 6.68 亿,互联网普及率为 48.8%,其中手机网民规模达 5.94 亿。

但是,市场既不是万能的,也不是完美无缺的,它对媒体的渗透也带来了一系列的问题。"改革开放以来尤其是最近的十余年中,中国媒体有了巨大的发展,但也面临着一些不容乐观的现实:一些突发事件中,公众说'信爹信娘不信报'——媒介公信力缺失;有关部门三令五申抵制有偿新闻,媒体的寻租行为却仍然存在——专家对此用上了'堕落'二字……更让人担忧的是舆论监督的窘境与市场经济的大环境形成强烈反差,促使媒体从业人员趋'利'避'害',媒体

---

① 中广互联:《2009 中国广电年度新闻评选入围事件出炉》,http://www.sina.com.cn,2009 年 12 月 4 日。
② 周葆华:《广电事企分开的历史、现状与前瞻——以上海广电业为例》,《声屏世界》2011 年第 3 期。
③ 国家新闻出版总署:《2014 年全国新闻出版业基本情况》,《中国新闻出版广电报》2015 年 9 月 2 日。
④ 孙正一、柳婷婷、刘廷飞:《2009:中国新闻业回望(下)》,《新闻记者》2011 年第 1 期。

的商品属性被渲染得无以复加,似乎媒体仅是一个赢利的企业,媒体的从业人员也成了打工挣钱的产业工人,媒介研究一时间几乎成了传媒经济研究。社会责任、历史使命乃至中国知识分子千年相承的济世情怀都成了笑谈。"①

一句话,中国的媒介正走在历史的十字路口,如何平衡经济利益与公共利益的冲突已成为中国媒介生死存亡的关键问题,处理的成败将会决定中国媒介的命运。处理得好能够为中国媒介通向未来的康庄大道打好基础,处理得不好则可能令中国媒介面临万劫不复的深渊。

第二节 研究取向与文献综述

本书中的"中国媒介商业化",是中国媒介巨大的历史变迁,它不是一蹴而就的,在一定程度上,可以说是在政府的既定框架内商业利益对公共利益"遮蔽""湮没"与"破坏"②的过程。这个过程不是在真空中进行的,一定会受到社会各方面的力量与规则的影响,因此本书主要采用媒介社会学的理论框架。

美国传播学者赖利夫妇1959年发表的《大众传播与社会系统》一文,较早地提出了媒介社会学的研究模式,强调要从社会学的角度去认识传播,"把传播系统置于一个包罗一切的社会系统的框架之中,传播参与者,他们周围的群体以及更大的结构都处于其中"。总体来看,媒介社会学的研究框架提供了从宏观到微观的不同取向,社会学思想的中心就在于理解社会关系的重要性。③迈克尔·舒德森曾将新闻生产研究的视角概括为:

> 第一种是政治经济学的观点,把新闻加工的结果和国家结构、经济结构联系起来,和新闻机构的经济基础联系起来;第二种方法主要来自社会学,尤其是针对社会组织、行当或职业以及意识形态的社会建构研究,这一视角试图了解新闻记者在工作中所做的种种努力,是如何受制于组织和行业要求的;第三种方法则是一种"文化"的取向,强调广泛的文化传统和符号系统的约束力,不考虑经济组织的结构或

---

① 癸未施政:《中国媒体:责任与方向》,《南方周末》2003年3月5日。
② 张春华:《传媒体制、媒体社会责任与公共利益——基于美国广播电视体制变迁的反思》,《国际新闻界》2011年第3期。
③ 〔美〕大卫·克罗图、威廉·霍伊尼斯:《媒介·社会——产业、形象与受众》,邱凌等译,北京大学出版社2009年版,第22页。

者行业管理的特性。①

但是舒德森也说,"回顾新闻生产社会学的各种理论取向,如果有什么需特别提倡的话,那就是从社会的或社会组织的切入视角。"②

一、社会力量对媒介及内容的影响研究

从宏观视角来看,在一定程度上,媒介商业化的过程就是在政治约束之下,各种社会力量介入媒体的过程,因此,本书需要探讨有哪些非媒体社会机构,如广告主、消息来源等是如何影响和制约媒体的。在这方面,有很多经典的研究给本书以启示。1986年,英国学者戴维·巴特勒在其《媒介社会学》一书中用图0-2勾画出了影响媒体的主要因素。

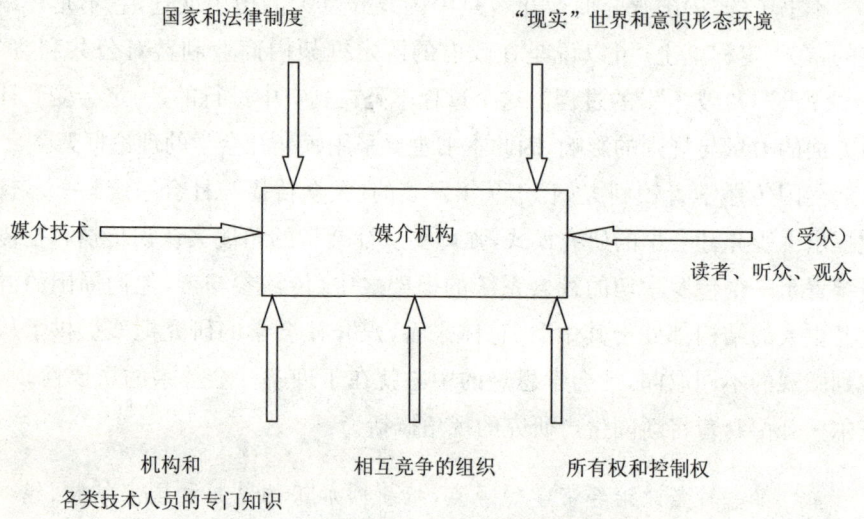

图0-2 巴特勒的对媒介机构影响模式③

这一模型相对比较宏观与抽象,可操作性不足。1987年,同为英国人的传播学大师麦奎尔提出了一个更为清晰的社会压力下媒体模式(如图0-3所示)。

---

①② 〔英〕詹姆斯·库兰、〔美〕米切尔·古尔维奇:《大众媒介与社会》,杨击译,华夏出版社2006年版,第164页。
③ 〔英〕戴维·巴特勒:《媒介社会学》,赵伯英、孟春译,社会科学文献出版社1989年版,第56页。

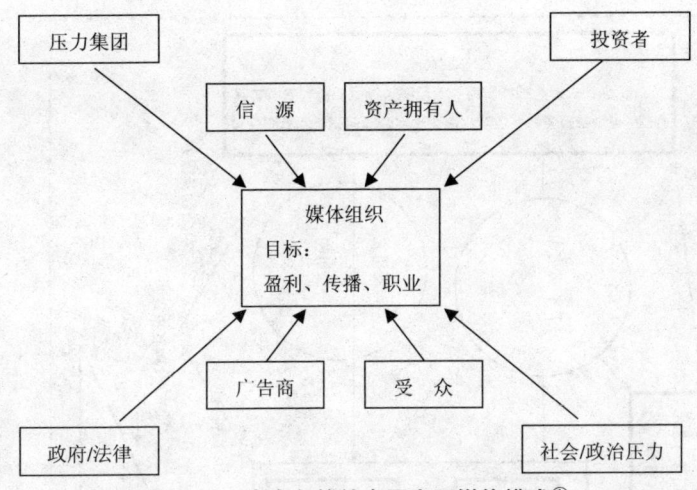

图 0—3　麦奎尔的社会压力下媒体模式①

1989 年，美国学者德弗勒和鲍尔·洛基奇在《大众传播学诸论》一书中提出了一个大众媒介社会系统的模型，全面地解读了美国媒体生产的过程与所受到的压力（如图 0—4 所示）。

1994 年，麦克马那斯在其博士论文中提出了一个更具操作性的模型——商业化新闻生产模式（如图 0—5 所示）。

在该研究中，作者提出在一定的文化、法律与科技环境中，投资者（包括母公司）、广告主、新闻来源和受众是影响媒体的显著因素。该模式与麦奎尔提出的模式具有一定的相似性，同时也具有很好的可操作性，因此，本书在研究媒介商业化进程中影响媒体的宏观因素时，聚焦于这四个因素。

在宏观视角的研究中，传播政治经济学的研究成果开阔了本书的研究视角与研究方向。与传播经验学派"在很大程度上忽略对传播制度和传播生产问题相反，传播政治经济学强调政治经济结构性因素与劳动过程，尤其是经济因素对社会传播关系的影响，审视媒体所有权、资助机制与国家政策对传播产品的生产、流通和消费的影响。在更广义的层面上，传播政治经济学关注两个相互关联的问题：一是分析政治经济压力与限制对传播与文化实践的影响，以及在资本主义制度下资本是如何左右传播的内容与形式的；二是研究传播产业在信

---

① 〔英〕丹尼斯·麦奎尔、〔瑞典〕斯文·温德尔：《大众传播模式论（第 2 版）》，祝建华译，上海译文出版社 2008 年版，第 143 页。

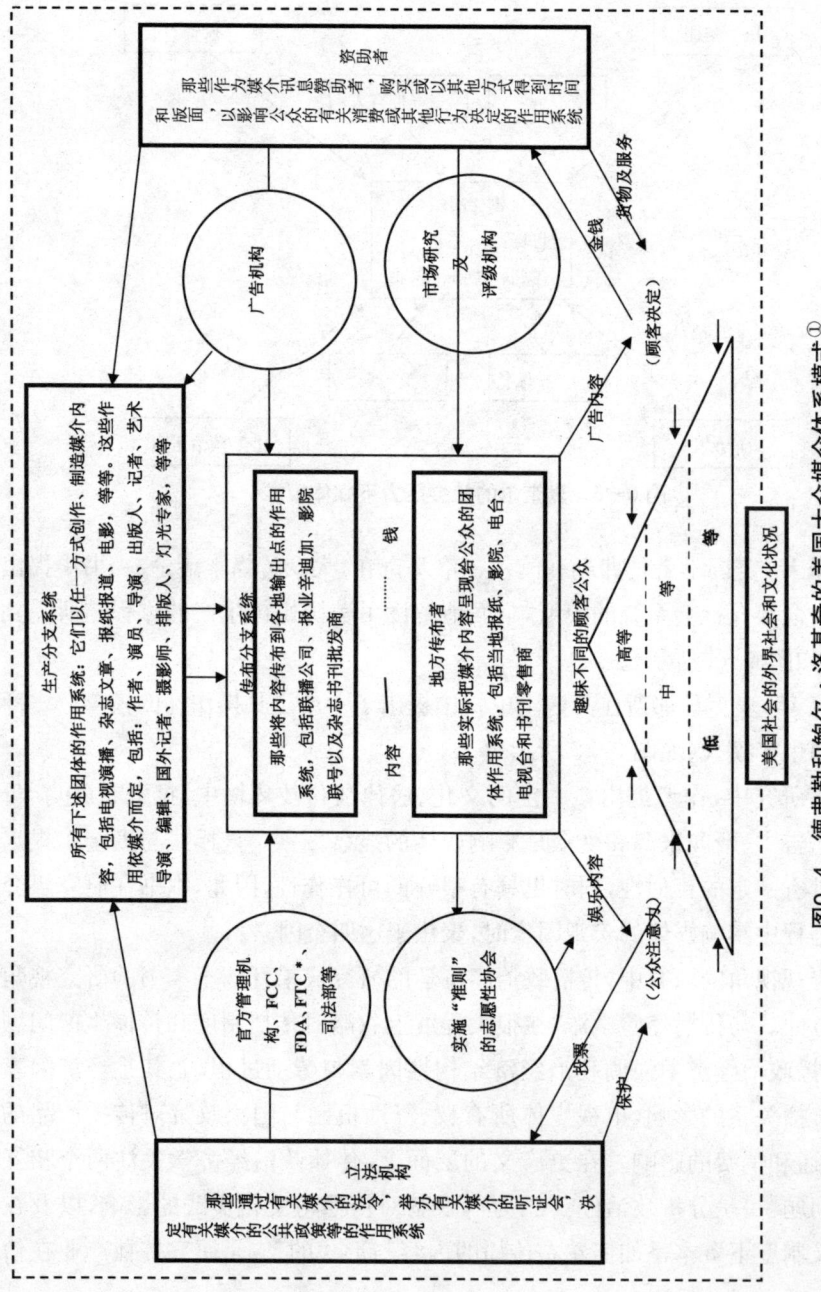

图0-4 德弗勒和鲍尔·洛基奇的美国大众媒介体系模式①

① [美]梅尔文·德弗勒、桑德拉·鲍尔·洛基奇:《大众传播学诸论》,杜力平译,新华出版社1990年版,第152页。

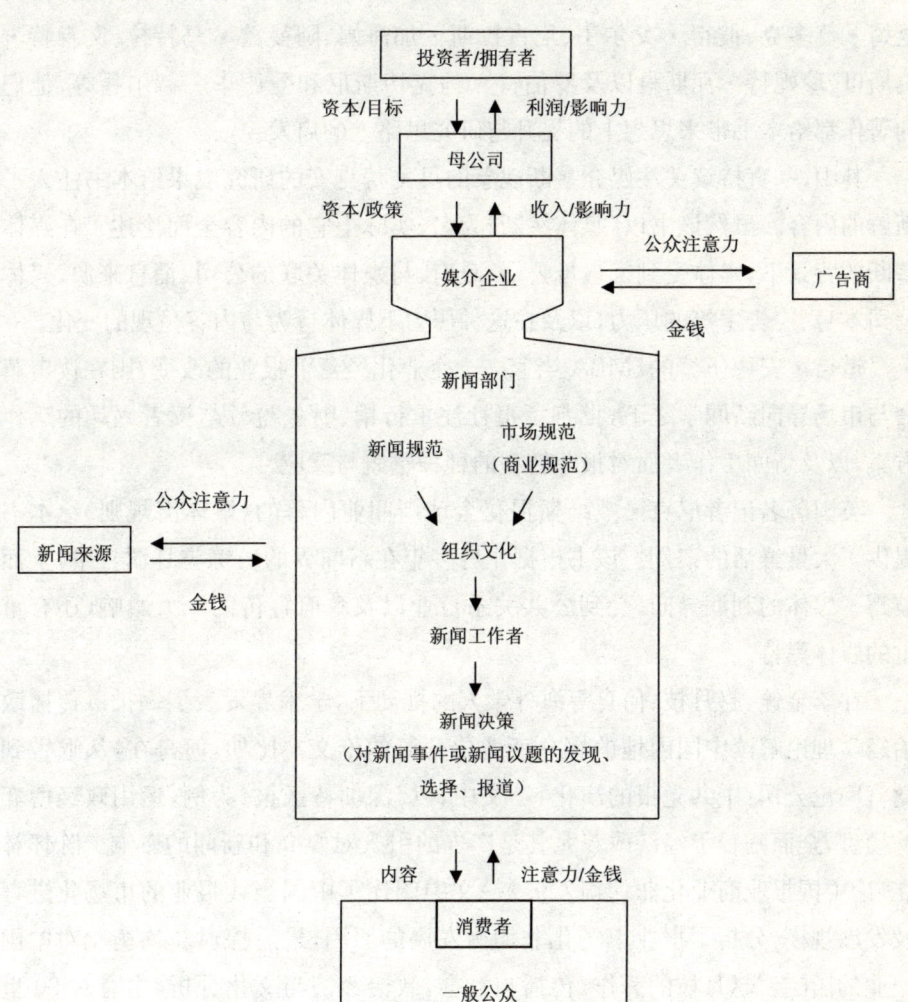

图 0-5 麦克马那斯的商业化新闻生产模式①

息化全球资本主义资本积累过程中的上升地位"。② 彼得·戈尔丁、格雷厄姆·莫多克将传播政治经济学的特点概括为:"第一,它是全面的;第二,它是历史的;第三,它主要关注资本主义企业和公共干预之间的平衡;最后,也许是最重要的,它超越了技术上的效能问题,专注于公正、公平和公共利益等基本的道德

---

① 〔美〕约翰·H.麦克马那斯:《市场新闻业:公民自行小心?》,张磊译,新华出版社2004年版,第44页。
② 赵月枝:《传播与社会:政治经济与文化分析》,中国传媒大学出版社2011年版,第6页。

问题。"①

在群星璀璨的传播政治经济学研究群体中,如达拉斯、赫伯特·席勒、格雷厄姆·莫多克、彼得·戈尔丁、尼古拉斯·加海姆、阿曼德·马特拉、文森特·莫斯可、珍妮特·瓦斯科以及罗伯特·马克切斯尼和爱德华·赫尔曼等,他们的著作都给本书带来思想上的提升与研究思路上的启发。

其中,一直持续关注媒介垄断现象的贝戈蒂克安的研究成果给本书注入了新鲜的内容。虽然该书以《媒体垄断》为名,实际上它的内容全面论述了在媒体垄断的背景下,媒体受到来自母公司、政府、与媒体关联的公司、消息来源、媒体公司本身、广告主等的压力,以及在这种压力下媒体行为与内容呈现的变化。

道格·安德伍德的《MBA当家——企业化经营下报业的改变》则在读者革命与市场导向新闻学之下,批判了报社注重行销、财务盈亏与读者兴趣的运作方案,以及新闻工作者面对报业转型的种种感慨与反应。

英国著名记者尼克·戴维斯揭秘全球新闻业内幕的《媒体潜规则》给本书提供了大量鲜活的案例。该书根据作者多年在新闻界的历练与耳濡目染,全面披露了媒体的利润导向、受到公共关系行业以及政府宣传的巨大影响,还有重重的媒体黑幕。

在李金铨、赵月枝、何舟等海外学人的推动下,学术界发表了一批以传播政治经学理论解读中国内地的媒介商业化变革的论文。比如,何舟在《从喉舌到党营舆论公司:中共党报的演化》一文中,以《深圳特区报》为例,运用政经博弈的模型,全面阐释了经济改革尤其是广告的引入对媒介和新闻的影响。陈怀林在《论中国报业商业化非均衡发展》一文中阐述了中国当代报业的市场化进程及发展规模,分析了报业市场化非均衡发展的原因,最后探讨非均衡化对中国报业的影响。赵月枝的著作《传播与社会:政治经济与文化分析》中有对20世纪八九十年代中国报业从商业化到集团化的转型展开的研究,不仅回顾了党报商业化转型的轨迹,而且讨论了中国政府在追求报业商业化与整合市场化媒体的实践中所扮演的角色。

二、中观与微观视角下社会力量通过媒介对内容的影响研究

从中观与微观视角来看,中国媒介商业化走过的道路在一定程度上是在政

---

① 〔英〕彼得·戈尔丁、格雷厄姆·莫多克:《文化、传播和政治经济学》,华夏出版社2006年版,第67页。

治约束下媒体从单纯的党的喉舌变为既具喉舌性质又具企业性质的"党营舆论公司"的过程。① 即在媒体外的因素影响与制约下,媒体必然因应发生一系列的变化以适应变化的环境。因此,媒体的生产、分配、竞争以及组织架构都发生了相应的变化。

在此研究层面,有一批研究成果值得借鉴。最为有名的当属布里德的《编辑部的社会控制》,该文指出,新闻从业人员在生产过程中受到双重制约,一则要服从专业规则、受专业协会的制约,二则作为组织的一员要受到组织的制约。②

到20世纪70年代,这种取向的研究,由于社会学家的加入,新成果不断涌现,有些已成为经典,比如1978年盖伊·塔奇曼的《做新闻》、1979年赫伯特·甘斯的《决定什么是新闻:关于〈CBS晚间新闻〉〈NBC晚间新闻〉〈新闻周刊〉和〈时代周刊〉的调查》、1980年马克·费什曼的《制造新闻》、1980年托德·吉特林的《新左派运动的媒介镜像》、1989年R.V.埃里克森等人的《协商控制:关于新闻来源的研究》等。1994年,美国学者麦克马那斯出版了《市场新闻学:公民自行小心?》一书,对市场机制在媒介生产过程中的作用进行了深入细致的研究。

这一取向的研究重点在于"对编辑部组织内的从业者群体和群体间相互影响,以及编辑部内外各种因素影响新闻生产过程的研究,研究视野越来越注重媒体内、外部的'语境'"。研究的方法多以深度介入的田野工作方式为主,运用深度访谈、直接观察和参与观察等方法。

由于潘忠党等海外学人的不断倡导与身体力行,这一取向的研究也日益兴旺。潘忠党选择美国社会学家塔奇曼以现象学研究媒介社会学的路径,并受法国社会学家皮埃尔·布尔迪厄的启发,在北京等地做了大量的田野访问。"他强调新闻实践常常因'势'(situation)而异……记者往往无固定的常例可循,必须临场想办法应付,所以很不稳定,没有深思熟虑。"③2004年,洪兵以《南方周末》为个案对转型期新闻生产的过程与特点进行了探讨。2005年,陆晔与潘忠党合作的《成名的想象:中国社会转型过程中新闻从业者的专业主义话语建构》一文,对中国内地新闻从业者新闻生产中的职业意识进行了考察;《权力与新闻

---

① 何舟、陈怀林编著:《中国传媒新论》,香港太平洋世纪出版社1998年版,第66页。
② 张志安:《编辑部场域中的新闻生产——〈南方都市报〉个案研究(1995—2005)》,复旦大学2006年博士论文,第13、15页。
③ 李金铨、黄煜:《中国传媒研究、学术风格及其它》,《新闻学研究》2004年第81期。

生产过程》一文则从宣传管理、媒介组织、消息来源三个方面分析新闻生产过程中的权力实践。2006年，张志安在其博士论文中选取《南方都市报》为个案，对其编辑部场域中的新闻生产进行了研究。这些研究对本书具有相当的启发。

三、综合上述视角的研究

除了以上两个层面的研究，还有一些综合性研究比较引人注目。尤其是大卫·克罗图和威廉·霍伊尼斯的两本著作《媒介·社会——产业、形象与受众》和《运营媒体：在商业媒体与公共利益之间》对本书帮助巨大。前一本以作者建立的"媒介与社会世界的模型"为基本框架，运用案例和理论分析了媒介生产、媒介内容、积极的受众、媒介技术以及媒介全球化的图景。其整体框架与媒介生产部分的分析对本研究助益良多。后一本以作者建立的"市场模型和公共领域模型"为分析的前提，对新世纪以来美国媒介的变迁以及它对公共利益与社会所造成的影响展开了全方位的解读，并提出了相应的解决方案。其整体思路不但触发了本书的最初的想法，也成为本书重要的参照物。

还有一本专著需要特别提及，那就是禹建强博士的《传媒市场化的陷阱》，该书从市场入手，对媒介市场化的负面效应的表现与原因追源溯流，探析根源，并提出了一些可行性的对策。该书虽在研究方法上存在着不够严谨的缺点，但仍是本书的重要参考。

第三节　研究思路、方法与内容框架及创新

一、研究思路

本书将媒介社会学应用于媒介商业化背景下的媒介研究中，以传播批判理论为指导，基于对媒介商业化发展历史及其现实表现的科学认识，全面深入地研究了中国传媒业30余年来在政府既定框架范围内媒介商业化下问题内容的产制过程。

本书在对媒介商业化作出全面、多维、科学的解读的基础上，以利润与公共利益的博弈为研究框架，以媒介商业化的历史梳理为起点，从任何组织均需面对的三个问题（生产什么——问题内容的呈现；如何生产——问题内容出现的

组织原因;为谁生产——问题内容出现的宏观原因)出发,全面解读了媒介内容产制在媒介商业化后所呈现的景象、原因,最后提出在媒介内容产制中平衡利润与公共利益的路径。借此本书希望达到两个目标:一是审视媒介商业化下内容产制面临的困境,并提出初步的解决方案;二是抛砖引玉,为既能借鉴西方传播批判理论又立足于现实环境的媒介研究做些尝试。

二、研究方法

本书针对媒介商业化存在的问题,采用文献法、内容分析法以及深度访谈等方法,充分掌握第一手资料,从实际出发,注重事实与数据,以保证本书的客观性。

文献法是一种通过对现存文献资料的分析来探讨问题的研究方法。本书的文献资料包括:(1)美国、中国内地的学术期刊、报纸上发表的关于媒介商业化的论文;(2)我国公开发表的统计年鉴;(3)各类研究机构的公开数据;(4)学术论著;(5)各个媒体公开的数据;(6)硕士、博士论文。文献研究包括统计资料分析、二次分析、比较分析等多种分析方式。

内容分析法主要是针对在北京市场发行的都市类报纸进行的。内容分析是"一种系统、客观、定量的研究方法,目的在于测量传播中各种可测的变量"[①]。本书主要将内容分析法用在"比较不同样本的内容特征"中。

深度访谈法主要是针对具体问题进行的。深度访谈是一种一对一直接的接触和交谈,它的优点是可以获得访谈对象全面、具体、翔实的资料,适合了解一些复杂的问题。本书对一些媒体的制片人、发行总监、广告主任与总编辑进行了访谈。

三、研究内容

想要了解一个事物,不仅需要横向的视角了解其本身,还需要纵向的视角了解其历史。这就是本书第一章的内容。如果我们将历史的指针拨回到 30 多年前,我们会发现媒介商业化的起点是"事业单位,企业化管理"的实施,从此"中国式"的媒介商业化便渐行渐远。从媒介商业化的发展历程来看,外部环境的变动引发了经营活动的勃兴,经营活动的开展又引发了管理变革的跟进,实

---

① 转引自刘燕南:《电视传播研究方法》,北京师范大学出版社 2003 年版,第 165 页。

现了"经营－管理－经营－管理"螺旋式的前进。其经营突破和管理跟进上，则是一段循序渐进的历程。它遵循自上而下"合谋"的路径，是以"边缘突破"的方式演进的。在经营方面的突破有广告正名、发行探路、内容扩张、多元探索、资本经营等；管理跟进则表现在生产责任制的推广、人事体制的改革、分配体制的革新、组织机构的变革、集团化管理的出现等。

在进行纵横分析之后，本书将视点转到核心内容，即对媒介商业化下问题内容产制的全面呈现。

首先是第二章生产什么——问题内容的呈现。具体为：一是信息品质的下降，表现为内容媚俗、调查性报道遭遇困境与挑战、异化的广告；二是普遍服务的消失，表现为为资本代言与为富人生产；三是内容同质化。

其次是第三章如何生产——问题内容出现的组织原因。媒体在实现利润最大化的道路上受到三方面因素的制约，这三方面的制约也成为影响媒体更好地肩负社会责任的重要因素。一是媒体如何有效地配置自身的资源，实现资源的最优配置，即生产规则；二是媒体如何实现内部的效率，即组织效率；三是媒体只有在市场竞争中将产品卖出去才能实现利润的最大化，即市场竞争。前两个因素要在媒体内部解决，后一个因素则需在与其他媒体的竞争中达成。微观原因主要聚焦于传播生产者，在媒介商业化的道路上，在媒体内外的压力下，负责任的传播者正在变为养家糊口的新闻民工。

再次是第四章为谁生产——问题内容出现的宏观原因。资本市场利益相关者和产品市场利益相关者是内容生产的决定者，这表现为资本力量已通过版面（或栏目）"外包"、证券市场、合作经营、非竞争性战略联盟以及非相关多元化进入媒介；广告则通过分账营销、广告入股等方式，使用威逼与利诱的手段进行；受众利用信息反馈、公民团体和市场指标等对内容生产进行导向；消息来源则利用控制新闻渠道、制造新闻、信息补贴、官司的威胁以及恶意收购来运作。

最后第五章提出的是解决媒介商业化下问题内容产制的方案。共有四个视角：从媒介本身出发的策略为，增强媒体的社会责任，采编与经营"两分开"，重塑新闻伦理，坚守新闻专业主义，塑造优秀的企业文化，设立媒体意见调查员；从政府出发的策略为，建立政府管制，实施必要的财政手段；从受众出发的策略为，强化受众的主体意识，提高受众的媒介素养；从行业协会出发的策略为，建立新闻评议会。

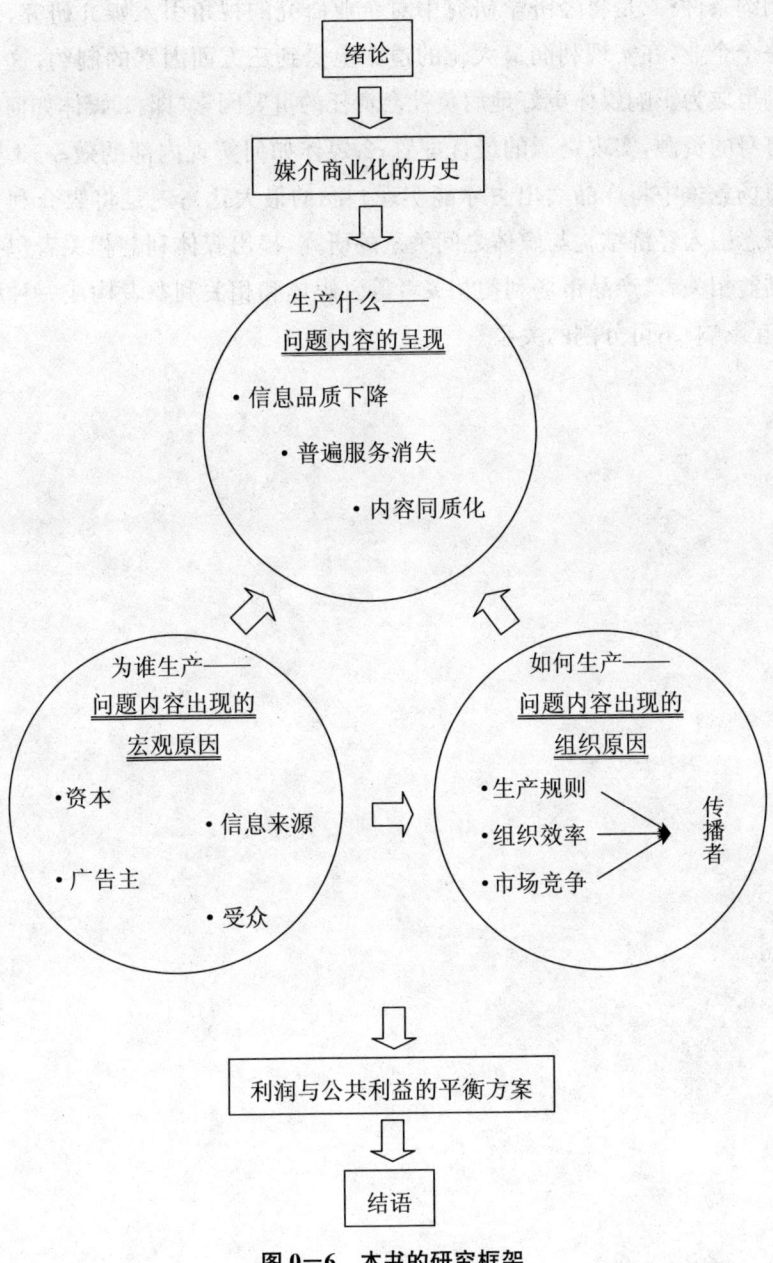

图 0-6　本书的研究框架

四、研究创新

本书的主要创新之处在于,一是首次全面阐述了"中国式"媒介商业化的内涵与制约条件;二是将经济学研究中对企业研究的视角引入媒介研究,提出其作为一个企业,在实现利润最大化的道路上受到三方面因素的制约,这三方面的制约也成为影响媒体更好地肩负社会责任的重要因素(即:1.媒体如何有效地配置自身的资源,实现资源的最优配置;2.媒体如何实现内部的效率;3.媒体只有在市场竞争中将产品卖出去才能实现利润的最大化);三是将媒介利益相关者的概念引入经济结构与媒体之间关系的研究,提出媒体利益相关者包括资本市场利益相关者、产品市场利益相关者等。媒体和相关利益者构成一种相互依赖、相互影响、不可分割的关系。

第一章　媒介商业化的历史进程

　　一切还要将历史的指针拨回 30 多年前，这个经历过剧烈动荡的国度才刚刚开始复苏。在惨痛的经验教训面前，如何选择未来的道路，又如何实现国家的发展？历史无可争辩地告诉我们：唯有改革才能图未来，唯有思变才能谋发展，也唯有破旧才能立新。站在这样的际遇与时代坐标点上，一场激烈的思想争鸣在所难免。全国上下开始进行思想大讨论，经过大范围的反思与重构，人们重新确立了"解放思想、实事求是"的方针路线，再次明确了"实践是检验真理的唯一标准"的法则。

　　面对大锅饭、平均主义带来的饥饿与贫穷，面对百废待兴的经济现状，身处这个时代中的人们心有不甘。穷则思变，思想的大解放更让人们意识到市场经济的优越性，意识到计划经济的问题所在。在那个被称为改革开放元年的 1978 年，改革开放的春风吹遍大江南北，市场就此放开，竞争打破了旧有的利益格局，让原本僵化的体制重新焕发出生机与活力。

　　媒介是一个时代的风向标，看时代不得不先看媒介，回顾时至今日媒介商业化历程的风风雨雨，可以看清一个激荡的年代，一个螺旋中上升的中国。"以古为鉴，可知兴替"，媒介商业化的过程，本身就是一段历史，就是"以经济建设为中心"的时代的最好注脚。当"时间就是金钱，效率就是生命"的口号传遍神州时，计划经济体制下的媒介再也耐不住性子，媒介商业化的进程也就此开始。

　　早在资本主义社会大众化报纸流行时期，西方国家的媒介商业化进程便已开始。"与政党报刊强调为政治集团的政治利益服务不同，大众报刊的价值取向发生了根本性变化，它最大的特点就是把获取经济利益放在了第一位。于是，商业逻辑取代政治逻辑成了报刊经营的首要逻辑，商业文化成了报刊文化的主流。"①但在中国内地,媒介商业化的历史不过短短几十年。当计划被市场打断,铁饭碗不再牢固。在若隐若现的生存危机面前,生存抑或死亡,这是一个不得不面对的问题。20世纪70年代末的媒体开始试水市场化领域,由此拉开了媒介商业化的帷幕。

第一节 中国媒介商业化的起点——体制变革

制度的变革往往会带来实践的巨大变动。"改革开放以来,党政管理部门颁布了一系列法规和政策,从宏观层面对报业管理体制进行改革创新,其主要内容是在牢牢把握正确导向、坚持党管媒体原则的前提下,逐步实现报业经营管理的市场化、产业化。"②

"千里之行,始于足下",历史进程的重大变化也是一步一步实现的。1978年,《人民日报》等首都八家新闻单位提出的"事业单位,企业化管理"的要求,无疑是新时期中国报业面向市场的经营观念形成的开端。就像当年在饥饿的逼迫中按下指印的小岗村农民并不清楚他们共同商定的文件在新中国的历史进程中会起着何等重要的作用,在当时,也没有人会料到"事业单位,企业化管理"这一提议对中国传媒产业产生如此深远的影响。

"在计划经济体制下,办报经费由国家财政全额拨款,所需的生产资料由国家计划调配,固定资产的添置由政府专门提供,报社因而无须参与任何经济活动,事业单位的属性,为报社履行党的宣传职责提供了物质保障。但是,随着商品经济的发展以及社会主义市场经济体制的建立,办报所必需的生产资料先后进入了市场,计划失灵了,而国家财政又无力提供更多的资金以弥补生产资料价格日益上涨所形成的报社资金缺口,报社的经济压力越来越大。'事业单位,企业化管理'方针的提出,实际上是为了缓解报社所面临的日益沉重的经济压力,期望通过类似于企业的经营活动多少获取一些经济收益以弥补财政拨款的不足。"③当时报社的经济负担大到什么程度,可以量化一下,"以北京报业为例,

---

① 杨保军:《新闻理论教程》,中国人民大学出版社2005年版,第113页。
② 郑保卫、祁涛:《30年报业改革与发展》,《中国报业》2008年第12期。
③ 唐绪军:《报业经济与报业经营》,新华出版社1999年版,第253页。

当时《北京日报》是出一份赔一份的钱,而《北京晚报》出版一份只赚 0.02 厘钱"①。

而正是在《人民日报》等八家新闻媒体的联合报告中,"'企业化'、'经营'、'经济收入'等相当资化的词语在报告中频繁地出现,就是这些'资化'的企业管理方式以及'事业单位'的本质奠定了此后 30 年间媒体的运营轨迹"②。

时值十一届三中全会刚刚落幕,改革的呼声一浪高过一浪,但中央尚未有具体的行动,究竟怎样改革,形势还不明朗。但接到报告的财政部在犹豫再三后,"最后还是特批了这份大逆不道的报告,理由是,传媒作为舆论的先导,应该挺立在改革的潮头,率先进行市场化改革。其实更直接的原因是,虽然此时全国仅有 186 家报纸,但财政部捉襟见肘的财政收入,依然难以养活报业的一张张嘴,这种适度放松,实属'万般无奈'"。③

回望彼时的中国,计划经济体制下有限的日常经费也严重阻碍了广电事业的发展,略晚于报纸的市场化进程,广播电视业也在 1979 年迈开了改革的步伐。"1979 年 8 月 18 日,中央广播事业局召开首次全国电视节目会议,标志着中国电视从长期依靠'要饭吃'走向自办节目的开端。自办节目意味着更多的投入,而现有的财政拨款不足以支持电视节目制作大投入的特点。因此,在同年中央电视台开始改全额预算为差额补助。"④在随后的 1983 年 3 月第 11 次全国广播电视工作会议上,众多广播电视台也提出了"广开财源,提高经济效益"的方针,指出"我们不能只依靠国家投资,还应采取措施开源节流,以便有更多的资金加快广播电视事业的发展"。报纸和广播电视走上了同一条道路。

第二节　经营管理视角下媒介商业化的历程

媒介商业化的过程,简单地说就是"外部的市场化,内部的企业化"。换句话说,过去一直作为政府的附属机构、依赖政府财政生存的媒体,不得不进入市场的大潮之中,必须学会自己游泳了。在此背景下,媒体作为一个组织,它必须处理两方面的问题:一是该组织与社会大系统之间的关系,尤其是与市场的关

---

①④　胡正荣、张磊:《时代之印——中国媒介三十年(1978—2008)》,陕西人民出版社 2008 年版,第 191、192 页。
②③　宋守山:《传媒三十年》,南方日报出版社 2009 年版,第 5 页。

系；二是媒体组织内部的关系，即媒体如何变革以适应外部环境的变化。

从企业的角度来看，我们可以将前一个关系定义为经营，即"'经济地运营'，'经济'的对立面是'不经济'，其内涵是追求最大的投入产出比。'运营'的内涵则是流动组合。因而'经营'的内涵是通过对经营对象的流动组合，追求最大投入产出比的优化组合"。① 可以将后一种关系定义为管理，即"管辖、治理"②，也就是按照经营决策所规定的目标、方针和策略，对企业的人、财、物等要素进行合理的计划、组织和控制，做到合理利用资源，降低成本，减少消耗，提高劳动生产率，提高产品质量，最终达到最大的经济效益。经营是选择做对的事情，管理是把事情做对。所以经营以市场为研究对象，以资源利用与组合为研究重点，以如何创造价值为最终归宿，涉及市场、顾客、行业、环境、投资等问题；而管理以企业组织为研究对象，以组织与个人行为为研究重点，以如何提高效率为最高目标，涉及的是制度、人才、激励的问题。简单地说，经营关乎企业生存和盈亏，管理关乎组合的效率和成本，这就是二者的区别。

虽然二者不是一回事，不可相互替代，但也有着相辅相成的关系。经营与管理是企业齿唇相依、不可或缺的两个重要的不同领域，像人的左脚与右脚，必须交替前行，"经营—管理—经营—管理"螺旋式前进。媒体要做大做强，必须首先关注经营，研究市场和客户，并为目标客户提供有针对性的产品和服务；然后管理必须跟上。只有管理跟上了，经营才可能继续往前进；经营前进后，又会对管理水平提出更高的要求，从而实现"左脚—右脚—左脚—右脚"式的经营与管理的协调发展。

一、经营突破

（一）广告正名

广告作为媒体的经济命脉，其收益直接影响到媒体的生存状况，而在当时，广告被视为"资产阶级的落后产物"的观念仍根深蒂固。思想观念的转变是一切变革开始的主观条件，媒介要想更好地迈出市场化的脚步，首先要做的便是破除人们思想上的障碍。媒介商业化的历史记住了一个叫丁允朋的人和他的一篇文章。

如果有人翻看 1979 年 1 月 14 日的上海《文汇报》，便会惊讶地发现一篇

---

①② 秦骏伦：《当前企业的主要病症是什么？》，《经营者》2000 年第 3 期。

《为广告正名》的文章赫然在目,文章要求恢复广告并开列了广告的种种好处。在当时政治形势尚不明朗的情况下,提出这样的思想无异于反叛。然而,历史总会对第一个吃螃蟹的人相当宽容。这篇文章在引起极大震动后被视为新中国恢复广告业的第一声号角。"而在外国新闻记者眼里,中国可以'搞广告'是'改革开放的一个信号'。"①

丁允朋在文章里这样写道:"电视转播文艺演出或体育比赛时,往往有'场内休息',电视观众也不得不跟着休息。我想,这是对荧光屏幕的很大浪费。据我了解,在国外,晚上7—9时是电视收视率最高的黄金时间,在此期间插映广告,效果大,价格高,一分钟放映费数万到数十万美元不等,真叫'寸金难买寸光阴'。当然,我们电视台不一定这样做,但对广告的运用却是一个值得讨论的话题。"为尽量避免文章带来的政治风险,"虽然叫做'正名',但文章中还是依靠一些'使人在愉快的艺术熏陶中,感受到社会主义经济文化的欣欣向荣'、'增加外汇收入'等形式来'为广告正名'"②。

后来,在接受记者采访时,丁允朋透露:"我看到国内电视在转播文艺演出和体育比赛时,中间一休息就是十分钟、一刻钟,画面就是空白的,下面画一个烟灰缸放根香烟在那里,我感到这是很大的资源浪费。为什么不可以利用这段时间来做些广告呢?"

确切地说,广告的实践走在了思想破冰的前面。就在这篇文章发表的十天前,也就是1979年1月4日,《天津日报》刊登了我国改革开放后的第一则商业广告,主题为《天津牙膏主要产品介绍》,"富强"牌、"金刚"牌、"蓝天"牌等产品现身其中。在这里,需要注意的是广告采用了"产品介绍"的形式。

"犹抱琵琶半遮面"的商品广告的面纱是在1979年1月28日被上海《解放日报》揭下的,在该报当天第二版和第三版的下端刊登了两条通栏广告,广告商品为美能达照相机。"这两条六分之一通栏广告,每条大约收费700元左右,不久就调价为每条1280元,当时全国的平均工资仅有40元钱,做条广告就要上千元,价格实属不菲。"③就此,广告在媒体中的新纪元序幕被拉开,中国媒体新的突破一触即发。

同样是在1979年的解放日报社,虽有高额利润,但在政治风险的刺激下,报社领导在某家日本电气公司多番上门后仍然犹豫不决,毕竟涉外事件事关重大。风险往往与机遇并存,同城竞技的《文汇报》却突然来了胆量,这张曾经刊

---

① —③ 宋守山:《传媒三十年》,南方日报出版社2009年版,第12—13页。

登丁允朋《为广告正名》的报纸大胆接手,在1月23日的报纸上刊登了外商广告,而这也成为中国经济体制改革后第一例涉外广告。

还是在创造了无数个第一的1979年,广播电视业涉足广告市场为中国媒介更大规模地进入市场化领域铺平了道路。在经济高速发展培育下不断壮大的广告市场也用事实说明:广告可以为媒体提供稳定的财源,良好的经济形势也为广告的发展提供了空间,媒体完全有理由相信能够从广告经营中获得更大收益。

这一年的1月28日,上海电视台播放了新中国历史上的第一条电视商品广告;3月5日,上海人民广播电台在全国广播电台中第一个恢复广告业务。从此,我国广告业进入了正常发展阶段。

在第一则广告出现的三个月后,中共中央宣传部发文肯定了恢复广告的做法,几乎与此同时,6月,北京市委宣传部批准首都恢复广告业务。"9月30日,中央电视台播出了第一条有偿广告——美国威斯汀豪斯电器广告。随后,日本西铁城公司在《新闻联播》前推出了宝石表广告。在上海市广告公司的带动下,北京市广告公司和广东省广告公司也相继成立。"[①]

11月,中宣部发出《关于报刊、广播、电视台刊登和播放外国商品广告的通知》,对媒体播发商业广告的行为给予认可,这是中国共产党建党以来第一个直接指导广告事业发展的文件,也为商业广告的刊播提供了政策依据。

媒体广告经营成为媒介商业化迈开的第一步,完成了从否定媒介商业属性到认可的重大转变。虽然1979年全国广告经营额只有约1000万,但是到2014年,全国广告经营额已达5605.6亿元,每年平均的增速在30%以上,36年来增长56056倍。处于激烈竞争的企业要求一个不断壮大的广告市场与之相适应,从而为传媒业提供了稳定的收益。

(二)发行探路

一件好的商品进入市场需要好的渠道,媒体亦然,报纸作为传媒产业的一个业态,也需要与之匹配的渠道使之更好地实现其经济价值。"报纸发行渠道,也称报纸分销渠道,是指在报纸发行过程中所涉及的一系列相互联系、相互依存的组织和个人,形成系统性的网络化分销通路,使报纸能够有效地从报社转

---

① 胡正荣、张磊:《时代之印——中国媒介三十年(1978—2008)》,陕西人民出版社2008年版,第173页。

移到读者手中。"①

当报纸开始面向市场的时候,旧有的发行渠道不再适应迅猛发展的时代需要,变革随即开始。我国报纸发行沿袭了新中国成立初期从苏联复制的"邮发合一"模式,实行"报社负责编辑印刷,邮局负责国内外发行"的制度。这一模式的主要特点是邮局凭借全国性的邮政网络独家垄断发行业务。由于报业有国家财政补贴,同时报社之间没有竞争,各报社也没有独立的经济核算,因此"邮发合一"和垄断经营的管理体制,能够满足当时的报纸发行需要。但是随着改革开放的深入,计划经济向市场经济转型,特别是报业的长足发展,经济利益在报社和邮政部门都受到空前的关注,双方在利益上的矛盾也逐步凸显出来。

矛盾之一:虽然发行费率几经调整,但是邮政部门的报刊发行仍处于亏损状态,而高额的发行费率则使国家给予报业的很多优惠政策为邮政部门所分享,影响了报刊的利益。

矛盾之二:报刊数量增加的速度超过了邮政部门发展的速度,巨大的报纸运输和投放量使邮政部门产生了不堪重负的感觉。

矛盾之三:20世纪90年代初报刊扩版潮后不断提高价格的报纸使邮政部门收入不但没有增加,反而因工作量的增加而导致收入的相对降低,而扩版后提价的报纸原本希望通过定价的提高来弥补增加的印刷费用,却不得不为发行支付更多的费用。

矛盾之四:由于报刊订阅由邮政部门控制,报纸很难自主地实行促进发行量提高的措施,而邮政部门又因报纸发行量与自身没有切身的利益关系而并不积极地采取促进措施。

矛盾之五:20世纪70年代末以来,受众的报纸消费发生了显著变化,过去报纸在很大程度上是上班消闲的一种工具,而在经济快速发展、生活节奏加快的时代则成为获取信息的一种重要途径,所以公款订报在报纸消费中的比例逐渐下降,读者产生了消费报纸的意愿和行为。多种报纸面临着被选择的处境,发行的竞争也由此而生,而在邮发中,不同报纸占有同等的地位,竞争很难真正实现。②

于是,1985年,《洛阳日报》率先实行自办发行。实践证明,自办发行对报社

---

① 强月新、余建清:《我国报纸发行30年的历史变革与发展趋势》,《中国报业》2009年第1期。
② 黄升民、丁俊杰主编:《媒介经营与产业化研究》,北京广播学院出版社1997年版,第44页。

经营大有裨益,成效显著:报纸投递时间缩短,比邮发快 2 个小时;发行成本明显降低,年平均只需原来的 18%;报款回收速度提高;发行量不断增长,年增长率超过 10%。① 据不完全统计,"到 2005 年,全国自办发行的报纸已达 800 多家,创造了 80% 以上的广告份额"②,占报纸总数的 1/3 多。

(三)内容扩张

事物都是相互联系的。当报纸开始涉足广告、发行等市场之时,为了更好地满足市场需求,内容产制部门也作出了相应的调整与变革。由于中国媒介喉舌性质的原因,内容的变革以一种"增量改革"的方式得以呈现。

1.20 世纪 80 年代后期的广播系列台热

广播系列台热的兴起是与"珠江模式"的出现分不开的。1986 年 12 月 5 日,珠江经济广播电台正式开播,拉开了广播电台系列台的序幕。它以"大众型、信息型、服务型、娱乐型"为办台方针,以主持人直播、听众通过热线电话直接参与节目、大板块内容组合、全天滚动式新闻的全新直播形式为特色,一经播出,反响空前。"开播一年共收到听众来信 100 多万封,平均每天 3000 多封。一年中国内有 100 批广播同行前来参观。"③

在随后的 10 年,也就是 80 年代末 90 年代初,在中国广播界掀起了创办经济广播电台的热潮,"全国涌现出了 70 多家经济台"。④ 在此基础上,一些电台借鉴珠江经济广播电台的发展经验,开始将电台细分化,向专业化方向发展。1992 年底,北京人民广播电台在总结珠江经济广播电台经验的基础上,先后创办了新闻台、音乐台、交通台、文艺台、首都生活台和体育台等。北京台的改革使得"电台频率专业化"进一步发展。⑤ 也是在这一年的"10 月 28 日,上海东方广播电台应运而生,与上海人民广播电台形成竞争态势。'东广模式'带来了受众市场的细分,使得广告投放更有的放矢。上海东方广播电台掀开了一个城市有两家同级别电台平行运作、平等竞争的全新格局,更重要的是它预示着中国广播向市场细分迈出了第一步"。⑥ 这些频率的拓展尝试极大地扩张了广播内

---

① 唐绪军:《报业经济与报业经营》,新华出版社 1999 年版,第 330—331 页。
② 吴廷俊主编:《中国新闻传播史(1978—2008)》,复旦大学出版社 2011 年版,第 234 页。
③④ 胡正荣、张磊:《时代之印——中国媒介三十年(1978—2008)》,陕西人民出版社 2008 年版,第 182 页。
⑤ 徐光春:《中华人民共和国广播电视简史》,中国广播电视出版社 2003 年版,第 238—239 页。
⑥ 牛春颖:《30 年,飘荡在耳畔的变化》,《中国新闻出版报》2008 年 11 月 20 日第 3 版。

容涉足的领域。

2.报纸"扩版热"

扩版主要体现为:一是增加报纸的刊期,比如从一周二刊变为一周五刊;二是增加特定时间的版面,比如从单一性质的版面增加周末版、月中版、月末版等;三是增加报纸的版数,如从传统的四版、八版变为十六版乃至更多的版面。本书主要是指后两者。

扩版不是一个时点的事件,而是一个延续一段时间的实践。"扩版热"主要发生在1991—1994年。以周末版为例,从1981年《中国青年报》创办第一家星期刊,1984年《南京日报》创办第一家周末报,到1990年的九年时间里,"周末版"发展是比较缓慢的,"在省级机关报以上的报纸中总共只有十几家",但到1991年则是春潮涌动,"1991年出版了20多家大报'周末版'",而到了1993年则是一日千里。有人曾做过统计,"在被称为'中央七报'的报纸中,全部办有'周末版'(含'星期刊'等,下同),其中仅《人民日报》为一个版面的篇幅,其余均四个版;在30家省级党委机关报中,有26家办有'周末版',占2/3以上,其中除《海南日报》为两个版面的'特区周末'外,其余均为四个版面以上;在70多家中央部委机关报中,办有'周末版'的有28家,占1/3以上。以上三类中合计61家报纸办有'周末版',占同类报纸总数的半数以上。我们如果将统计范围扩大到地级机关报和省级专业报,那么,还有210家之多"。①

扩版与周末版相比,开始的时间要晚,但延续的时间更长,也在1991—1994年达到高潮。1987年《广州日报》率先在国内从对开4版改为对开8版。"1992年我国有数十家报纸同时扩版;1993年又有130多家报纸加入扩版潮;至1994年,全国至少有150多家报纸卷入扩版热潮,仅首都就有46家之多……在扩版热中,《人民日报》由过去的每日8版改为每周二、五两天为12版,《人民日报·海外版》周末版扩为12版,《工人日报》星期刊扩为8版,《法制日报》扩为8版,《北京青年报》由4开小报扩为对开日报,《北京晚报》扩为4开16版。从全国来看,《深圳商报》扩为对开12版日报,《广州日报》扩为16版,《长江日报》继1993年扩为每日对开8版再次扩为1994年的对开12版,《计算机世界》则由4开96版扩为4开160版。"②

---

① 陈晓明:《从"周末版潮"到"大扩版热"——当今中国报业发展趋势的立体观照》,《湖北函大学刊》1994年第1期。
② 陈建中、裴海安:《'94报纸扩版热的思考》,《新闻出版交流》1994年第9期。

对于这个曾经以政治为中心的严肃国度来说,"系列台热"与"扩版热"不但意味着中国媒介的传播模式正逐步由"传播者本位"向"受众本位"转型,更意味着媒介内容覆盖的领域急剧地扩张了,内容的呈现极大地丰富了。

(四) 多元探索

随着经济体制改革的逐步深入,市场在经济运作中的力量逐渐显现。媒体运作所需的原材料和机械设备也从原来的政府调配变为从市场上获取,媒体运作的成本逐步上升。以报业生产所必需的新闻纸为例,1980 年每吨的价格为 730 元,1985 年上升至 1100 元,至 1988 年攀升到 2800 元,1992 年突破 3000 元大关,在尚有计划调控市场的环境下,从 1985 到 1992 年的 7 年间,新闻纸成本变为原有价格的 2.7 倍。

"长期稳定的发行费率也好景不再。我国 50 年代以来一直实行'邮发合一'的制度,发行费率固定为报纸定价的 25%。到 80 年代末期,邮政部门作出规定,'文革'前已有的报刊和'文革'后恢复的报刊可以享受 25%—28%的优惠的发行费率,'文革'后新创办的报刊,发行费率则提高至 35%—40%。"[①]此外,媒体的其他各项开支,如员工工资、奖金和各类津贴,以及记者外出采访的差旅费等都日渐上升。

如此状况造成媒体的经营入不敷出,亏损严重。以报纸为例,1988 年 2 月 24 日的《中国新闻出版报》公布了对 25 家省地报纸的调查资料。调查发现,这些报社竟然没有一家盈利。相反,每出一张报纸还要赔 3 分钱。1987 年,《中国体育报》亏损 700 万元,《工人日报》亏损 2500 万元。报社苦不堪言,政府财政压力巨大,"1987 年国家财政仅对新闻纸差价这一项目的财政补贴已达 700 万元"[②]。

为了解决这些问题,也为了适应当时报社开展多种经营的要求,1988 年 3 月 16 日,国家新闻出版总署与国家工商行政管理局公布了《关于报社、期刊社开展有偿服务和经营活动的暂行办法》,允许报社等机构"根据有关规定和本身条件,发挥其联系面广以及信息、人才、技术、知识、设备器材等方面的优势,开展国家政策允许的、与本身业务有关的服务和经营活动",但"不得从事与本身业务无关的纯商业经营"。1992 年 10 月出台的《中国报协对有关报纸行业产业政策和体制改革的五项意见》中正式提出:"允许报社从事办实业、旅游业、金融、贸易、经营房地产等跨行业经营活动",解除了报社经营范围"不得与报业无

---

①② 唐绪军:《报业经济与报业经营》,新华出版社 1999 年版,第 112 页。

关"的禁令,报业经营活动进一步扩大,实现了"一业为主,多种经营"的运作。据国家新闻出版总署1988年对北京等地175家报社的调查统计显示,已经开展多种经营的报社有95家,占54.2%;正在筹备开展各种经营活动的报社有6家,占3.5%。而开展多种经营活动的报社,大部分都扭亏为盈,甚至有较好的盈利。① 国家允许新闻单位"以媒体为中心,开展多种经营",由此中国媒介的商业化进程开始进入一个新的发展阶段。

(五)资本经营

按照经营对象与主体的不同,我们可以将其分为商品经营、资产经营和资本经营。这三类经营相辅相成,既有递进的关系,又共存于企业的经营活动中。如果将广告、发行与内容的经营视为商品经营,将多元经营视为资产经营,那么,资本经营则被视为媒介商业化道路上的又一突破。

所谓媒体的资本经营,就是将媒体所拥有的各种资源、生产要素等有经营价值的资本,通过流动、兼并、重组、参股、控股、交易、转让、租赁等途径,进行优化配置,实现最大限度的增值。目前,我国媒体资本运营主要采取以下4种方式:一是合作经营;二是子公司直接上市;三是子公司控股上市公司;四是新闻媒体网站以商业模式吸纳社会资金。② 在20世纪90年代,"根据国家对媒介属性和管理机制的政策,报业与资本联姻属敏感领域,且对媒介不能完全、直接的上市有明确规定"③。因此本书研究的资本经营主要是指第二与第三种情况。

子公司直接上市的经典案例是1999年上市的电广传媒。它的运作方式为"新闻媒体将优质的经营资产剥离出来,加以整合重组,注册成立隶属于新闻媒体管理部门或新闻媒体的、由国有资产控股的、具有法人资格的股份制子公司,然后申请成为上市公司,公开募集资金"。④ 电广传媒股份有限公司原名湖南实业股份有限公司,是在1998年经湖南省人民政府批准,由湖南广播电视发展中心、湖南实业发展公司、湖南建设装饰有限公司共同发起,对湖南广播电视发展中心进行全资改组,同时向社会公开发行股票,通过募集方式设立的股份有限公司。为了使股份公司的效益状况符合发行新股的有关规定,湖南广电向股份公司输送利润,股份公司的广告分公司与湖南广电下属强势媒体签订广告代理

---

① 徐宝成:《靠经营来发展报业——对近年来报社开展多种经营情况的探讨》,《新闻记者》1989年第8期。
②④ 孙正一等:《我国新闻媒体资本运营情况初探》,《新闻记者》2001年第4期。
③ 张志安:《浅析报业经营改革中的四次边缘突破》,《传媒观察》2002年第11期。

协议,统一经营、统一管理这些媒体的全部广告业务,并获得广告业务收入的40%。① 经中国证监会批准,公司于1998年12月23日发行5000万股社会公众股,每股发行价9.18元,筹集资金4.59亿元。1999年1月26日,公司正式成立。1999年3月25日,公司股票在深圳证券交易所上市。

子公司控股上市公司的经典案例则是被称为"报业第一股"的博瑞传播。1999年6月,由《成都商报》绝对控股的子公司成都博瑞投资有限责任公司(成立于1997年,注册资本1.23亿元,截至2009年底资产近30亿元,营业收入超10亿元,经营范围包括传媒、文化地产、酒店旅游和教育产业等多个领域)受让成都市国有资产管理局持有的上市公司四川电器2000万股国有股,一举成为四川电器的第一大股东,占27.65%的股权。《成都商报》间接控股上市公司,在媒介和证券界引起轰动,带动四川电器股价从18元涨至30元,飙升了67%。②

前一个案例通过业务分拆的方式,后一个案例通过买"壳"的方式,突破了中国媒介的产权障碍。这两个案例激发了中国传媒上市的狂想。2002年中国证监会公布的《上市公司行业分类指引》,将"传播与文化产业"确定为上市公司的13个基本产业门类之一,国家也放宽了传媒业的融资渠道,传媒上市取得了合法性。

二、管理跟进

经营上的突破,要求管理上的跟进来巩固经营的成果。可以说,中国媒介商业化的历史也是一部管理革新的历史。

(一)生产责任制推广

随着经营活动的展开,对效率的要求显得越来越紧迫。在农村家庭联产承包责任制成功示范与城市经济体制改革国企放权让利和承包制推行的双重鼓励之下,媒体也开始进行"承包责任制"的尝试。1983年,陕西日报社开始实行"承包责任制",报社对国家实行承包,各部门对报社实行承包,印刷厂包利润,编辑记者、行政部门包支出。这一机制的推行,效果明显,1984年报社实现了扭亏为盈。1988年初,吉林日报社在广告部和《北方信息报》两个单位实行公开招标承包制。通过招标竞争,总共给报社增加纯利润32万元。1991年4月,《人

---

① 黄升民、丁俊杰主编:《中国广电媒介集团化研究》,中国物价出版社2001年版,第159页。
② 孙正一等:《我国新闻媒体资本运营情况初探》,《新闻记者》2001年第4期。

民日报》采编系统责任制开始实行。以编委会名义下发的《关于采编工作各级责任制的若干规定》,明确了从记者、编辑到社长、总编辑的职责。这标志着生产责任制在全国报界得到了推广。①

1980年中期之后初现端倪的制片人制实际上就是一种生产承包责任制。电视制片人制包括电视剧制片人制和栏目制片人制。1985年,中国电视剧制作中心开始在《红楼梦》等电视剧的拍摄中引入电视剧制片人制。1993年5月,中央电视台在杂志型栏目《东方时空》中试行栏目制片人制。"1995年出现各地推广制片人制的高潮。1997年后,全国有88%的电视台实行或试行了制片人制,77%的栏目实行了制片人制,由制片人制又衍生出主持人中心制。"②

生产责任制的推广,激发了媒体从业人员的积极性,丰富了媒体的内容。

(二)人事体制改革

生产责任制的实行,直接引发了媒体人事制度的变革。

1.在用工方式上,打破终身制

一些媒体开始采用合同制、聘用制、临时工、组聘、部聘、台聘、栏目聘、频道(频率)聘,以及"新人新办法,老人老办法"等多种灵活的用工方式。1984年6月,南京日报社试验干部制度改革,报社总编辑聘请业务主任,打破了领导终身制,部主任点将组阁,实现部门之间的人员交流。同年7月,西安晚报社经过考试、试用,招聘了40名合同制新闻业务干部,合同制被引入报业。1993年,成都晚报社推行全员聘用合同制,报社总编辑由市委聘任,报社内部打破工人、干部界限,按岗位公开招聘。2001年4月,深圳报业集团取消行政级别和职称,实行公开竞聘、双向选择、优化组合的人事管理体制。

广播电视也走过相同的道路。1994年成立的湖南经济电视台被要求"实行全员招聘,绝不允许产生新的铁饭碗、大锅饭"。1998年,江苏省广电局也开始对下属电视台、广播电台等直属媒体的用人采取统一招聘,并对聘用人员采取签订聘用合同,将档案放在人才市场的用工方式。③

---

①② 吴廷俊主编:《中国新闻传播史(1978—2008)》,复旦大学出版社2011年版,第230页。
③ 陆高峰:《传媒体制与从业生态变革30年》,《军事记者》2009年第2期。

2.在职务职称上,论资排辈被打破

低职高聘、评聘分开、打破身份界限、能上能下等新的用人机制开始实行。①这些措施激活了媒体内部的运行机制,调动了职工的潜能,带来了媒体运作的高效率和经营高效益的双丰收。

(三)分配机制革新

分配机制的改革是与人事体制改革相伴而生的。

1.薪酬分配机制的革新

1988年《解放日报》开始实行"定额记分、超额奖励"的分配制度;1992年《文汇报》实行内部浮动工资。随后,报业单位开始普遍推行"基本工资+岗位工资+绩效工资"的分配方式,而且基本工资所占比例呈越来越低的趋势。②

2.引入绩效考核评价方式

1995年,在原国家人事部发布《关于印发〈事业单位工作人员考核暂行规定〉的通知》之前,一些媒体就开始采用考核的方式来评价采编人员的绩效并作为奖金分配的依据和晋升淘汰的指标。

(四)组织结构变革

当经营解决了方向与战略的问题,必然要求管理跟进来解决秩序问题。当广告、发行与内容的经营都轰轰烈烈地进行之后,组织结构的变革也随之而动。1994年2月,羊城晚报社参考《泰晤士报》在19世纪末的"双驾马车"结构,对组织结构进行了调整。1995年8月,南方日报社也开始实行这一领导体制。随后这种中国式的"双驾马车"结构被报业广泛采用。

"双驾马车"结构又被称为"三驾马车"结构或"T"形结构。在这种组织结构中,社长是报社最高的行政官员,抓宣传导向,把握经营方向。总编辑负责具体的采编业务的组织实施。总经理成为报社组织的"三把手",负责经营管理部门。这一组织结构按照贡献相似性原则,使编辑业务和经营业务分离,提高了总经理的地位,有利于加强经营活动,同时也为报社内部多元化经营业务的开

---

①② 陆高峰:《报业人事制度与从业生态变革30年》,《中国报业》2009年第1期。

展解决了结构上的阻碍(如图1—1所示)。

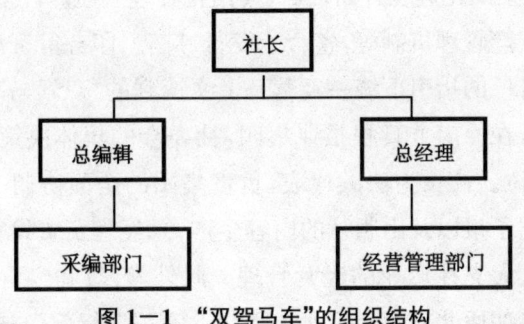

图1—1 "双驾马车"的组织结构

再以《深圳特区报》为例。"首先,《深圳特区报》实行的是社长负责制,而不是传统的编委会负责制,由社长统管采编和行政上的所有事务;其次,计划财务部门经常性地参与决策过程,并时常要求对所有经济活动提供意见……最后,《深圳特区报》的整个管理体制似乎在朝着建立社长负责下的总编辑和总经理负责制这样一个更理想的模式发展。譬如,该报的计划财务处处长董向玲称,她参与决策过程的机会越来越多,而且目前已经是该报四十余层豪华办公大楼建设委员会的五位成员之一。"①

(五)集团化管理

1994年5月,国家新闻出版总署下发了《关于书报刊音像出版单位成立集团问题的通知》。1996年1月15日,一个普通却又不寻常的日子,广州日报报业集团的成立在我国媒介商业化的进程中留下了自己独特的脚印,而这也标志着我国报业集团化管理的正式起步。正如国家新闻出版总署在1996年1月15日《关于同意建立广州日报报业集团的批复》中所言:"广州日报经过几年的思想理论、物质条件、运行机制等方面的准备,已经具备了较有影响的传媒实力,较灵活通畅的发行能力,在社会效益和经济效益两个方面都取得了较好的成绩。由《广州日报》组建中国首家报业集团条件已经成熟,为此同意《广州日报》作为报业集团试点单位。"②以此为起点,全国范围内相继成立了文汇新民报业集团、南方日报报业集团、浙江日报报业集团、宁波日报报业集团……从单兵作战到整合优势,产业时代的中国媒介已完成从初期的小米加步枪到飞机加大炮

---

① 何舟、陈怀林:《中国传媒新论》,太平洋世纪出版社1998年版,第74页。
② 何镇飚:《报刊出版业改革开放30年媒介经营管理十大事件回顾与评述》,《编辑之友》2008年第11期。

的华丽转变。

　　1996年报业集团化进程开始之后,集团化管理起航。许多报业集团建立了财务预算机制、资产管理机制等,整合了发行、广告、印务等资源,组建集团化公司,在集团战略目标的指引下统一经营。上文谈到的"双驾马车"结构也出现了一些演变。例如,在原南方日报报业集团,社委会的集体决策取代社长的报社最高行政官员地位。社长为法人代表,负责集团的全面协调工作;总编辑负责全集团主报、系列子报以及出版社的内容生产;总经理负责发行、广告、印刷、信息服务、出版等五大支柱产业的经营管理。此外,行政和经营管理职能的部门进行公司化改造(如原北京青年报业集团"小红帽"发行部门被剥离为北京小红帽发行股份有限公司),事业单位的机关行政职能转变成了企业的生产或经营职能。报业集团的管理成本在降低,效率在提高。

　　从媒介商业化的发展历程看,外部环境的变动引发了经营活动的勃兴,经营活动的开展又引发了管理变革的跟进,实现了"经营－管理－经营－管理"螺旋式的前进。经营突破或管理跟进本身则是一段循序渐进的历程,它遵循自上而下"合谋"的路径,并以"边缘突破"的方式得以演进。

第二章 生产什么?
——媒介商业化背景下问题内容的呈现

无论过去、现在还是未来,无论东方与西方,无论个人、组织还是政府,无论社会主义国家还是资本主义国家,任何社会都面临着一个永恒的问题——选择。所谓选择,就是"如何利用既定的资源去生产经济物品,以便更好地满足人类的需求",因为相对于人类无穷的欲望来说,人类的资源总是有限的,这就是经济学家所说的"稀缺性"。在解决稀缺性问题时,人类社会必然会遇到三个基本问题:生产什么、如何生产、为谁生产。经济学家将这三个问题称为资源配置问题。资源配置问题在媒体中表现为:

一、生产什么?即在可以生产的内容中,生产什么。是生产严肃内容还是低俗内容?是生产新闻还是生产娱乐?是生产受众喜欢的内容还是生产他们需要的内容?

二、如何生产?即由哪些人,使用何种生产规则,应用怎样的激励约束机制来生产内容。是由新闻民工、党的新闻工作者生产还是由负责任的传播者来生产?是采用内容与经营分开的方式生产还是用整合的方式生产?

三、为谁生产?即谁来享用和收益传媒内容。是为富人还是为穷人生产?是为公民还是为消费者生产?是为利益集团还是为社会大众生产?是为利润生产还是为公共利益生产?

套用诺贝尔经济学奖获得者保罗·A.萨缪尔森的话说即为:这三个问题是基本的,而且是一切经济制度下的媒体所共有的,但是不同的制度、文化与传统却以不同的方式来解决这些问题。根据这个框架,本章首先探讨媒介商业化背景下"生产什么——媒介商业化下问题内容的呈现"的问题,然后在随后的两章中分别进行"如何生产——媒介商业化下问题内容出现的组织因素"和"为谁生产——媒介商业化下问题内容出现的宏观因素"的分析与研究。

罗胥克在解释"制造新闻"一词时曾说过:"新闻具有双重本质。首先,新闻是一种社会产物,新闻的内容反映了孕育新闻的社会现实;其次,新闻也是一项组织性产物,它是专司搜集、传播新闻的专业组织所制造出来的成果。在这些互为影响的状况交叉运作下,新闻的社会性于焉产生。"①我们可以发现媒介商业化与公共利益失衡的表现,问题内容的呈现亦是如此:一是媒体的问题内容是社会的产物,它反映了在一定的体制空间下,媒体外因素的社会影响力;二是媒体的问题内容也是一种组织的产物,它是生存在市场环境下,专司生产、传播内容的专业组织所制造出来的产物。那么,今日中国媒介在商业化的大路上渐行渐远,它对中国媒介问题内容的产生将会产生怎样的影响呢?诚如麦克马那斯所言:"社会的健康状况,和它所消化的信息的'营养价值'息息相关。""新闻媒介设定了框架,公民据此讨论公共事务……讨论的质量必然取决于公民所能获知的信息的质量。"②或者借用《华盛顿邮报》前总编伦纳德·小唐尼和著名记者罗伯特·G.凯泽所说:"新闻关系一切。……新闻关注一切。……优秀的新闻——无论是报纸、杂志,还是广播、电视、互联网——都为美国人提供了与他们息息相关的有用信息,并使得他们对于这个迷惘的世界有一种参与感。……恶劣的新闻——没有报道,或者浅薄地、不正确地、不公正地报道重要新闻——会使人陷入危险的蒙昧状态之中。"③借用这句话,我们可以说,媒体产制的内容关系一切,关注一切。优秀的内容——无论是报纸、杂志,还是广播、电视、互联网——都为中国人提供了与他们息息相关的有用信息和娱乐,并使得他们对于这个迷惘的世界有一种参与感。……恶劣的内容——没有报道,或者浅薄地、不正确地、不公正地报道内容——会使人陷入危险的蒙昧状态之中。

权力的控制与利用不可避免,任何希冀与新闻理想的展开都需要付出代价。尤其当我国媒介的经济基础由财政拨款变为广告创收时,媒体不得不考虑媒体利益相关者的需求。当这种需求无条件、无限制之时,商业化媒体的负面效应便无可避免地显现出来。但在这里我们更为关心的是:媒介商业化与公共利益的失衡表现——问题内容会以怎样的方式呈现呢?

---

① 〔美〕伯纳德·罗胥克:《制作新闻》,姜雪影译,台湾远流出版事业股份有限公司1994年版,第13页。
② 〔美〕约翰·H.麦克马那斯:《市场新闻业:公民自行小心》,张磊译,新华出版社2004年版,第65页。
③ 〔美〕伦纳德·小唐尼、罗伯特·G.凯泽:《美国人和他们的新闻》,党生翠等译,中信出版社/辽宁教育出版社2003年版,第4—14页。

第一节 信息品质下降

在利润的诉求之下,在媒体"市场导向"、收视率、收听率和发行量的大棒以及媒体内部多样的绩效考核之下,媒体将受众视为消费者甚至是"上帝",不是基于他们的需要(need)生产内容,而是要什么就给什么(want)。于是乎,媒体的内容出现了"两多一少一异化":一味吸引受众眼球的多了,为资方代言的内容多了;给受众提供满足知情权的调查报道少了;广告异化了。

一、内容媚俗

在这个信息爆炸的年代,媒体本身并非稀缺性的资源,传统意义上的货币与媒体本身也并非广告追逐的目标,受众的注意力才是真正的稀缺资源,谁赢得了受众的注意力,谁就赢得了信息时代或者说注意力经济时代的话语权。这是一个没有硝烟的战场,广告主需要的正是借由媒体的影响力,加入到争夺受众注意力的战斗中。于是在这场白热化的争夺中,各个媒体纷纷使出浑身解数防止观众"换台",它们为了商业利益而吸引"眼球"的举动已经使这个国家的文化和价值观念产生了巨大的变化,并深刻地影响着社会政治生活。

争夺注意力的压力使媒体的内容变得日益八卦,用脏话和其他"出奇"的方法来吸引观众使流行文化越来越粗俗,人们对此忧心忡忡,不仅仅因为这种文化太低俗,更重要的是,这将使文化生产不再依赖于灵感、能力和真正使人娱乐的产品,取而代之的是暴力、色情、满嘴脏话和低级笑话。[1] 正如约瑟夫·普利策在1907年发出的警告:"一个冷嘲热讽、商业性强、哗众取宠的媒体会在一定的时间内创造一群和它自己一样低级趣味的民众。"[2]这也与英国社会心理学家玛罗理·沃伯经过多年的研究得出的结论一脉相承。"越不用花脑筋、越刺激的内容,越容易为观众接受和欣赏。这几乎是收视行为的一项铁律。"这也说明了为什么轻松、滑稽的娱乐性节目和包含性与暴力内容的电视剧常常处于收视率排名的前列。有的人甚至直言色情、暴力和金钱故事最容易得到受众的青睐。这个判断使得美国的广播电视节目中一直包含有相当数量的暴力与色情

---

[1] 〔美〕本·H.贝戈蒂克安:《媒体垄断(第六版)》,吴靖译,河北教育出版社2004年版,第17页。
[2] 陈晓薇:《美国"新闻自由"评析》,新华出版社2000年版,第78页。

的成分。①

(一)媒体内容低俗化

当下的传媒界,无论中外,内容低俗化已成为备受诟病、亟待解决的问题。梅尔文·德弗勒、桑德拉·鲍尔—洛基奇称之为"低级趣味内容",即过分的暴力,犯罪技巧的描述,恐怖和鬼怪主题,公开的色情,挑逗性的音乐,以及千篇一律的情节剧等②;更甚的则是"低俗新闻",新华社新闻研究所前所长文有仁先生将其总结为"——某些犯罪案件的报道详尽展示抢劫、凶杀的作案手段和血淋淋场面;——某些新闻事件的报道细致描写淫秽、黄色情节;——宣扬各种低俗文化与习俗;——宣扬伪科学、反科学的东西;——热衷散布各种封建迷信、洋迷信的东西;——炒作某些特殊人物。"③学者杨同庆先生将其总结为"大众传媒在传播活动中放弃自身责任、片面迎合部分受众低级趣味和需要,如炒作明星绯闻、迎合猎奇心理、专注感官刺激、渲染色情暴力等不良倾向"。

在太平洋的彼岸,曾经出现如此这般的情景:"暴力和庸俗的风气好像能传染,在今天的电影和主流电视上,'幽默效果'是由儿童手淫、脱口秀主持人当众呕吐和电影人物喝下排泄物等令人作呕的手法制造出来的。有才能的剧作家被那些平庸之辈所代替,而在二战之前,即使是最贪婪的娱乐业经理人也会拒绝今天登上大众传媒的大部分作品。"④难怪 CNN 创始人泰德·特纳在不同场合表达过这样的观点:"我们的新闻太琐碎! 我希望看到我们的内容能够回到有更多的国际新闻和环境新闻、有更少的低俗新闻上来!"⑤

媒体内容低俗化在现实中的表现为:

1.以"性"为卖点,内容取向"性"趣盎然

"sex sells"(性是好卖的)这个在某些西方媒体用以吸引眼球的利器也已成为国内某些媒体成功的法宝。一些媒体为了增强"可读性、可看性",不惜降低格调,挖掘"事件"兴趣点,拼命与"性"靠拢。

一则新闻能否吸引受众,标题常常起决定作用。一些编辑为了吸引受众,

---

① 苗棣、李黎丹:《美国电视的约束机制》,《现代传播》2004 年第 4 期。
② 梅尔文·德弗勒、桑德拉·鲍尔—洛基奇:《大众传播学诸论》,新华出版社 1990 年版,第 149 页。
③ 文有仁:《一些新闻报道缘何格调不高,品位低下》,《新闻与写作》2004 年第 3 期。
④ 〔美〕本·H.贝戈蒂克安:《媒体垄断》,吴婧译,河北教育出版社 2004 年版,第 18 页。
⑤ 王立纲:《2005 传媒年度创新报告》,《青年记者》2006 第 1 期。

不惜危言耸听，使用极其露骨的语言，令人瞠目结舌。比如一份影响不小的地市级媒体在报纸头版赫然登着这么一个粗黑体标题《五千男女不分昼夜"打炮"》。耸人听闻的标题下面，实际内容是由于天气干旱，灾情严重，五千余人利用高射炮连续工作几个昼夜实施人工降雨①。《干了112天终于湿了》(《南方都市报》)、《塞进去爽　拔出来疼》(《南国今报》)、《三大全国性交易市场布局渝中》(《重庆晨报》)、《放松操，让女兵笑容更灿烂》(《解放军报》)……像这样利用文字游戏以吸引受众关注的新闻标题不胜枚举。

2003年5月，湖南某电视台娱乐频道曾推出一个名为《星气象》的天气播报节目。在一个昏暗、暧昧的背景下，2001年度星姐亚军、娱乐频道签约女主播吴蓉身着性感衣裙，躺在沙发上，同时双脚搭在靠背上"秀"美腿，在全国引发了关于另类播报的轩然大波。一波未平，一波再起。2012年6月，欧锦赛期间，广东电视台体育频道故技重施，在其节目中亮出性感火辣的比基尼女郎，负责播报欧洲杯赛场的天气情况。两家电视台试图利用低级的感官刺激博取收视的心态昭然若揭。

吴丹对2006年3月至2006年9月共25期《第1生活》周报的内容进行了全方位"解剖"，从标题、图片、正文、广告、特别策划及新增板块六个方面，对《第1生活》周报的低俗倾向现象进行内容分析，结论是几乎每个方面都有涉及"原始兴趣"的内容。仅以正文为例，《第1生活》周报在每期都出现了或多或少的以"性"为卖点的内容，而且这类文章的数量有上升的趋势。其中，在"性福健康"和"情爱"版面，内容全部涉及两性话题。如《动什么别动情感隐私》，"两年前我发现了丈夫的出轨……"(第十四期B20页)；《越伤害，越痛快——与丈夫对抗15年》，"……在自己的另一半面前公开偷情，我们俩都是第一次"(第十四期B22页)；《那些长长短短的婚外遇见》，"……我去北京出差，与一同行女人眼合心合，认识不到一天，当天晚上就和她有了一夜情"(第二十五期B26页)。②

看来，无论报刊还是电视，都或多或少通过这种"出位"策略来博取眼球。虽然这种策略常常能获得较高的发行量和收视率，但这会给社会与公众带来很大的危害。

2.渲染暴力，宣扬"腥"闻、奇闻

据《华盛顿邮报》1996年2月6日报道，加利福尼亚大学等4所大学的研究

---

① 陈娟：《地市级晚报新闻的媚俗价值取向研究》，河北大学2010年硕士论文，第8页。
② 吴丹：《都市周报低俗倾向调查报告——以〈第1生活〉周报为例》，《东南传播》2007年第9期。

人员用一年时间,进行了美国迄今为止最大的电视节目调查,经过对 1994 年至 1995 年间的 2500 小时的电视节目的抽样调查和分析,发现 57% 的节目含有对观众心理健康有害的暴力内容,73% 的暴力行为没有受到惩罚,容易使人认为靠暴力才能赢,58% 的节目没有表现暴力造成的痛苦,只有 16% 的节目表现了暴力可能造成的长期后果。调查还表明,各类电视频道中均有暴力节目,一些有线电视台宣扬暴力的节目甚至高达 85%。①

在国内,暴力也是媒体追捧的热点。犯罪大多与暴力有关。一起暴力犯罪(谋杀、抢劫或强奸)便是一个重大事件,一个可被确切定义的事件。"它发生在有关个体(犯罪者和受害者)之间,富有戏剧性,充满冲突,涉及暴力并带来情绪上的紧张感,而且典型的犯罪事件通常包含所有新闻价值属性:(1)个性化——它发生在具体的个体身上;(2)戏剧化、矛盾冲突、争议和暴力;(3)真实的和具体的,而不是理论或抽象的;(4)新奇的和反常的;(5)与新闻媒介密切关注的事件有关联。"②于是,犯罪新闻已成为一些媒体增加受众的不二法门。

在报纸上,尤其是社会新闻和特稿版面上,抢劫、凶杀、强奸诸如此类的字眼俯拾皆是。有人曾抽取《兰州晨报》和《鑫报》2005 年 3 月 16 日至 5 月 16 日期间共 60 份报纸,以本地新闻报道为分析文本,统计了这 60 份报纸上的社会新闻总量,共计 1228 条,其中前者占 747 条、后者占 541 条。在计算暴力新闻总数时,排除了兰州市区以外的一切异地暴力新闻,最终发现有 360 条关于"凶杀、抢劫、强奸、斗殴、偷窃、车祸、纵火、诈骗、爆炸"等方面的暴力新闻报道。这个数目占到了报纸当地新闻总量的 1/3 以上。③

在电视上,法制类节目已成为电视专题类节目的竞争利器。"截至 2009 年底,经国家广电总局批准的法制频道有 12 套,即中央台 12 套社会与法频道和黑龙江、吉林、河南、陕西、新疆五个省级台,以及太原、合肥、长沙、贵阳、洛阳、徐州六个市级电视台的法制频道。全国有近三百多家电视台开设了法制类栏目……据统计,2004 年下半年,法制类节目量比重占全国专题类节目的 6.01%,收视比重却占专题类节目的 15.97%。"④部分媒体津津乐道于抢劫、凶

---

① 转引自孙旭培:《商业主义与美国媒介品位》,《新闻界》1996 年第 3 期。
② 〔美〕凯瑟琳·霍尔·贾米森、卡林·科洛斯·坎尔贝:《影响力的互动——新闻、广告、政治与大众媒介》,洪丽译,北京广播学院出版社 2004 年版,第 42 页。
③ 谢小红:《暴力新闻的泛滥与媒介素养教育的缺失初探——以兰州都市报暴力新闻及其影响研究调查为例证》,《东南传播》2006 年第 4 期。
④ 唐巍巍:《江苏地市级电视台法制类节目的现状、问题与发展策略研究》,南京艺术学院 2010 年硕士论文,第 4 页。

杀、强奸等报道,直接描写犯罪细节,展现血腥场景。如2006年1月一期反映家庭暴力的节目,其中女主人将男主人的头颅打碎,耳朵捅烂,生殖器剪除,让人感到血腥恐怖。在报道播出前和播出过程中,对这样一起恶性事件,还不断插播刺激性的宣传片花,这样播出在带给受众刺激的同时,也会对受众产生某种不良心理暗示。① 其实法制类报道的存在价值在于汲取教训以及宣传法律知识,而不应该以刺激受众感官为取向,更为有害的是一些意志薄弱、未成熟的青少年甚至会因模仿媒体中的暴力行为而走上犯罪道路。

(二)新闻娱乐化

新闻娱乐化一方面表现为软新闻所占的比重越来越大,硬新闻的比重在下降并日渐边缘化,另一方面表现为硬新闻的软化,硬新闻也竭力用娱乐性来包装。英国学者富兰克林在谈到新闻娱乐化时,认为新闻在编辑过程中的优先权已经在市场的压力下从根本上得到了重新调整:

> 娱乐内容大大超过了信息的供应;公众利益被人情趣味所取代;理性判断让位于煽情主义;鸡毛蒜皮的小事重于重量级事件;肥皂剧明星、体育明星和皇室家族的私人关系被认为比有着重大国际影响的事件更有"新闻价值"。传统的新闻价值观被新价值观削弱,"信息娱乐化"正日益泛滥。②

1.严肃问题边缘化,软性内容大行其道

"传统上,美国学者和评论家习惯将大众传播内容分为'信息'(information)和'娱乐'(entertainment)两大部分,认为两者泾渭分明,各自承担相应的社会功能。但是,在20世纪60年代之后,尤其是80年代后期,随着市场力量的日益增强、政府管制的逐步解除,一种'市场驱动的新闻业'正在使两者之间的界限不再那么鲜明,导致一种新型的'信息娱乐'(infotainment)的出现。这成为西方大众传播内容的最明显特征。"③

一项对《纽约时报》《洛杉矶时报》《时代周刊》和《新闻周刊》的内容分析表明,20年前,美国的新闻充斥着当天或昨天发生的事件性新闻,这些新闻事件多

---

① 童清艳:《超越传媒——揭开媒介影响受众的面纱》,中国广播电视出版社2002年版,第169页。
② 〔英〕斯图尔特·艾伦:《新闻文化》,方洁等译,北京大学出版社2008年版,第247页。
③ 转引自胡正荣等:《传播学总论(第二版)》,清华大学出版社2008年版,第163页。

半是关于政治进程、战争与和平、决策过程的内容更新和对新闻事件的深度分析。冷战后的社会和经济变化,受众对传统的新闻话题不再像以往那样关心。1977年,事件性新闻占美国媒体新闻版的52%,到1997年下降到32%。今天的美国媒体更多地偏重于在新闻中强调人的故事和有人情味的内容以及对读者直接有用的东西,而且它比过去更关注丑闻、隐私和耸人听闻的故事。例如,美国媒体关于政府活动的新闻报道在报道总量中的比例从1977年的1/3下降到1997年的1/5;国际新闻的比例从1/4下降到1/6;而关于社会名人、娱乐界或名人犯罪的新闻的比例从20年前的1/50上升到1/14。① 另一项研究也得出相同的结论,哈佛大学新闻政治与公共政策中心的一项调查显示,在美国大众传媒中,没有任何公共政策内容的新闻从1980年的36%上升到2000年的52%。② 电视媒体也不甘示弱,美国三大新闻网(ABC、CBS、NBC)1990年一年花在娱乐性新闻上的时间比前两年多了一倍。即使是以硬新闻著称的《60分钟》在1990年至1994年间约500集的节目中,超过1/3的是名人访问、娱乐报道或揭露丑闻,而真正严肃的政治内容不足1/5。③

英国的情况也不乐观。ITV的新闻时事节目已被压缩,一些时事性节目被安排到不重要的时间,名牌新闻节目《十点钟新闻》1992年被改版,虽然这一节目由于议员们和电视管理机构的反对还没有被移到别的时间,但严肃新闻的分量明显下降。比如1990年至1995年之间,这一节目中的国际新闻从43%降到了15%,娱乐和体育新闻从8.5%增加到17%。④

国内相关媒体不仅未避开前车之鉴,反倒愈演愈烈,在巨大的盈利压力下,事关国计民生的严肃话题被排挤出珍贵的新闻版面,取而代之的是大量的娱乐化新闻。北京某报负责人曾经指出,"不要把报纸看得太神圣,一张报纸只能为想看你这张报纸的特定人群服务,不可能承担非常重大的历史使命,要影响全中国,教育全世界。让购买你报纸的人满意才是最重要的。当娱闻达到整张报纸的1/3版面时才是最理想的,不要怕人家说是追星。"⑤在盈利压力及广告主的利益诉求驱使下,抱有此种心态的媒介经营者不在少数。在此种媒介经营理

---

① 李希光:《变形的新闻屋》,四川人民出版社2002年版,第43—44页。
② 转引自李希光:《是新闻记者的摇篮还是传播学者的温室?——21世纪新闻学教育思考》,《新闻记者》2001年第1期。
③ 转引自马锋、路宪民:《西方新闻娱乐化现象成因浅论》,《新闻大学》2003年第2期。
④ 转引自赵月枝:《公众利益、民主与欧美广播电视的市场》,《新闻与传播研究》1998年第2期。
⑤ 禹建强:《传媒市场化的缺陷》,中国传媒大学出版社2005年版,第84页。

念的引导下,报刊中娱闻的增多及娱乐版面的扩版也就不足为奇了。

刘朝霞与戚鸣曾借鉴美国学者的调查方法,对较有影响的三份报纸——《中国青年报》《南方都市报》《北京晚报》进行内容分析,通过考察硬新闻与软新闻的比例,试图了解我国媒体新闻娱乐化的现状及趋势。她们以《中国青年报》1992年、1996年、2004年2月9日到15日的报纸(前4版),以及《南方都市报》《北京晚报》2004年12月14日到20日的报纸为样本。结果显示:《中国青年报》软新闻的比例,从1992年的61.9%上升到1998年的62.6%,而到2004年则上升为73.8%。对《北京晚报》和《南方都市报》一周报纸内容的分类统计发现:前者软新闻(社会新闻、娱乐新闻、体育新闻、副刊、生活消费信息)与硬新闻(经济新闻、时政新闻和国际新闻)的比例是6∶1,后者软新闻与硬新闻的比例是3.5∶1。①

何以如此?这是因为"硬新闻减少、软新闻增加可以降低新闻生产的成本,并减少得罪母公司或赞助商的几率,同时形成良好的'广告环境'"。② 对于新闻媒体来说,制作一期严肃的新闻节目成本极其高昂,从新闻生产的环节和流程来看,无论是在最初的发现环节还是在题材的选择上,抑或是最后的报道环节,都比制作轻松休闲的娱乐节目或者报道娱乐化新闻成本高,而尤为关键的是,严肃话题也不符合广告主创造购买情绪的氛围需求。譬如当某次默多克看到《太阳报》头版刊登的全是英国政府活动的报道和图片时,不禁勃然大怒,头版的责任编辑为此遭到怒斥,"英国政府到底付了多少报酬给你,你为什么整版刊登英国政府的报道,而不是选一些具有挑逗英国人欲望的花边新闻给大家看?再这样下去,这张报纸非让你们搞垮不可。"③

2.硬新闻的软化

所谓硬新闻软化,即"在内容和形式上都尽力使硬性新闻软化,竭力从严肃的政治、经济变动中挖掘其娱乐价值,并在表现技巧上强调故事性和情节性,一味片面追求趣味性和吸引力,强化事件的戏剧悬念或煽情、刺激的方面,走新闻故事化、新闻文学化道路"。④

---

① 刘朝霞、戚鸣:《新闻娱乐化与受众需求的错位》,《新闻记者》2006年第8期。
② 谢静:《美国的新闻媒介批评》,中国人民大学出版社2009年版,第197页。
③ 禹建强:《传媒市场化的陷阱》,中国传媒大学出版社2005年版,第71页。
④ 林晖:《市场经济与新闻娱乐化》,《新闻与传播研究》2001年第2期。

(1) 避重就轻，喧宾夺主

政治、经济新闻原本关系国计民生，但是记者以一种报道娱乐新闻的形式和心态来进行处理，将政经事件的内幕或者花絮作为新闻的重点。比如当下的中国处于社会的转型期，腐败事件频发，但是记者不是探究腐败的根源，而是以一种娱乐的视角报道出事官员的私生活，尤其是其桃色事件。说到贪官，必讲情妇。说到女贪官，必以色谋权。比如，北京市第一中级人民法院 2010 年 3 月 30 日公开审理了国家开发银行原副行长王益受贿案。因为两个女明星牵涉其中，媒体对王益案的关注焦点转移到了这两位女明星身上。贪腐案件异化为娱乐新闻，满足了受众的娱乐需求，但媒体的社会责任何在？①

再以尹冬桂案件为例。媒体在报道时，有的用"风流女市长"之号入题，有的用"女张二江"（湖北丹江口市市委书记贪官张二江，号称有 107 个情人）之喻入题，还有的将传言"'霸占'司机 6 年之久"、"令司机与恋人分手"写进新闻，且提炼出《"霸占"司机六年之久》的题目，明显是用女贪官的私生活吸引眼球，炒作和煽情都已跃然纸上。这些"案外因素"与新闻娱乐化的诉求相一致：这里有大量的"风流韵事"和隐私，有所谓的"女张二江"，当然就不缺乏奇异性、刺激性、神秘感和吸引力，既能产生轰动效应，又能很好地"娱乐"受众。② 这种娱乐化的做法，不但失去了媒体的社会责任，也会削弱对腐败行为本身的震慑力。

经济新闻一般给人的感觉是高高在上，不易读懂，但是在日益竞争的传媒界，这种喧宾夺主的娱乐化之风不但席卷社会新闻、文化新闻、体育新闻之中，也渗透到了经济新闻里。2006 年 1 月，我国国内首款自主知识产权高端 DSP 芯片——"汉芯一号"发明人陈进作假，骗取国家上亿元无偿拨款。这本是一个普通的经济新闻事件，然而，经过《21 世纪经济报道》连续刊发的十几篇追踪报道（"汉芯造假案"系列调查之一"汉芯一号"造假传闻调查；"汉芯造假案"系列调查之二夜会神秘人；……"汉芯一号"造假案系列调查之五陈进其人；……"汉芯造假案"系列调查之九陈进财富拼图：一个"失败"商人的 7 个剪影；汉芯系列调查之十"汉芯五号"技术迷宫；甚至最后还有续集："汉芯造假案"续陈进与台湾公司秘密交易）③，使得这起案件变了味道。这种以挖掘经济事件的内幕作为新闻的重点，对个案故事进行大张旗鼓渲染的做法就是娱乐化扭曲新闻的常用方式。

---

① 张芹：《传媒功利性误读意欲何为》，《新闻实践》2010 年第 10 期。
② 赵金、闻学峰：《舆论监督还是"娱乐"监督？》，《青年记者》2003 年第 4 期。
③ 胡丹：《解读我国财经报纸新闻报道故事化趋势》，暨南大学 2006 年硕士论文，第 25 页。

(2)新闻文学化

新闻娱乐化的另一种表现则是忘记新闻最重要的目的是告知,满足受众的知情权,而是采用极度煽情的写作手法强化事件的戏剧悬念或煽情、刺激的一面,以新闻文学化为价值取向。比如"黄静案",原本是一个女性遭到侵犯的暴力案件,但是媒体给她的界定却是"漂亮女教师",然后是"裸体"、"裸死"。①

再如2002年的莫斯科人质危机事件中,不少报纸几乎都充斥着大量侧重于事件过程和细节描述的"新闻故事":"莫斯科上演'倩女幽魂',女人质手机传情荡气回肠"、"'女肉弹'几乎全被歼灭,她们更残酷、更富进攻性"、"我离死亡只有3米",等等。② 读者在看得惊心动魄、痛快淋漓的同时,却容易忽略国际恐怖事件背后蕴藏的社会政治危机,沦为系列故事的新闻报道,对事件本质的揭示容易停留在某一阶段而难以深入。

(三)媒体内容低俗化与新闻娱乐化的不良后果

1.劣币驱逐良币

上述做法使其产制的内容必然是问题重重并呈现强烈的外部性。所谓外部性,"通俗地说就是一个厂商的活动或一种产品的消费对其他厂商、消费者或者整个社会造成有害或有利的影响,而该厂商并不为此承担相应的成本或者获得相应的报酬。外部性分为两类:一类是正外部性,即对其他厂商、消费者或者整个社会所产生的没有报酬的有利影响;另一类是负外部性,即对其他厂商、消费者或者整个社会所产生的不承担成本的不利影响"③。媒体生产的产品是具有很强外部性的产品。正的外部性对社会有益,表现为:正确的舆论导向,让民众了解更多的政治情况,提高人们的文化品位,对健康思想和社会价值观的传播,对积极的公民道德的宣传等;负的外部性对社会有害,表现为:错误的舆论导向,传播不健康的思想和价值观,对社会道德产生消极影响。

400多年前,英国经济学家格雷欣发现了一个有趣的现象:两种实际价值不同而名义价值相同的货币同时流通时,实际价值较高的货币,即良币,必然退出流通——它们被收藏、熔化或被输出国外;实际价值较低的货币,即劣币,则充斥于市场。人们称这种现象为格雷欣法则,亦称之为劣币驱逐良币规律。很遗

---

① 李良荣主编:《为中国传媒业把脉——知名学者访谈录》,复旦大学出版社2006年版,第35页。
② 孙晓素:《新闻故事化的成因与现状》,《新闻前哨》2005年第3期。
③ 金碚:《报业经济学》,经济管理出版社2002年版,第292页。

憾,这一规律已然渗透到了新闻界,"下里巴人"常常大行其道,"阳春白雪"往往被逐出市场。《中国合作新报》的失败就是对这一现象最好的诠释。1998年,中国著名报人丁望与圣象地板的老总一拍即合,将《中国合作时报》更名为《中国合作新报》,要为中国"有文化的劳动者"量身打造一份高级报纸。1999年2月,《中国合作新报》定位于"教科文",读者对象是社会上有较高文化的读者;内容追求大气磅礴、深刻尖锐、新鲜高雅。首期四开24版彩印的样报,头版是一篇重头文章《1998—1999:中国政治体制改革印象》,后面几版分别设置为:新报民声、新报回声、新报视点、新报国际、新报任务;中间是6版新报副刊,设有科学前沿、我的读书、艺术世界、国际关注、经济观察、思想随笔;后面是文化、谋职、休闲、购物、体育、车界、网虫、时尚8个版。在具有理想主义和大报情节的总编的带领下,在资金匮乏、人才短缺之际,其阳春白雪与深刻高雅在这个浮躁媚俗的时代举步维艰。报纸的广告主要是投资者的免费广告,其他广告则微乎其微。在投资者的压力之下,为吸引广告,《中国合作新报》放弃了阳春白雪的思路,开始走下里巴人的路线,先后推出4版的"北京足球"、"美周刊"、"玩周刊"进行转型,而且初见成效。但是在急功近利的投资者眼中,报纸已成为吞噬资金的无底洞,他们选择了撤出。于是《中国合作新报》悲壮地落幕了。[①] 众多的业内观察者认为如果投资者不轻言放弃,再假以时日,《中国合作新报》就能够在市场上站稳脚跟。诚然,如果这张报纸在北京市场成功了,那也是一场"下里巴人"对"阳春白雪"的胜利,一场劣币对良币的驱逐在报业中的体现。

经济学中的劣币驱逐良币原则,即格雷欣法则效应也在栏目竞争中显现。电视频道资源是有限的,"低级趣味内容"大行其道,以理性、深刻见长的节目的生存境况却山河日下。打开电视,触目所及的是强调暴力的犯罪电视剧、千篇一律的情节剧、公开的色情、挑逗性的音乐。而"高级趣味内容"则退出市场,《外国文艺》《世界名著名片欣赏》《外语教学》等已惨遭淘汰。有着深厚人文积淀和文化底蕴的节目《读书时间》,其在央视的身世浮沉值得人们思索。1996年,中央电视台《读书时间》首开电视读书节目,受到一些观众的好评,成为中央电视台的一个较为重要的文化栏目。2001年7月,改版后的《读书时间》进入中央电视台第10套科教频道,播出时间已从原来的每周五22:30改为每周六20:30的黄金时间。但是,在此时段就面临与众多"低级趣味内容"来争夺观众,结果《读书时间》因综合排名严重落后,在央视10套的40多个栏目中,居于倒

[①] 孙燕君:《报业中国》,中国三峡出版社2002年版,第334—343页。

数第几名的位置,先是遭到"末位淘汰的警告",后来几经挣扎,终于在2004年9月被淘汰出局。

2007年5月10日《南方周末》刊发了杜骏飞的文章,"媒体应该更为关注和报道什么?在百度,可以查询到杨丽娟的相关网页多达1000万篇,超过了绝大多数当下中国政治、文化、经济类的严肃题材的报道网页。"①

《实话实说》的遭遇也是如此,它的演变发展便是这种情况的典型反映。《实话实说》栏目是为数不多的既受到观众好评,又有思想、有内涵的节目。然而,在创办两年后,整个电视节目的竞争环境特别不利于这种理性节目的生存。越来越多的娱乐节目败坏了观众的胃口,在制作过程中逼着《实话实说》转型。崔永元如此提及栏目的一段艰难历程:"大概在1999年下半年的时候,我们就意识到了危机,当时觉得能渡过这个危机。2000年,这个危机越来越严重,到了2001年,我们已经觉得力不从心了。到了2002年,我们几乎没有什么办法了。"到2009年9月底,节目终因收视率不理想、盈利不多招致停播。

2.新闻过度娱乐化会对社会公众产生"麻醉"作用

传播学理论中,著名的议程设置理论认为媒体可以凭借其巨大的社会影响力,通过选择报道(强化、忽略或弱化)使某一议题进入或淡出公众的视野。媒体能够通过反复播出某类新闻报道,强化该话题在公众心目中的重要程度。②美国政治学家伯纳德·科恩在《媒介与外交政策》一书中指出:"在多数时间,报界在告诉人民怎么想时可能并不成功;但它在告诉它的读者想些什么时,却是惊人地成功。"③

当大量娱乐化新闻充斥版面之时,受众谈论的不是国家、社会亟待解决的各类问题,媒体失去的是曾经"天下兴亡,匹夫有责"的公民责任感,丢失的是培养一个个负责任公民的舆论环境——而公民素养的普遍提升对于建设一个文明进步的国家来说至关重要。诚如本·贝戈蒂克安(Ben Bagdikian)所言:"严肃的节目能够提醒受众复杂的人性问题是不能够通过转移到另外一种新的方式解决的。"④当严肃的新闻被驱逐,娱乐化精神充满社会的每个角落,社会中出

---

① 孙正一、柳婷婷:《2007:中国新闻业回望》,《新闻记者》2008年第1期。
② 孙伟:《"议题设置"理论与"炒新闻"现象》,《新闻大学》1996年第1期。
③ 孙英春:《传播效果研究的一种途径》,《浙江学刊》2002年第2期。
④ 〔美〕大卫·克罗图、威廉·霍伊尼斯:《运营媒体——在商业媒体与公共利益之间》,董关鹏、金城译,清华大学出版社2007年版,第139页。

现的问题无法被反映、被展示,这个国家失去了应有的痛感,那么当人们看到的只是纯粹的乐观之时,这个社会、这个国家就会很危险,仿佛被置于火山口上,"夫祸患长积于乎微,而智勇多困于所溺"所说的正是这种状况。正如郑贞铭先生所概括的,"第一,娱乐材料过多,超越了缓和情绪的需要量,反倒松弛了社会大众对环境的警觉性。第二,大众媒介所供应的此类材料过多,占去了人们对其他事务的思考、专心、创造的时间,对于社会事务的处理,逐渐失去其进取心。第三,对问题描述过分简单及解决办法之简单,使人被这些例子诱导,逐渐失去对事物的复杂及严重多加注意,因而失去了积极性。"①

3.新闻过度低俗化、娱乐化败坏了受众的胃口,令内容生产者不得不媚俗

这么多低俗与娱乐化内容的存在,不但麻醉了社会公众,更败坏了受众的欣赏品位。中央电视台主持人崔永元曾心痛地说,那些庸俗的、低档的娱乐节目"败坏了观众的胃口,在制作过程中逼着我们去媚俗,逼着我们去迎合观众,这给我们造成了很大的生存压力。"②

话语震撼,事实更加触目惊心。在中国,媒体正在兴起一阵媚俗之风:翻开报纸,生生不息的男欢女爱、林林总总的情感故事、血腥暴力的凶杀描写等随处可见;打开电视,娱乐节目令人目不暇接;登录网站,各种离奇猎艳的新闻、恶搞的视频短片屡见不鲜……2000年5月,中国人民大学舆论研究所对北京居民电视新闻类节目收视情况及收视意愿展开了调查,结果发现,在北京地区电视传播市场上,各类电视节目的收视份额为:(1)影视剧类,占23.4%;(2)娱乐综艺类,占14.5%;(3)新闻类,占12.0%;(4)体育类,占9.3%;(5)音乐戏剧类,占9.2%;(6)法制类,占8.1%;(7)青少类,占5.5%;(8)生活服务类,占5.3%;(9)科技教育类,占4.6%;(10)专题类,占4.4%;(11)经济类,占3.7%。换言之,在北京人每100分钟的收视选择中,有23.4分钟是用于收看影视剧类电视节目;有14.5分钟是用于收看娱乐综艺类电视节目;只有12.0分钟是用于收看新闻类电视节目。③

---

① 转引自孙晓亚:《我国新闻娱乐化现状的多层面反应研究》,浙江大学2008年硕士论文,第2页。
② 刘朝霞、戚鸣:《新闻娱乐化与受众需求的错位——报纸内容分析及大学生新闻需求调查》,《新闻记者》2006年第8期。
③ 喻国明:《北京居民电视新闻类节目收视情况及收视意愿调查分析报告》,《电视研究》2000年第8期。

(四)原因分析

寻根溯源,这种结果的出现都是商业逻辑惹的祸。在市场经济体制之下,作为社会元系统的市场体制必然对其子系统产生深层次的渗透和影响。作为社会系统组成部分之一的传媒业,不得不接受市场经济的游戏规则,并奉为圭臬。传媒经济是建立在注意力基础之上的影响力经济,商业化媒体的主流盈利模式是用内容来争夺受众的注意力,然后用注意力来换取广告。总的来说,受众越多,媒体索要的广告费就越高。例如,电视黄金时间的广告费要大大高于受众较少时间(如清晨)的广告费。媒体要在市场上生存,就要最大限度地争取受众。因此将受众当作"消费者",强调满足受众的消费欲望,成为传媒业的主流制作理念。于是,对信息价值的评判权完全交给了作为消费者的受众,受众的喜好决定了对新闻的选择。正如阿多诺所指出的,"以利润为取向的文化工业中,(音乐)创作者主要关心的已不是艺术的审美价值,而是上座率和经济收益,他们一味迎合雇主的需要,成了消费者的奴隶。"①

美国的新闻工作者也有相同的感受。多数新闻工作者对时下日报、电视、有线电视的新闻报道评价甚低,全国性和地方性媒体中分别有 66% 和 57% 的人认为,经济和商业压力是新闻业面临的最大问题,其影响越来越深,破坏性越来越大,已经严重损害了新闻质量。他们觉得新闻专业性面临危机。他们的很多报道受到广告主和老板的压力与影响。大约 4/5 的新闻工作者认为新闻媒体"对复杂问题的关注减少了",较之前些年,如今新闻媒体对于八卦新闻和犯罪报道的关注达到了顶点。一位地方电视台新闻网的副总裁在调查中说:"新闻业越来越注重商业化运作了,编辑部工作的主要标准就是:选择那些能使报纸或电视台赚钱的新闻。"②

学者鲍海波也一针见血地指出,"媒体媚俗是传媒商业化的一种特性,即片面地、无条件地迎合大众的低级趣味,甚至更主要的是制造出大众的消费需求和消费方式,以得到经济利益的满足。在当代,意识形态的主要载体就是大众传媒,而大众传媒为了经济利益而竭力谋求建立起来的传媒体系正是通过媚俗性使这种意识形态固化。"③

---

① 张国良主编:《新闻媒介与社会》,上海人民出版社 2001 年版,第 93 页。
② 陈昌凤、吴(岑鸟):《困境中的美国新闻业与新闻工作者》,《新闻记者》2004 年第 10 期。
③ 鲍海波:《新闻传播的文化批评》,中国社会科学出版社 2002 年版,第 267 页。

二、调查性报道遭遇困境与挑战

普利策在论述调查性报道的意义时指出:"如果人们想要和世界上的罪行、邪恶和灾难作斗争,他们必须知道这些罪行,因为这些罪行、邪恶和灾难正是在秘密的基础上才得以滋生的。"①在快速社会转型的中国,无论政治还是经济乃至于文化领域都遭遇阵痛,社会矛盾激烈,社会问题突出。无论是腐败问题、贫富两极分化、福利制度尚待完善、地区发展失衡,还是群体性事件时有发生、社会道德力量脆弱、行政干预市场活动频繁、问题食品前赴后继……在社会民主化的进程中,调查性报道的作用不可或缺。然而在信息不对称、资本侵蚀公共利益、政府监管不到位以及相关NGO弱势的社会背景下,在与资本集团、商业利益的博弈中,调查性报道这一维护公共利益的报道形式正遭遇困境,面临挑战。

(一)调查性报道日益陷入"叫好不叫座"的状态

自20世纪90年代以来,娱乐化成为中国媒体的走向之一。在一片娱乐化的声浪之中,调查类报道陷入了日益边缘化的境地。以中央电视台的《新闻调查》为例,2003年5月8日起,中央电视台一套对节目进行了历史性的调整。其中的一项策略为在保留原一套优秀栏目的同时,将二套、三套的优秀栏目《幸运52》《开心辞典》《同一首歌》和《艺术人生》引入到一套,与《实话实说》《新闻调查》《曲苑杂坛》一起组成七大精品栏目,每周轮番在一套晚间22点档播出。《新闻调查》在众多娱乐类栏目(《实话实说》除外)之中,一开始进入精品栏目时段,其收视率在七个栏目中排名倒数第二。随后它把调查性报道作为栏目的核心竞争力,加强舆论监督功能。这之后,栏目的收视率在七个精品栏目中上扬了一两位。但是,这种状态持续时间并不长。从2005年3月开始,有汇报反映《新闻调查》的收视率出现大幅下跌。② 英国著名的调查类栏目《全景》的主编承认:"在过去的十几年里,栏目一直致力于同肥皂剧或与其他娱乐节目相互竞争……传统性的调查报道在走下坡路。"

再加上惧怕被起诉和经济原因,一些大媒体在出版人、媒体拥有者、股票拥有者、投资人和广告主的多重压力下,对某些耗时、昂贵的敏感题材失去了兴趣。于是,我们看到了这样的结果:曾经生机勃勃的英国电视调查性报道,在其

---

① 许亚荃:《调查性报道探析》,《江西社会科学》2000年第4期。
② 蔡海龙:《在新闻的理想与现实之间——〈新闻调查〉被边缘化原因探究》,《现代传播》2007年第3期。

高峰期的20世纪70年代末,每年大约出产300部电视片,而目前每年仅有50部左右。调查性报道在美国遭遇同样的困境,2010年9月的《美国新闻学评论》载文《式微的调查性报道》(*Investigation Shortfall*),该文提到:"在美国,随着传统媒体全面不景气,曾经辉煌一时的调查性报道已呈黯然退潮的态势。2010年,提交普利策新闻奖调查性报道奖项的作品数量减少了40%。"①

一个毋庸置疑的情况是:电视调查类节目的确面临严峻挑战,比如《60分钟》被大大压缩,有时只有12分钟。观众日渐增长的娱乐兴趣、对严肃新闻题材的逆反心理、耗资耗时的调查都使从事此类报道的记者和制片人踌躇不已。②

(二)调查性报道的冲击力在减弱

这种情况表现在,一些调查类报道的负面因素在弱化,而正面因素在增强。例如,陶尼指出,"尽管揭弊报道在20世纪六七十年代重新出现,但很少有报纸从事真正的调查报道,即使偶有调查报道,也几乎绝不触碰民间企业。他引述'都市政策研究中心'的一份调查报告指出,若干报纸老板可能允许揭发'小贿赂案和诈欺社会福利金的新闻,但是碰到会撼动市政、州政体制基础,或是会影响报社与银行、企业、公职人员关系的新闻,就会划地自限,当然更不会去碰与报业有关的新闻'。"③因此,在美国每年都有大量的新闻被禁发。比如,1998年,美国索诺马州立大学(Sonoma State University)揭发了当年在媒体上被禁发的24条新闻,它们是:

(1)秘密国际贸易协定损害国家主权;
(2)化学公司利用乳腺癌获利;
(3)孟山都公司的转基因种子威胁全球产量;
(4)被回收的放射线金属可能就在你家;
(5)美国的大规模杀伤性武器:数十万儿童丧命的罪魁;
(6)美国核计划破坏联合国全面禁止核试验条约;
(7)基因转化可导致危险的新疾病;
(8)天主教医院合并危及妇女的生育权;
(9)美国:纳税人的美元支持着恰帕斯的敢死队;

---

① 余婷:《美国报纸调查性报道衰微原因探析》,《新闻实践》2011年第1期。
② 转引自张威:《IRE、调查性报道与中国观照》,《新闻与传播研究》2005年第3期。
③ 〔美〕道格·安德梧:《MBA当家:企业化经营下报业的改变》,林添贵译,正中书局2000年版,第76页。

(10) 尼日利亚：学生环保者命丧谢夫隆油田；

(11) 扩建私人监狱成为大买卖；

(12) 数百万美国人在1955—1963年间接种了被感染的小儿麻痹症疫苗；

(13) 政治捐款损害美国司法制度；

(14) 特种武器和战术部队替代普通警察：针对少数民族社区；

(15) 雇佣军服务于国际大公司；

(16) 美国媒体对波黑的报道有失公正；

(17) "曼哈顿计划"掩盖氟化物毒性的后遗症；

(18) 克林顿政府纵容儿童玩具中含有毒化学物；

(19) 开发商牺牲纳税人青睐洪泛区；

(20) 全球石油储量令人担忧；

(21) 终身教授日渐稀少，学术界岌岌可危；

(22) 美土地管理局被控侵犯肖肖尼部落的人权；

(23) 可口可乐公司未达回收标准；

(24) ABC 广播公司歪曲有关穆米亚·阿布－贾迈勒的报道。①

国内潮流似乎已成为国际潮流的一部分。一些较有影响的节目如《新闻调查》也面临相同的窘境。张洁在做《新闻调查》制片人之时，提出了一个制作调查性报道的最高纲领，即"争取每个月制作一期有影响力的调查性报道"；最低纲领是"一年有两期有影响力的报道，即符合专业品质的调查性报道"②。在中国这个最有影响力的调查性栏目所制定的目标中，我们可以看出调查性报道在中国所遭遇的尴尬处境，其他调查性栏目的命运可见一斑。

梁建增在《新闻舆论监督的成功实践——关于〈焦点访谈〉栏目的思考》一文中谈及，从1994年4月1日到1998年12月31日，在播出的1632期《焦点访谈》中，有396期节目内容是舆论监督，占已播出节目的24.2%，其中316期直接点了被曝光单位的名。另据9月15日《南方都市报》报道，央视主持人敬一丹2003年8月在座谈会上对温家宝总理说，《焦点访谈》1998年舆论监督的内容在全年节目中所占比例是47%，到2002年降为17%。③

---

① 转引自张威：《IRE、调查性报道与中国观照》，《新闻与传播研究》2005年第3期。
② 张洁：《市场化压力下的专业主义》，科学出版社2004年版，第146页。
③ 孙正一、柳婷婷：《2003：中国新闻业回望》，《新闻记者》2003年第12期。

中央电视台的《每周质量报告》是一档以消费者为目标受众的食品安全方面的调查性报道栏目。2003年开播以来，其以"质疑、调查、记录"为栏目自身定位，同时打出口号：你所看到的，是你所想不到的；你所质疑的，就是我们求证的。这样一个舆论监督质量领域的央视名牌调查性报道栏目，如今它所发挥的舆论监督作用相对于轰轰烈烈的2003年，已是逊色不少。2004年5月16日，本该播出的《每周质量报告》却"因故"停播一周。到了6月27日则发生了更为重大的"革命"。自开播以来，除了一些特别日子里的"特别节目"（如春节特别节目），从来都是以揭黑为己任的《每周质量报告》却"破天荒"地播出了一期对"三鹿"和"完达山"奶粉生产厂家的正面"揭秘"。各方都在纷纷猜测《每周质量报告》到底遇到了什么压力。自此以后，《每周质量报告》的变化日趋明显（如表2—1所示）①。

表2—1　2004年《每周质量报告》变化情况表

		1月5日—5月9日	5月23日—11月21日
各时段总量		18	27
正面		0	9
	正面所占比率	0	33.3%
反面		16	17
	反面所占比率	88.89%	62.96%
合计总量		45	
	正面（占合计总量比率）	0	20%
	反面（占合计总量比率）	35.56%	37.78%

从表2—1中可以看出，以5月16日"停播"为界限，之前共有18期，没有一期是正面报道，而从5月23日开始，27期节目里面有9期是正面报道，占到了这一时间段（5月23日到11月21日）的33.33%，而在5月23日到11月21日这近6个月时间的正面报道，在一年的所有报道（截至11月22日）里面就占到了1/5。这还不仅仅体现在正面报道的出现次数和数量的不断增多，以及正面报道和反面报道的比率对比上，从反面报道所反映事件的重大性和严重性上来说，节目的内容也起了不经意而却是显著的变化。②

另一方面，调查性报道的锐气在下降。正如央视《新闻调查》栏目制片人张洁所说，"严格的调查性报道应同时具有三个特征：它必须是独立的调查报道，而不

---

①② 展江、白贵：《中国舆论监督年度报告》，社会科学文献出版社2006年版，第854页。

是官方授权的信息披露;它必须是对权势集团掩盖真相的调查报道;它必须是对公众利益受到损害事件的调查报道。"实际上,今天的调查性报道已经变味。资深编导哈瑞·莫赛斯(Harry Moses)认为,今天的《60分钟》已经改变了性质——"虽然我们节目的收视率可以高居榜首,但已不再是纯粹的调查性报道。"

(三)从事调查性报道的记者人数少且大多想转行

以"揭露社会问题、维护公平正义、表达百姓呼声与传播新思想、启迪民心"为使命的调查记者,是中国百万记者中独特的一群。然而,这一群体正面临着内在与外在的双重困境。

1.这一群体数量少

虽然这一群体存在的价值不容低估,他们是记者中的精英,在他们身上体现着中国知识分子不畏强权的"士人风骨",有着"天下兴亡,匹夫有责"的济世情怀,但是这一群体的人数很少。张志安和沈菲在针对中国调查记者行业做第一次总体普查,建立数据库的时候发现,"如果要求是全部精力做调查性报道的记者,那么最后这个样本可能不到100个人。所以后来我们把调查的样本标准放宽到'一半左右的精力从事以舆论监督为主的调查性报道的记者'。即便是《南方周末》《南方都市报》这样以调查性报道见长的报纸,符合样本标准的调查记者也不多。《南方周末》只有9个人符合我们的样本标准,《南方都市报》的深度报道部门有30多个人,但符合调查记者标准的只有8个人,一般的都市类媒体能有三五个调查记者已经算很不错了。"[1]在国外也是如此,美国调查性报道采编人员从2003年的5391人减少至2009年的3695人,缩水30%,是10年来最低点。[2]

2.近四成调查记者计划转行

在中国,由于调查记者面临自身与外界的种种压力,不仅独立性比较弱,而且工作环境恶劣,从金钱利诱到正常采访被干扰,甚至人身自由、人身安全受到威胁……同时待遇缺乏保障。王克勤在《西部商报》工作的时候,"几个人连续几天几夜写稿,困了就在办公室拿凳子睡觉,每个月的收入是四五百块人民币,

---

[1] 张志安:《334名调查记者数据库何来》,《钱江晚报》2011年8月29日第C2版。
[2] 余婷:《美国报纸调查性报道衰微原因探析》,《新闻实践》2011年第1期。

收入非常低。记者的工作,一方面是冒生命的危险,另一方面是重体力、费心力的劳动,同时收入又是这样的微薄,这样的状况是非常普遍的,而且随时面临在竞争中被淘汰的危机。为什么拼命地努力写稿子几天几夜不睡觉,因为一定要发稿,发了稿才有稿费,才不至于被报社炒掉"①。

于是,在中国出现了调查记者"提前退休"的现象。曾为我们所熟知的调查记者相继退出了调查记者行列,比如翟明磊(前《南方周末》记者,著有《千里追踪希望工程假信》《上海交大有没有招生黑幕》《汤山投毒案的48小时》等产生重大影响的调查性报道),由于越来越多的调查性报道(如他对周正毅案的报道等)无法刊发,他于2003年8月辞职。他的辞职信在网上广为流传,信中说:"我为新闻而来,我为新闻而去。""为了新闻我不顾家庭安危,妻子仍为我担惊受怕,这时前方记者最希望的是后方的支持与理解。没想到换来的是一张冷冰冰的通知(考核不合格)。""有关部门不考虑实情而简单粗暴地以数量责备因为采访承受普通人难以承受的压力的记者",他对这种做法难以接受。

比如杨海鹏,曾因在其调查性报道中讲了真话,被浙江渔民将其照片供于案上,奉以香火;也曾因对一恶性事件的报道触怒地方政府,当地高官在那一年的市人代会上放言:"报道严重失实,照片全是在暗房伪造的!"杨海鹏从《南方周末》辞职后,进入另一家媒体工作,在一次采访中被当地公安机关扣押。当他向总部求助时,老总的第一句话竟是不信任的一问:"你们是不是有把柄落在人家手里?"事后,杨海鹏旋即辞职。②

张志安、沈菲的《调查报告》的结论也不容乐观,40%的调查记者"不打算继续"从事调查性报道,30%的调查记者"不确定",愿意继续从事1—5年的调查记者只有13%左右。③ 这也是调查记者群体的心声。《南方周末》调查记者柴会群说:"目前调查记者的生存空间小,在媒体做调查性报道的记者能坚持5年的很少。"④

三、异化的广告

如今的广告像阳光、空气和水一样渗透人们的生活,无处不在,无时不有。

---

① 《王克勤、刘畅、张丽记者节作客新浪聊天实录》,http://www.sina.com.cn,2003年11月8日。
② 周国洪、宋振远:《关注调查记者提前退休现象》,http://www.js.xinhuanet.com/jiao_dian/2004—05/28/content_2211415.htm。
③ 周凯:《四成调查记者计划转行》,《中国青年报》2011年6月14日第3版。
④ 朱紫源:《近20年中国调查记者群体研究》,吉林大学2009年硕士论文,第30页。

某个周末的清晨,你走出家门,准备坐公共汽车去购物广场,在公交站牌上你会看到广告;当你看到公共汽车驶来,有车身广告;登上公共汽车,有车体内部广告(拉环、椅背、车载电视等);公交车行进中,打开手机,有手机广告;累了向外看,有路牌广告;下车买份报纸,有报纸广告;进入购物广场,有现场广告(POP);购物归来,打开电视,有电视广告;打开电脑,有网络广告。以电视广告为例,上海统计局城市经济调查队所做的一份电视广告监测调查报告清楚地表明:电视广告所占的时间超过播放时间的10%。调查显示:1998年第二季度共有969条广告在5个电视频道播放40498次,平均每次广告每月重播13.9次。4—6月份播放的广告总长度为237.4小时,平均每天播放时间超过2.5小时,投入4.46亿元广告费。①

不仅广告数量多,而且广告也异化了。广告主为了传达出与自身利益相符的观点,达到更好的广告传播效果,给广告穿上了一件件隐形的外衣,如同遭受辐射后的生物体,异化的广告形式多样,以至于无法区分何为广告,何为新闻。我们暂且先从其表现形式的角度做如下分类:

(一)新闻性广告

在提及这个概念之前,还得多谈几句。关于"软文"或者"软广告"的说法,并没有一个明确的界定,在大多数论著中,还经常将软文、软广告、新闻化广告和广告化新闻混为一谈,本书暂且选用董天策、刘达从软文呈现形态角度作出的尝试性区分(如表2—2所示)。

表2—2 软文特征比较②

	类一	类二	类三	类四
出版版别	广告	专刊/专版	新闻	新闻
写作形式	新闻文体	新闻文体	新闻文体	新闻文体
广告标志	有	无	时有时无	无
传播对象	具体	具体	具体	具体

从表2—2中可以看出,董天策、刘达分别从出版版别、写作形式、有无广告标志、传播对象四个角度进行了定性与分类。他们还总结出了此类文章的公式

---

① 《上海一份监测调查报告显示:电视广告每天超过2.5小时》,《广告大观》1998年第10期。
② 董天策等:《新闻·公关·广告之互动研究——对"传播交叉领域"的学理审视》,暨南大学出版社1998年版,第167页。

化表述,即"新闻报道形式+广告宣传性信息"。按照这样的逻辑推演,抓住问题的本质,以上呈现最终可以归结为新闻性广告和广告性新闻两类。由此进一步归纳子类别(如图2—1所示)①:

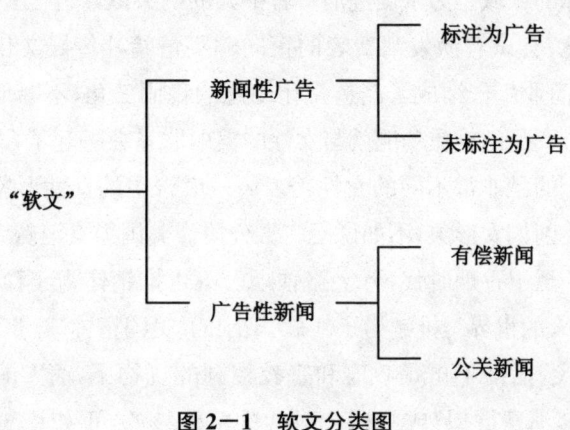

图2—1 软文分类图

这样,我们可以清楚地看出他们的逻辑思路,新闻性广告正是异化的广告的重要表现形式之一。现行《广告法》第二章第十五条明确规定:"广告应当具有可识别性,能够使消费者辨明其为广告。大众传播媒介不得以新闻报道形式发布广告。通过大众传播媒介发布的广告应当有广告标记,与其他非广告信息相区别,不得使消费者产生误解。"新闻性广告披着新闻的外衣,暗里却输送的是广告主的利益,借用媒介的公信力让不明就里的受众在不知不觉中接受了广告主意图传达的观念。

新闻性广告模糊了新闻和广告之间的界限。法律虽有关于形式的违法性规定,却无相应条款加以惩治,导致被钻了空子,打着法律的擦边球,新闻性广告已经成为广告异化形式的主要表现。传媒经济本身就是一种影响力经济,不断涌现的新闻性广告,损害的不仅仅是媒介的公信力与可持续发展,更直接危害到大众本身——他们会更加充满疑虑地看待这个世界。

在美国传播学者贝戈蒂克安看来,新闻广告是一种介乎新闻和广告之间的、在商业上被称为"呢子上的绒毛",是广告客户用来"创造购买情绪"的东西。他在《传播媒介的垄断》一书中,对美国报界存在的"二类广告"现象作了如此评

---

① 董天策等:《新闻·公关·广告之互动研究——对"传播交叉领域"的学理审视》,暨南大学出版社2008年12月版,第167页。

价:"当代报纸普遍盛行登载大量没有什么价值的稿件,从任何意义上说,它们都不是新闻,而是支持广告客户的非广告材料。"①

广告者们也发现,促进销售的核心不是产品的特征,而是消费者的个人特征或心理以及人际的领域。为了促进消费者个人的购买欲,广告主大量制造着与此相应的情绪环境,尝试着激发消费者的正向购买情绪,"传媒文化一开始,'肥皂剧'和'性'就与商业广告结成了制造文化幻想的稳固三角,不断地制造着消费主义的意识形态。商品的物质功能就与女性的美丽联系在一起了,而且在不同的年代附着于商品上的是非常不同的女性美。……广告中的女性形象与其说是作为商品消费者的美国妇女形象,不如说是广告公司为美国男女消费者制造出的不同的'爱情梦想'。至于香烟时代,万宝路香烟已不再推销作为实物的香烟,而一本正经地推销'男人的世界',推销男子气概、阳刚的'美国精神'"。②

在这个时代,信仰不再是政府和宗教控制的玩物了,商人的出现打破了原有的意义平台,"消费欲望"成了这个时代的信仰核心,正如让·波德里亚所描述的那样,人类进入了一个由"消费"为主导的社会。这样的图景,难道不正是市场力图通过媒体所期望达到的?事实证明,这样的担心并非杞人忧天,"美国传播学者鲁尔在《中国打开了电视》一书中曾指出我国电视节目中一些价值混乱和矛盾的现象。如教育性节目强调社会贡献、勤俭节约等中华民族的美德,而电视剧和广告则以豪华的酒宴或商品来刺激人们的超前消费倾向等"。③

新闻性广告在电视上则表现为广告节目化。所谓广告节目化,即在电视节目内容中注入商业营销的成分,以达到更好的广告效果。它也是正常广告异化形式的一种。

在遥远的美洲大陆,太平洋以东,美国这个当今媒体最为发达的国度,其电视频道上近年来有越来越多的广告,以节目的形态包装,让人摸不清楚,究竟是在看电视节目,还是在看广告。④ 究其原因,便是广告主为了对付观众不愿看广告的心态,减少观众的抵触情绪,而在电视节目中打广告,广告节目化因而蔚然成风。美国新闻工作者则认为商业压力让他们制作的新闻内容越来越浅薄,他们的报道带有越来越多的广告性质。面对这种节目、广告纠葛不清的趋势,媒体人颇有微词。美国媒体教育中心的蒙哥玛莉说:"电视广告进入一个新的时

---

① 转引自王永亮:《新闻广告泛滥 媒体声誉贬值》,《当代传播》2002年第3期。
② 李思屈:《传媒的"技术权力"与商业广告的"造梦"机制》,《新闻与传播研究》1999年第5期。
③ 转引自胡正荣、段鹏、张磊:《传播学总论(第二版)》,清华大学出版社2009年版,第154页。
④ 陈昌凤:《困境中的美国新闻业与新闻工作者》,《思想工作》2008年第10期。

代,类似滥用节目包装广告的情况一再出现……对于大众而言,这创造了一个'你不知道该信任谁'的媒体文化。"①

这种情况在台湾电视新闻节目中也愈演愈烈,在行政力量的规制下,被罚者屡见不鲜。早在 2008 年,台湾通讯传播委员会便下定决心要整治新闻节目广告化现象,罕见地拿台湾 10 家电视台的新闻节目开刀,罚金高达新台币 489 万元。"台'NCC'发言人李大嵩表示,该部门常接获民众申诉,台湾一些电视台的新闻节目未秉持中立原则,在新闻节目中置入广告,为遏止新闻置入广告,该部门已将电视新闻节目广告化列为电视节目违规的重点处罚对象。遭处罚的 10 家台湾电视台,以民视新闻台遭罚新台币 160 万元最多,违规的内容包括:报道多吃蔬果及冰品新闻时,为特定商品宣传;新闻报道中为某电视连续剧宣传。罚款次于民视的是华视新闻台被罚新台币 84 万元,违规内容包括:报道北京奥运会棒球比赛时,未在适当时机插播广告。而三立新闻台遭罚新台币 70 万元,是因报道游乐区新闻时为特定场所做宣传,及报道消防队员营救落水者时,未经查证即错误报道消防员死亡。而同样错报消防员死亡新闻的 TVBS 新闻台也遭罚新台币 30 万元。"②

而如此严厉的行政警示显然并未起到明显作用,在商业利润的驱使下,广告节目化趋势一如既往。例如,"台湾某电视台因节目广告化前不久刚被台湾'通讯传播委员会'(NCC)撤照,2011 年 1 月 13 日 NCC 再度因 JET、超视和卫视中文台共三个节目有宣传广告之嫌予以了处罚,各罚款新台币 100 万元。NCC 指出,JET 的《生活新知》、超视《乐活劲行式》和卫视中文台《爱美玩家》三个节目,都因为在节目中介绍健康食品,宣称有抗忧郁等疗效,违反有关规定,加上过去的核处纪录,终遭到这次的处罚。"③

限于经济与社会发展的程度水平,广告节目化在中国内地发展的技巧并不算高明,发展的层次相对不高,主要是各地电台、电视台轮番播出的医疗类广告节目。这类节目通常以健康理疗、健康咨询的节目形式出现,究其目的只是为了推销质量低劣的药品。比如,"兰州电台有一档谈话类节目很受听众喜爱,主持人也是听众心中的偶像。可他刚在那里慷慨激昂地针砭时弊,释疑解惑,说真道善,节目一结束,间奏曲一过,他就开始和'专家'一起'卖药'。一些老年人

---

① 《看节目还是看广告 美国节目广告化》,http://www.southcn.com/ent/yulefirst/200202041307.html。
② 沈鹏:《新闻节目广告化严重 台湾 10 电视台被罚》,http://http://news.163.com/08/1030/14/4PGS4K92000120GU.html。
③ 《台湾电视节目广告化遭批 三档节目被处百万罚款》,中国新闻网,2011 年 1 月 13 日。

受他的影响花了不少钱买了一堆药吃,一点作用都没有,气不过联名写信告这位主持人。"①

(二)低俗广告

历史学院的课堂上,经常可以听到老学者怒斥低俗而拜金的广告,时常举到的例子是流传市井街巷的"脑白金"广告。"今年过节不收礼,收礼只收'脑白金'","孝敬爸妈,'脑白金'"等低俗直白的广告词,一方面创造出"脑白金"令人难以置信的销售神话,为史玉柱的东山再起奠定了基础,另一方面却是对中国传统道德价值的淡然与漠视,一定程度上利用人们善良的本性与儒家孝道的要求以达到商品营销的目的,由此造成的结果便是广告主利益的扩大化与公众利益被践踏。在此情况下,一个问题油然而生:广告是否应有自身的职业道德底线?公众利益怎样才能最大限度地不受侵犯?

然而,在巨大的大众舆论压力面前,多少年过去了,"脑白金"或者说其背后的巨人集团又有何反思呢?在2011年的广告招标会上,巨人集团副总裁程晨甚至笑言:"广告形式还是老样子,很对不起全国人民,要说抱歉,年年都被称为恶俗广告。但这是我的考核条件,老板说如果进不了十大恶俗广告的排名,我奖金的60%就被扣除了。"纵然被人诟病不已,但产品傲然的销量却让巨人集团乐此不疲。另据程晨介绍,十大恶俗广告里面基本都是畅销品牌,非常暴利,这也就是低俗广告存在的经济根源。

"脑白金"广告显然只是低俗广告的一个典型个例而已。无论是在闪烁的荧屏还是在厚报时代的各个版面,随时随处都可以见到低俗广告的黑影,与此关联的话题也不外乎性、靓女、豪车。不可否认人性的双面性,魅惑的广告极具眼球效应。在喧哗与嘈然的低俗广告声中,公众的话题风向渐变的同时媒体与广告主却挣得盆满钵满,当然谁也不会注意到此时遍体鳞伤的公众利益。此时,值得思考的是:当充斥着性、靓女、豪车的广告遍布在各荧屏、版面之时,其代价便是公众审美趣味的庸俗化与思考力的降低,但当低俗广告把严肃的新闻排斥出它应有的位置之时,这个社会还剩下些什么?

---

① 王韧:《地方电台医疗专题广告节目治理刍议》,《中国广播电视学刊》2011年第10期。

第二节　普遍服务消失

一、为资本"代言"

媒介商业化道路无法避免,诚如席勒在他的《思想管理者》一书中说:"现在,全国传媒业庆典活动的交响曲,是由国家资本主义经济的代理人——白宫总统办公室、麦迪逊大街公共关系公司和广告公司的居民共同演奏的。我们完全有理由相信,今后,媒体控制者甚至将对资讯管理采取更加严密的组织手段。在一个复杂的社会里,资讯流通乃是无与伦比的权力资源。幻想这种权力的控制会销声匿迹,则是不现实的。"[1]本书所论的资本,主要是指介入媒体与媒体联盟以及在媒体上做广告的资本。

(一)媒体资本的影响及媒体内容的偏向

资本对于传媒业有着极强的正面效应,罗伯特·G.皮卡特认为:"资本的重要性并不仅仅在于它是所有权的标志,而且在于它是传媒企业运营发展和成长所依赖的最基础、最根本的资产来源。"[2]

那是否代表资本带给传媒业的只有积极影响?辩证法认为,事物都是两面性的。资本之于媒介,本质上是一把双刃剑,时而如新鲜血液为媒体发展提供持续活力,时而如高悬于内容产制上的达摩克斯之剑,无论是在导向上还是在内容上,资本已成为媒体内容产制的重要掣肘。

资本介入媒体或者与媒体联盟的目的只有两个:金钱和影响力。曾任堪萨斯《恩波里亚导报》主编、在美国报业享有清誉的威廉·艾伦·怀特的一段话很好地诠释了资本的目的。他写道:"当一家报纸的利益与商业或工业的立场相联系,商业对新闻腐蚀的危险就越来越大。电力托拉斯购买报纸,当然是为了控制报纸的领导作用和仅存的一些职业地位。……作为商业投资,报纸的市场

---

[1] 〔美〕赫伯特·席勒:《思想管理者》,转引自《政治经济学的说服——美国传播学者赫伯特·I.席勒的媒介批评观》,《新闻与传播研究》2000年第2期。
[2] 罗伯特·G.皮卡特:《〈传媒资本运营〉序二》,《新闻界》2006年第4期。

利润颇丰。"①

以通用电气公司为例，它不仅仅操纵着 NBC 电视网的新闻播出，还拥有或赞助其他媒体或节目。它拥有有线电视网 CNBC，赞助 ABC 的《戴维·布林克利报道》(*David Brinkley Report*)、CNN 的《交火》(*Cross Fire*)以及公共电视网的《麦克劳林团体》(*Mclaughlin Group*)等节目。通用电器公司的一位通信经理就曾公开表示："我们坚持节目制作的环境必须能强化我们公司所要传达的信息。"②NBC 新闻前总裁劳伦斯·格劳斯曼的话则异曲同工："拥有媒介网的好处之一就是你可以在广播中听到你公司生产的灯泡的广告……人们都希望取悦媒体拥有者。"③

新闻媒体的股东也常常对媒体的报道实施直接的影响和干预。2002 年美国国庆日，《每日镜报》头版刊登了布什总统的一幅漫画，题为《在 7 月 4 日哀悼》，标题旁的按语是"乔治·W.布什先轰炸后调查的政策所杀害的平民是'9·11'事件死难者的两倍。美国现在是世界上的头号流氓国家"。这一尖锐言论使得美国投资公司的资金经理汤姆·施莱格在次日就给《每日镜报》所属公司的总裁打电话，威胁说要卖掉自己持有的 4% 的股份。④ 这是一个相当典型的媒介资本主动干预新闻媒体的例子。

无独有偶，出于资本利益对新闻制作干预的担心，当《华尔街日报》被默多克这个媒体大亨收购时，该报在美国的 200 多名记者、编辑毅然决然地举行了罢工抗议。历史上，默多克似乎并不在意媒体的品质，他曾略带得意地表示："很惭愧我很欣赏流行新闻学，我必须说我更热衷于这种新闻学胜于你们叫作高品质新闻学的东西。"⑤国内文化体制改革进行得如火如荼，业界同样担忧改革中"引入外部资本可能使媒体难以真正'两分开'"。对于从事内容产制的媒体而言，现在，"新闻信息市场的主导者已不再只是信息资源掌握者，应当说还要加上资金掌握者，资金实力越来越左右着新闻资源的配置、利用与效果实现"。⑥

---

① 〔美〕本·H.贝戈蒂克安：《媒体垄断（第六版）》，吴婧译，河北教育出版社 2004 年版，第 107 页。
② 吴燕：《商业化带给美国电视新闻业的负面影响》，《现代传播》1999 年第 2 期。
③ 〔美〕大卫·克罗图、威廉·霍伊尼斯：《媒介·社会——产业、形象与受众》，邱凌译，北京大学出版社 2009 年版，第 56 页。
④ 姜江：《无形之网：美国调查性报道的制约性因素简析》，《湖北师范学院学报（哲学社会科学版）》2006 年第 3 期。
⑤ 王卫明、邓年生：《论资本与新闻编务——从默多克收购〈华尔街日报〉谈起》，《国际新闻界》2008 年第 2 期。
⑥ 孙慧英：《〈传媒产业+资本市场〉=风险=互动双赢（二）》，《当代传播》2002 年第 11 期。

在中国传媒业逐步商业化的今天,在 GDP 追求狂飙突进的年代,国内充足货币供应下的大量游资亦紧盯着传媒业这个具有高度成长性、充裕盈利空间的行业。逐利本性驱动下的资本开始追求与媒体的联姻,而在市场化大潮冲击下的媒体本身也需要利用资本市场的造血功能补充流动资金,维持良好的资金运转,二者一拍即合。然而,资本天然具有逐利的本性,媒体作为社会公器承担着"监督政府,向导国民"的任务,马克思主义学说认为"经济基础决定上层建筑,有什么样的经济基础就有什么样的上层建筑",这在传媒业中同样适用:有什么样的资本构成就有什么样的内容。对于带有"事业单位,企业化管理"性质的中国传媒业而言,当带有强烈商业性质的资本注入媒体时,对于媒体的内容产制及其传播会带来怎样的影响与效应?

在中国,媒体也未能规避西方传媒的际遇。《21 世纪经济报道》2003 年"100 万份 100 版年终特刊"的"上行阶层·人物志"选了 5 个人,其中有海尔的张瑞敏、德隆系的唐万里、复星系的郭广昌。其中,郭广昌那篇文章的题目叫《郭广昌:一个商人的哲学》,郭统辖的复星系正是《21 世纪经济报道》的重要投资方。[1]

如果媒体的内容不顺从资本的意志呢?《财经》团队"集体出走"事件可以作为资本意志控制的最佳诠释。正如塔奇曼所说,"出版商完全有权力挑战新闻专业主义的说法而成为新闻价值的仲裁者",尽管新闻工作者声称,什么是新闻和如何报道新闻由新闻专业主义决定,但是新闻出版自由终究只有新闻出版机构的拥有者才能获得,尽管拥有者可能很少干预新闻报道,但对如何处理一个社会议题却拥有决定权。[2]

从 2009 年 7 月开始,"联办"负责人开始不断地过问《财经》深度报道的选题。到 7 月 17 日"联办"发给《财经》一份正式文件,这份文件要求:"退回财经领域,正面报道为主。"具体包括:对"联办"有关新闻报道的指示必须不折不扣地执行;《财经》杂志每期封面报道的题目,在发稿前报"联办"批准;对于非财经领域政治、社会、非财经领域的涉外报道等,在发稿前报"联办"批准;对财经领域的重要负面报道,在发稿前报"联办"批准;有限制刊载范围的,由"联办"负责解释;"联办"媒管部及出品部、印务部要严格执行管理程序。这份文件导致一些重要新闻推迟发表或禁止进行追踪发表,以至于外界有评论说《财经》2009 年

---

[1] 曾华国:《中国式调查报道》,南方日报出版社 2006 年版,第 230 页。
[2] 〔美〕盖伊·塔奇曼:《做新闻》,麻争旗译,华夏出版社 2008 年版,第 168 页。

在重大事件中失语。① 这导致《财经》团队与"联办"管理层的矛盾激化,最终促使以胡舒立为首的核心团队离去。

下面再以"北大青鸟与深发展"事件为例进行论证。

1.资本干预下的"北大青鸟与深发展"事件

"北大青鸟与深发展"事件是资本组成部分中直接投资对媒介报道偏向产生影响的重要案例。在此事件的报道过程中,作为《京华时报》直接注资方的北大青鸟集团,对《京华时报》的相关报道产生了明显的偏向性影响,而这对深圳发展银行来说绝不公平。其偏向性报道主要体现在:报道极力质疑深发展,对青鸟系企业避而不谈;报道前后矛盾,以子之矛攻子之盾;报道失实,违背新闻平衡报道的基本准则。经过详细的案例搜集与整理,本书试图以剖析麻雀的方式进行案例解析,以求对"资本对媒介报道偏向产生重要影响"的观点加以证明。

根据《财经时报》记者李峰的分析,事件起源于深圳发展银行 2006 年 1 月 10 日的一则公告,深发展称,该行于 2003 年 8 月的一笔 15 亿元贷款,贷款发放后大部分资金被挪用于北京东直门交通枢纽项目,项目权益人为北京东华广场置业有限公司。

深发展认为,东华置业将其享有的东直门项目权益,在未获合理对价权益的前提下,转让给了北京城建东华房地产开发有限公司。鉴于此,为保全深发展债权,深发展于 2005 年 11 月 7 日向北京市高级人民法院提起诉讼,请求法院依法撤销东华置业向城建东华转让东直门项目土地使用权的资格。

但一周后,北京某媒体刊发《深发展 15 亿骗贷案揭秘》一文,称"目前北京东直门交通枢纽项目并没有深发展的贷款,这 15 亿元资金已经陷入了一起恶性骗贷事件,其涉及金额之大,为新中国成立以来所罕见,更为严重的是,其中部分资金已经被转移到了海外"。②

深发展对此种质疑相当不满,在随后发给媒体言辞激烈的声明中称,该媒体为北大青鸟集团资本控制的商业媒体。上述案件的两个被告"城建东华"和"东华置业",也均为北大青鸟集团控制的企业。有关方面利用其所控制的媒体,对尚在司法审理过程中的案件制造舆论影响,涉嫌干预司法公正和独立性,

---

① 李小朱、郭晓军:《〈财经〉地震调查:联办与胡舒立矛盾浮出水面》,《每日经济新闻》2009 年 11 月 19 日。
② 李峰:《水洗不净"青鸟系"》,《财经时报》2006 年 1 月 23 日第 A1 版。

造成了恶劣的社会影响,严重侵犯了深发展的合法权益。

上文指出的《深发展15亿骗贷案揭秘》刊发在2006年1月16日的《京华时报》上,事实上,此前该报还在2006年1月5日刊发《涉案15亿,深发展前任行长被捕》一文,引起深发展的严正声明。在随后的报道过程中,《京华时报》对该事件体现出较高的关注度,进行了持续报道,如2006年3月31日B60版刊发的《深发展前董事长被警方刑拘——任职期间涉嫌违法放贷》。同期,与此配合,《京华时报》网络版亦通过采访文稿对此事件加以关注,如刊发《深发展发业界风险警示函　北大青鸟称保留起诉权》一文。

经公开资料证实,《京华时报》确与北大青鸟有密切关联。在有关媒介资本的研究中,有这样的表述:"在与数十家资本公司谈判未果之后,北大青鸟集团正式与《京华时报》接洽……双方达成协议,由北大青鸟集团出资5000万,双方各占50%股份,《京华时报》方控股,任董事长职务。"①不难看出,北大青鸟通过注资形式一定程度上控制了《京华时报》。

还需知道的背景是,城建东华和东华置业在2006年时也确实是青鸟系企业,"城建东华和北京东华广场置业有限公司(下称东华置业),原同为北京北大青鸟有限责任公司(下称北大青鸟)子公司"②。

2.媒体内容偏向的表现

通过公开资料查询,可以发现《京华时报》关于深发展与北大青鸟事件的相关报道的确有违新闻报道的客观公正原则,带有强烈的偏向性、指向性,甚至前后矛盾,显示出资本对媒体内容的重要影响。《京华时报》的偏向性报道主要体现在以下三个方面:

(1)报道极力质疑深发展,对青鸟系企业避而不谈

真实是新闻的生命。坚持新闻的真实性原则既是新闻媒体取得公众信任的前提,也是新闻工作者职业道德的基本要求。新闻是面向社会的信息传播。新闻真实不仅关系到社会公众的利益,关系着受众对客观世界的认知,更关系着民族的发展、国家的稳定。由此新闻的真实性凸显得日益重要。

而在《深发展发业界风险警示函　北大青鸟称保留起诉权》一文中,显然并未遵循新闻的真实性这一基本原则,表明了强烈的倾向性。开篇名义的话语被

---

① 杨时旸:《〈京华时报〉的转制样本》,《中国新闻周刊》2010年第1期。
② 宁方朋:《城建东华换东家　深发展再诉讼》,经济观察网,2007年9月12日。

描述成"但深发展方面出具的一份函件打乱了这一切",从一开始就奠定了稿件的基调:深发展通过业界风险警示函恶意攻击北大青鸟。

另在《深发展 15 亿骗贷案　部分贷款被挪用至香港楼市》的报道中,记者使用了倾向性明显的小标题、用词,表达出对深发展的强烈质疑,如"15 亿元蹊跷发放"、"贷款背后的交易"、"深发展避谈贷款内容"。而对事件的当事方"东华置业"和"城建东华"则并无质询,反而使用"东华置业质疑相关证据"和"城建东华将保证工期"这样的标题加以袒护,显然这并不符合客观报道的基本思路。

对于深发展和北大青鸟事件的系列报道,与《京华时报》相比,其他与资方无联系的报纸则彰显出了媒体负责任报道事实的新闻专业主义色彩,尤其对于财经类报纸而言。现以《21 世纪经济报道》对此事件的报道为例加以说明。《21 世纪经济报道》是南方报业集团旗下的财经类报纸。该报对此事件加以持续关注,凸显出财经大报的应有水准。早在 2006 年事件发端之际,《21 世纪经济报道》就开始进行关注,通过系列报道《深发展 15 亿贷款·系列调查》以及其他零散报道对整个事件作出深度分析检视,并在报道中注意维护新闻的客观性、公正性,尊重多方当事人的意见并给予相应版面加以诠释,很好地反映了事件全貌,维护了新闻真实的基本原则。

(2)报道前后矛盾,以子之矛攻子之盾

对比《涉案 15 亿,深发展前任行长被捕》与《深发展前董事长被警方刑拘——任职期间涉嫌违法放贷》,不难发现,关于深发展前任董事长周林被捕的时间说法不一。前者称:周林已于 2005 年在北京被检察机关批捕;而后者这样表述:记者从深发展内部得到证实,深发展前任董事长、党委书记周林由于在任职期间涉嫌违法放贷一事,已于 2006 年 3 月 28 日被深圳市公安机关刑事拘留。

相同的报纸,时间如此确定的报道,却前后不一,表明的是什么,不得而知。另外,在国内司法体制中,批捕与刑事拘留是两个截然不同的概念,二者属于不同的侦查阶段。拘留是为了查明案情;"批捕"意即逮捕,发生时已经能基本确定案情。按照该报的逻辑,则深发展前任董事长周林先被批捕,再被拘留,时间相隔长达一年,那到底是司法机关行使程序错误还是事实本身失实?面对如此重大的案件,司法机关想必会在缜密侦查、掌握充分证据后再做决定,这不得不让人质疑报道的真实性。

与此形成鲜明对比的是,在查阅《21 世纪经济报道》相关报道的时候,并未发现此类常识性错误。至此,《京华时报》如此鲜明的恶意攻击看起来更像是一出闹剧,事实的错位凸显出的不仅是报纸本身的不负责任,传达得更多的则是资本对媒介偏向的重要影响。

(3)报道失度,违背新闻平衡报道的基本准则

"平衡报道"源出于西方新闻学,是西方新闻报道普遍遵循的基本原则之一。1729年,本杰明·富兰克林接办《宾夕法尼亚报》,他提出:"当人们各持异议的时候,双方均应享用平等的机会让公众听到自己的意见。"这一主张被看作是"平衡原则"的首次提出。合众社的创办人斯克里普斯也对记者要求:"在争论中,你一定不要带有倾向性或站在某一方面。你不可能做到总是完全客观,但你必须永远力争把争论双方的观点都反映出来。"

新闻不可能做到绝对平衡,但《京华时报》的相关报道一定程度上冲击着相对平衡的底线,至少没有给予双方平等的话语权利,也没有力争将争论双方的观点公平对等地呈现出来。在该报的报道中,对深发展方面的基本态度为"深发展回避正面采访"、"深发展避谈贷款内容"、"未作答复"、"丝毫没有涉及",并对这种回避进行了大篇幅且深入细致的描写。例如,"记者与深圳发展银行北京代表处取得了联系,该代表处的一位女士表示,她本人对相关函件的内容并不清楚,并拒绝把记者的采访要求转达给代表处的负责人,随后质问记者是从何渠道看到该函件的。该女士同时表示,代表处能否接受采访要由总行负责。当记者表示正是深发展总行办公室的人员建议本报直接对该代表处进行采访时,该工作人员直接挂断了电话。"①正是以回避为口实,《京华时报》版面上屈指可数的来自深发展方面的消息,在青鸟系企业长篇大论的观点论述下更显势单力薄。

而《京华时报》对青鸟系企业则极力袒护,详尽叙述了深发展的行为给东华置业、城建东华造成的恶劣影响及重大损失,以及在遭受损失情况下给出的极其正面的态度。这在《部分贷款被挪用至香港楼市——〈深发展15亿骗贷案揭秘〉追踪》②一文中表现得尤为明显,从其小标题即可窥见一斑,如"东华置业质疑相关证据"、"城建东华将保证工期"。对于这种质疑以及正面回应,该报道描写篇幅长,内容翔实细致。例如,"东华置业负责人在接受本报记者采访时,进一步对深发展提起这次民事诉讼的动机进行了质疑,并对深发展方面提起诉讼

---

① 肖宾:《深发展发业界风险警示函 北大青鸟称保留起诉权》,《京华时报》2006年3月3日第54版。
② 肖宾:《部分贷款被挪用至香港楼市——〈深发展15亿骗贷案揭秘〉追踪》,《京华时报》2006年1月23日第B37版。

的主要证据进行了质疑。"① 又如,"1 月 20 日,城建东华有关负责人对本报记者表示,尽管受到了深发展诉讼的影响,但城建东华将竭尽全力,以保证东直门交通枢纽这一奥运工程少受影响,努力如期完工。现在工程建设正常进行。"②

与此相对的是,《21 世纪经济报道》给予了事件进展的双方平等的话语陈述机会,以标题为例,如《深发展 15 亿元贷款·系列调查之四 深发展变更诉讼请求 北大青鸟自认冤大头》③,又如《驰援东直门项目——"青鸟系"急备 20 亿》④,再如《周林被拘前后:深发展 15 亿贷款再还原》⑤。

通过以上案例分析不难看出:只有经济独立才能报格独立,所有的证据都表明资本对媒体的报道偏向造成了无可回避的影响。

3. 媒体偏向的不良影响

北大青鸟和深发展案例仅仅只是媒体与资本联姻过程中的一个典型个案,现在的传媒业已在市场化进程中渐行渐远。诚然,资本对媒体的需要也建立在媒体对资本的需要基础之上,如此,资本对媒体偏向的影响也日益浓厚。

事实是新闻的本源,维护新闻的客观性是媒体天然的义务与天职,然而在资本的暗影下,媒体的偏向性报道已严重损害了新闻的真实性、客观性原则。传媒经济向来是信任经济,长此以往,新闻媒体丢掉的不仅仅是自己的公信力,更是中国媒体的未来与方向。

媒体是信息的把关人,是社会的肌肤,是舆论环境的创造者。更多的情况下,受众是在通过媒体体察着周围的环境,认识着周围的世界。媒体偏向性的演变与发展将会造成可怕的后果:公众将充满疑虑地看待这个世界,而社会疑虑的增加无疑将会带来巨大的社会成本。

(二)广告资本"俘获"下的媒体内容

对于媒体而言,广告收入是大多数媒体的经济支柱。在美国,日报收入占总收入的 85% 左右,在英国为 63%,德国为 65%。我国报纸情况与欧美国家大

---

①② 肖宾:《部分贷款被挪用至香港楼市——〈深发展 15 亿骗贷案揭秘〉追踪》,《京华时报》2006 年 1 月 23 日第 B37 版。
③ 柯志雄:《深发展 15 亿元贷款·系列调查之四 深发展变更诉讼请求 北大青鸟自认冤大头》,《21 世纪经济报道》2006 年 2 月 10 日第 14 版。
④ 柯志雄:《驰援东直门项目——"青鸟系"急备 20 亿》,《21 世纪经济报道》2006 年 3 月 1 日第 9 版。
⑤ 柯志雄:《周林被拘前后:深发展 15 亿贷款再还原》,《21 世纪经济报道》2006 年 4 月 3 日第 13 版。

致相仿,广告收入占报纸总收入的70%以上。① 对于广播电视来说,无论中外,这一比例更高,大约占到85%以上。广告收入在一家媒体收入结构中的比重越大,则广告资本左右媒体内容的能力越强。

1.媒体内容扩张,多出来的是广告和广告导向的内容——以报纸为例

随着经济的发展,社会对信息需求的增加,媒体的内容在不断地扩张,逐步进入厚报时代。但是在内容扩张的过程中,首先表现为硬广告所占的比重增加得更为迅速;其次表现为广告导向的专刊的增加。报纸作为传统媒介的代表形式,与其他媒介形式相比,仍具有无可替代的公信力与影响力,因此在此以报纸为例进行相关说明。

(1)硬广告所占份额的增加

西方媒体作为先行者,在内容上也走过扩张的历程,但是结果令人忧心忡忡。先看看来自国外权威学术著作的数据。"1940年,报纸的平均长度为31页,其中40%被广告占据,换算成页数是12.5页。消费者花2美分买到一份报纸,得到18.5页的内容。1980年,报纸平均长度66页,其中65%即43页为广告。这时读者花20美分买一张报纸,得到23页内容。用同比价格计算,1940年报纸的价格相当于1980年的5.7美分。读者在1980年得到的内容多了24%,价格应为7美分。如果再加1美分,因为1980年的出版商提供比1940年更高的边际利润,价格应为8美分,是1940年价格的4倍。但1980年的实际价格为20美分,是1940年的10倍。区别主要在于增加了的广告页数和相应的发行费。1980年的读者并没有用低于成本的价格购买报纸:他们在为广告付钱。"② 更为简单的说明为"'硬新闻'——时事新闻及评论在1940年占31页中的4页(13%)。1980年,66页的报纸中有5页'硬新闻'(7.5%),读者为报纸中所占比例迅速缩小的那个部分付出了更多的费用"。③

1980年的美国尚且如此,如今媒介商业化还在蹒跚学步的中国报业商业化又如何? 20世纪90年代早期开始的报纸"扩版热"最终引发的是内容的全面扩张。据中国人民大学传播媒介管理研究所和中国政法大学传媒与文化产业研究中心针对报纸平均每期出版版数开展的《报业广告经营情况调查报告》发现:从2005年到2009年,每日出版版数从2005年的48.8版增长到2009年的

---

① 刘鹏:《竞争时代的报纸策略:趋势与策略》,山东人民出版社2005年版,第153页。
②③ 〔美〕本·H.贝戈蒂克安:《媒体垄断(第六版)》,吴婧译,河北教育出版社2004年版,第159页。

57.83 版。广告占版率从 2005 年的 7.4% 增长到 2009 年的 38.9%。① 也就是说,硬广告的份额获得了较大幅度的增长。也难怪"目前受众反映最强烈的问题可以概括为:报纸很厚,翻翻没看头,广告很多,内容忒过火"。②

下面我们以《广州日报》扩版的历史对此展开实证分析。1987 年《广州日报》领风气之先,率先在国内从对开 4 版改为对开 8 版,风头一时无二。在 1987 年后的数十年(1992 年、1995 年、1998 年、2003 年)中,《广州日报》先后数次扩版。本研究以扩版之前的 1986 年和扩版后版面稳定的 1993 年、1997 年、1999 年、2004 年为总体样本,将每年的每一周中各随机抽取一天,组合成一个复合周,作为研究样本。具体为:1986 年 10 月 27 日(周一)、7 月 22 日(周二)、1 月 15 日(周三)、4 月 24 日(周四)、6 月 20 日(周五)、4 月 19 日(周六)、9 月 28 日(周日)。1988 年 2 月 8 日(周一)、12 月 6 日(周二)、4 月 13 日(周三)、2 月 14 日(周四)、1 月 15 日(周五)、3 月 26 日(周六)、1 月 17 日(周日)。1993 年 8 月 9 日(周一)、6 月 8 日(周二)、3 月 3 日(周三)、2 月 4 日(周四)、3 月 26 日(周五)、8 月 28 日(周六)、5 月 25 日(周日)。1997 年 1 月 17 日(周一)、4 月 15 日(周二)、1 月 29 日(周三)、7 月 10 日(周四)、1 月 24 日(周五)、8 月 30 日(周六)、5 月 25 日(周日)。1999 年 9 月 6 日(周一)、6 月 15 日(周二)、12 月 29 日(周三)、12 月 2 日(周四)、6 月 4 日(周五)、1 月 2 日(周六)、10 月 31 日(周日)。2004 年 8 月 9 日(周一)、6 月 22 日(周二)、3 月 10 日(周三)、7 月 8 日(周四)、1 月 9 日(周五)、12 月 25 日(周六)、8 月 8 日(周日)。共 42 个样本一起构成研究的总样本。最后,围绕研究目的,对样本进行量化统计分析(如表 2—3 所示)。

表 2—3 《广州日报》广告占版率

日期	平均版数	占版率
1986 年	平均 4 版	22%
1988 年	平均 8 版	21%
1993 年	平均 18 版	42%
1997 年	平均 21 版	45%
1999 年	平均 35 版	56%
2004 年	平均 58 版	49%

资料来源:作者整理。

---

① 宋建武主编:《中国报业年鉴》(2005—2010),中华工商联合出版社 2006—2011 年版。
② 朱德泉:《中国厚报体检报告》,《青年记者》2005 年第 9 期。

从表2—3中可以看出,随着《广州日报》版数的增加,广告的占版率在逐步增长,尤其是1999年,其平均占版率超过了50%。可以说,当年的《广州日报》版版有广告,而且有众多的整版广告。从表面上看,似乎扩版的目的是为读者提供更多的内容,实际上则是为了填充更多的广告。这也可以从2004年之前《广州日报》的广告增长率看出(如表2—4所示)。

表2—4 广州日报广告营业额①

年份	广告营业额(万)	增长率	年份	广告营业额(万)	增长率
1990	2,000		1998	70,000	40.00%
1991	3,900	95.55%	1999	80,000	14.29%
1992	8,000	105.13%	2000	130,000	62.50%
1993	18,500	131.25%	2001	141,000	8.46%
1994	30,000	62.16%	2002	156,000	10.82%
1995	46,000	53.33%	2003	167,000	7.24%
1996	51,000	10.87%	2004	172,000	2.98%
1997	50,000	−1.96%			

从表2—4中可以看出,在扩版的1992年、1995年、1998年、2003年,广告额的增加都是相当显著的。

(2)广告导向的专刊

随着扩版的进行,报纸多数已成为厚报一族,专版成为增加版面的主要动力。随手翻看浏览一下各类报纸,少则十几版,多则几十版、上百版,而每当发生重大事件或时值重大节日,还会推出特刊、专刊。倘若稍稍留意,则不难发现多的不是内容,而是以汽车专刊、房产专刊、健康专刊等形式推出的专版。比如,2009年的《广州日报》,在常规每日56版中,专刊达24版,占比约43%。从周一至周六,每天都有专刊专叠,包括周一"车天下•车生活"、"求职广场"、"二手楼市";周二"游天下•游生活";周三"求学指南"、"三电E本通";周四"时尚荟"、"移民留学";周五"家天下•家生活";周六"理财"、"美食•休闲"、"健康"。② 暨南大学研究生何裕华以2009年12月18日"家天下"专刊为例研究后发现:其一是硬广告份额高,"16版的专刊里,硬广告版面为9版";其二是软文

---

① 张裕亮:《变迁中的中国大陆报业制度图景》,台湾晶典文化事业出版社2006年版,第250页。
② 何裕华:《中国报纸专刊广告化现象探析——以〈广州日报〉为例》,暨南大学2010年硕士论文,第30页。

多,"另外还有品牌楼盘·商用物业的专题软文,如《万科城·明 寻找城市失落的记忆》《凯德谋求全线进军广州》《珠江地产佛山新盘亮相》《新世界千套新货抢闸》《汇景新城龙熹山未推先热》"等。

这些广告导向的专刊所具备的共同特征就是新闻报道是广告的吹鼓手,出现了"媚商"现象。贾昭衡在《报纸专刊"媚商"现象探析》[①]一文中将其总结为:

  片面宣传。只要商家在专刊投放了广告,就按商家的宣传口径进行新闻配合,报喜不报忧,误导消费者。

  充当枪手。应广告投放量大、关系密切的商家的要求,放弃媒体的基本原则,充当枪手,通过或明或暗的手段诋毁对手。

  夸大其辞。竭力迎合商家的意图,夸大其辞,胡吹乱侃。

  自打耳光。见有的商家没有投放广告,便鸡蛋里挑骨头,通过报道或含蓄或露骨地进行批评。可一旦对方迫于压力,投放了广告,又竭力褒扬,大肆吹捧,自己打自己的耳光,却让读者摸不着头脑。

  特别保护。对于那些每年广告量投放巨大的商家,实行特别保护政策,对其单位和产品出现的问题,不容许对其进行丝毫的披露与批评。

国外的专版亦是如此。"只要人们用批判的眼光看看目前充斥都会报纸的大量'特刊'内容,看看地方广播的节目,就会发现,它们是为商人而并非为广大消费者设计的。仅有的例外似乎就是那些评论书籍、电影、表演艺术和餐馆的文章了。许多人消费支出的最大项目就是购买房屋。那些星期日报纸的地产版不仅充满了房屋广告,甚至还配有'社论'内容,其中几无例外地对房地产商、建筑商、地产经纪人大加溢美之词。人们会发现,报纸上的这些文章,实际上就是各个公司的公关材料,文章大肆宣传各个不同的房屋开发商的优点,或者表明通过某家代理商买卖房屋的好处。的确,批评房屋的设计、地板的装饰、建筑质量、细部设计、价格与所提供的价值的比较、贷款情况或者其他相关事项的内容,在房产专版上都是极少被提及的。对汽车、食品、时尚、旅游版面来说,情况也是一样。人们发现,在有关旅游的文章中服务员毫无例外地一呼即至,当地人一直笑脸相迎,服务绝对高效,食宿完全舒适,价格全部合理,旅游地的天空

---

① 贾昭衡:《报纸专刊"媚商"现象探析》,《新闻导刊》2009年第1期。

也永远晴朗湛蓝。"①

在广告的侵蚀下,新闻版面的空间正日益局促,难怪有人称之为在广告中间插入新闻了。

2.媒体内容被广告资本所"俘获"

学者赵曙光利用产业经济学的 SCP 框架,通过比较广告市场集中度与相关行业报道的客观公正程度,发现一个报纸某行业广告比例越高,即报纸广告的行业集中程度越高,越容易受到相关行业的影响,进而妨碍报纸客观公正地报道该行业。也就是说,"报纸广告来源的渠道越单一,越容易受到广告主的影响,相反,报纸广告来源的渠道越多元,广告主的影响力相对较弱,越容易保持客观公正的报道态度"。②

由于广告是媒体的衣食父母,所以大广告客户常常凭借着自己的金钱,达到操控媒体报道的目的。媒体托拉斯化以及经济上与广告客户越来越紧密的联系,使电视新闻受到钳制:信息的提供受到商业利益的限制后,新闻报道就有可能漏掉什么,或掩盖什么。而"极少有观众知道电视荧光屏上遗漏了什么,因为他们对这个世界的所知,几乎全是这块电视荧光屏所提供的"。③ 这是对受众知情权的肆意践踏。

2009 年 9 月 25 日《南方周末》摘登 22 日《大公报》马浩亮的文章说,"'三鹿'丑闻曝光后被千夫所指的时候,河北当地的媒体仍没有正面去揭露个中缘由,只引用一些官方的通稿"。"国家公布的涉及毒奶粉事件的企业明明是 22 家,而 9 月 17 日山东《烟台晚报》上公布的却只有 20 家。读者比较后发现,漏网的两家'澳美多'与'磊磊',正是烟台本地企业。"④无独有偶,2011 年,央视"3·15"晚会曝光锦湖轮胎为降低成本大量使用返炼胶,而保定长城汽车也出现在中央电视台公布的轮胎配套厂商名单中。在 2011 年 3 月 20 日的《燕赵都市报》的编前会上,关于是否报道这则新闻产生争议,编辑部要求刊登,而广告部的人则力主不要刊登,以免得罪《燕赵都市报》的大广告客户——长城汽车。最后,双方妥协,这则新闻只刊登在 3 月 21 日的燕赵都市网中,而刊登在当天

---

① 〔美〕沃纳·赛弗林、小詹姆斯·坦卡德:《传播理论:起源、方法与应用》,郭镇之等译,华夏出版社 2000 年版,第 358 页。
② 赵曙光:《报纸是否为房地产商所"俘房"》,《传媒观察》2005 年第 7 期。
③ 〔美〕马丁·李、诺曼·苏罗蒙:《不可靠的新闻来源:透视新闻真相》,杨月荪译,正中书局 1995 年版。
④ 孙正一、柳婷婷:《2009:中国新闻业回望》,《新闻记者》2010 年第 1 期。

的《燕赵都市报》上的新闻,其题目则是从正面下笔,定为《长城汽车:锦湖轮胎有质量问题可更换!》。①

下面再以房地产报道为例,看看媒体房地产报道是否被广告资本所"俘获"。从1998年开始实行房改政策以来,房地产市场发展势头强劲,一路高歌猛进。房地产新闻成为经济新闻中的热门领域,房地产广告也因此被注入了无限的活力,成为媒体竞争的焦点,几乎所有媒体最昂贵的版面都看得到房地产的身影。2000—2004年,房地产行业在报刊上的广告投放额一直处于快速增长阶段,年平均增长率达到了33%,并且从2001年开始,房地产行业就一直占据着报刊广告第一大行业的位置,在报刊广告总额中的比重也保持在15%以上。按刊例价格统计,2003年,房地产行业报刊广告的规模已经接近百亿元人民币。② 于是,房地产这股强大的商业力量释放出巨大的能量。在房地产市场是否过热的问题上,我们的很多媒体是坚定地与地产商站在一起的。央行规范房地产市场的"121号文件"甫一出台,就遭遇了房地产开发商强有力的反对,一些媒体积极地充当地产商们的传声筒,而对支持这一政策的声音则有意无意地回避,只报道地产商的一面理而不是充分展示社会各阶层各利益群体的意见。③ 无独有偶,赵曙光也发现,在2005年"两会"期间,温家宝总理在政府工作报告中明确指出要"保持价格总水平基本稳定……重点抑制生产资料价格和房地产价格过快上涨,把握好公共产品和服务价格调整的时机和力度。加强市场和价格监管,坚决制止哄抬物价行为"。然而,很多报纸在"两会"报道期间对此问题视若无睹,保持惊人的沉默。④ 喻国明也有同感,他认为一些房地产报道带有明显的倾向性,给人以替房地产商和其他既得利益者说话的印象。⑤

具体状况如何呢?我们以暨南大学研究生朱苏兰的硕士论文《报纸媒体房地产报道的内容分析》对2010年《南方都市报》的内容分析为基础,兼及其他的研究结果来审视一下。该研究使用合成周抽样的方法,从2010年《南方都市报》中抽取了28期的报纸。为了使样本具有代表性,该研究规定每个月都要抽两到三期,以维持样本的平衡。最终确定抽取1月4日、1月19日、2月17日、2月25日、2月26日、3月5日、3月27日、4月19日、4月27日、5月12日、5月

---

① 与《燕赵都市报》编辑的深度访谈。
② 姚林、李冰:《中国房地产行业报刊广告投放特点分析》,《中国广告》2004年第7期。
③ 王立纲:《谁来保护"社会的良心"》,《青年记者》2003年第11期。
④ 赵曙光:《报纸是否为房地产商所"俘房"》,《传媒观察》2005年第7期。
⑤ 王立纲:《2005传媒年度创新报告》,《青年记者》2006第1期。

20日、5月23日、6月4日、6月26日、7月5日、7月13日、7月21日、8月12日、8月29日、9月10日、9月18日、10月11日、10月26日、11月3日、11月4日、11月14日、12月10日、12月25日的报纸。对于样本分析,该研究选择了人工查阅报纸的方法,对目标样本进行阅读和分析,最终一共选出321篇。

该文的分析可以归纳为"四多四少"。

(1)企业及其产品推广多,对民生问题的关注少

《南方都市报》排在第一位的议题是企业及其产品推广,占所有议题的38%,而对频发的与房地产有关的各类民生问题(如强制拆迁问题、物业纠纷问题、办房产证难的问题、房屋质量问题)却关注不足。正如艾尔·舒尔所说,"新闻媒介的内容,通常反映了报业资金支持者的利益。"①

(2)将房地产从业者作为消息来源的多,将消费者作为消息来源的少

在新闻报道中,新闻来源的选择是一种话语的权力,即谁在媒体的建构中发挥了作用。《南方都市报》则偏爱将房地产从业者作为自己的消息源,占到所有信息源的56%;而作为买房的主体的消费者,他们原本是最有资格评说房价之高低,房地产市场规范的方向,但在实际的报道中,他们作为信息来源的机会却只有14%。两相比较,倾向判然。

(3)软文多,深度报道少

在房地产新闻中有很多都是公关新闻稿,这类新闻稿件是房地产开发商在新闻媒体上为了宣传自己的楼盘而刊登的软文,《南方都市报》刊登的软文占到43%的比重。《南方都市报》设置了房地产专版,如"置业时代"和"二手房产"。这些软文都在房地产专版中,而且数量较大,经常整版都是软文。《喜盈雅境复式尾货,均价为1万元/平方米》《翠屏领东天河开展儿童摄影活动》《广深两地看楼团参观碧桂园豪园》《万科10亿入莞拿下长安地标建筑》等文章,一看标题就知道是推介房地产公司或其开发项目的软文。

其他报纸也是如此。这类公关稿经常出现在各地的都市类报纸上,比如《京华时报》房产版就刊登了很多这类稿件。而且这类稿件已经成为各地都市报房产版除广告以外的另一主要收入。

另外,研究者牛耀红对2008年和2009年的《兰州晨报》和《西部商报》的房产版进行分析,发现二线城市都市报的软文数量较北京等一线城市都市报的软

---

① 转引自朱苏兰:《报纸媒体房地产报道的内容分析》,暨南大学2010年硕士论文,第17页。

文数量更多,这可能同二线城市都市报发展专业化程度较低有关。① 但对于错综复杂、千头万绪的房地产行业,最适合的报道方式——深度报道,却少得可怜,仅占3%。

(4)正面报道多,批评报道少

在《南方都市报》的报道中,中立和客观的占76%,称赞和宣扬的占16%,两者相加占所有报道的92%,批评和不满的报道基调仅占8%。这个结果反映了媒体在报道上"拿人手短,吃人嘴软"。

二、为富人生产

媒体的利益相关者长期以来都能够对媒体应该强调或者不该强调的内容产生实质影响,通常情况下,这种压力是微妙和间接的,媒体总是小心翼翼地处理着相关的内容,以至于"正如我们看到的那样,媒体常常给予的正是广告主所需要的,它迎合的只是人口统计学中'合意'受众的兴趣。如果这种市场导向的途径真的被标榜为精英,那么只是因为市场偏爱于那些拥有更多金钱的人群。尽管表象上的确存在着大量的选择,媒体的商业动态往往将受众的选择限制在那些迎合广告主需要的少数有利的变化形式上"。② 在这种情况下,西方媒体的内容便越来越走向贵族化,按年轻、富裕受众的口味设计,却忽视了贫困、上年岁的受众的心理欲求。

(一)媒体内容贵族化、年轻化

中国拥有13亿人口,至少有6亿在农村,而媒介却越来越都市化,中国社会于20世纪90年代已进入老龄化阶段,而媒体却越来越年轻化。在报纸版面与广电频道上,那些以广告主的需求为取向,以白领、大款、"成功人士"以至"新新人类"为主要服务对象的专刊、栏目越来越多,而为普普通通的平民百姓特别是下岗工人、儿童、老年人服务的专刊和栏目却越来越少。诸如IT版面、汽车版面、旅游版面几乎充斥着所有的报纸,却鲜见下岗工人与民工的版面出现在报纸上。在报道内容上,媒体"就是将眼睛长在头顶上,只热衷于、迷恋于报道金领、白领、灰领们的一言一行,津津乐道于他们的故事、他们的想法、他们的

---

① 牛耀红:《当前我国房地产新闻消息来源偏向研究》,兰州大学2010年硕士论文,第15页。
② 〔美〕大卫·克罗图、威廉·霍伊尼斯:《运营媒体——在商业媒体与公共利益之间》,董关鹏、金城译,清华大学出版社2007年版,第133页。

'时尚',他们的追求与梦想";而站在"蓝领以下"的立场,反映他们的愿望、要求、呼声的东西却越来越少。"君不见,这些年的报刊等传媒上,到处都是有钱有权人的身影,到处都是星、腕、款、官们的'镜头'。编辑部为他们发消息、写专访、登捧场文章、搞图片专辑,甚至连他们豢养的小猫小狗等宠物,也堂而皇之地占据了黄金时段、黄金版面,他们'放个屁都是香的',媒体都能忙不迭地去捧臭脚。"①

以《兰州晚报》的农民工报道为例。研究者李亚琴以兰州地区较有影响和权威的都市类报纸《兰州晚报》为对象进行随机抽样,研究的时间段从 2005 年 4 月 1 日到 2005 年 6 月 30 日,跨度三个月。按照日历周抽样法,抽取了 12 张报纸作为分析样本("五一"长假除外)。研究发现:在这 12 份样本中,仅有农民工的相关报道 13 篇,其中有 5 份报纸样本(4 月 4 日、4 月 20 日、5 月 21 日、5 月 23 日)无任何农民工的相关报道。可见,对于都市中一个庞大的群体——农民工,都市类报纸不但留给农民工的版面少,而且报道数量少,报道力度明显不够。

在媒介商业化发展比较成熟的美国,也出现过类似问题。比如,美国的地方电视新闻忽视了对社会各个层面报道的平衡性,几乎没有穷人的报道。2000 年研究的 8095 例报道中,只有 7 例与这些穷人相关。三年多的 25000 例报道中,也仅有 35 例关注这一阶层。与此相对应的是,有 336 例涉及企业家。② 电视剧也不容乐观。第二次世界大战以后,美国的电视剧作者由于受到广告主的鼓励和支持而停止制作描写工人阶级生活的电视剧目。这并非由于这些电视剧不受欢迎(实际上,它们有很高的收视率),而是由于广告主认为这类节目不能为宣传他们的产品提供合适的背景。③

国内的电视也是如此。浙江卫视发现,"相对而言,中产阶级是比较稳定的阶层,其对电视媒体的忠诚度相对比较高。从发达国家的经验看,随着广告市场结构性需求的变化及效度评价体系的推出,低质化需求的广告投放频度将会不断下降。如果浙江卫视能够成为中产阶级的'大本营',即使浙江卫视的收视率保持不变,可以预期广告投放的力度也会大幅度上升,何况中产阶级正日益成为中国各阶层中的中坚力量,群体规模不断扩大。有优势收看需求的 10% 在

---

① 朽木:《警惕媒体精英化》,《中国记者》2004 年第 4 期。
② 汤姆·罗森斯蒂尔等:《电视新闻收视率:质量为王——美国地方电视新闻质量危机调查报告》,孙慧英译,《当代传播》2002 年第 5 期。
③ 〔英〕戴维·巴特勒:《媒介社会学》,赵伯英、孟春译,社会科学文献出版社 1989 年版,第 60 页。

手,远胜过泛收看需求的100%"。① 在这一认识之下,为了在众多的卫视中脱颖而出,浙江卫视为自己开出的药方是定位于中国特别是浙江正在急剧壮大的中产阶级或稍偏低一些的范围。于是乎,浙江卫视的节目呈现就变为:"白天时段针对中端的家庭妇女编排节目,吃准她们的需求,以情感、健康取胜;傍晚时段针对中产阶级股民,做大证券节目;晚上黄金时间则以时尚节目为主;晚间9:00以后,针对中产阶级进行密集'新闻轰炸',可以加强财经新闻;晚间10:00以后,针对'夜生活'丰富的中产阶级青年人设计节目。"②

(二)底层民众遭忽略或形象被妖魔化

在媒介商业化之下,因为媒体定位于消费力强的人群身上,底层民众的声音很难得到反映。以农村收视人群为例,中国有6亿农民,但是对农电视频道和节目很少。

1.对农频道数量少

据统计,截至2009年8月,全国现有的3760套电视节目中,仅有专业农村频道9个,分别为中央级频道1个:央视7套军事•农业频道;省级频道6个:吉林电视台乡村频道、山东电视台农科频道、河北电视台农民频道、浙江电视台公共•新农村频道、河南电视台新农村频道、重庆电视台公共农村频道;地市级频道2个:山东临沂电视台农村科普频道、安徽亳州电视台农村频道。③

2.对农节目时间短,内容针对性弱

通过我国各省市电视台官方网站检索了现存9个农村频道的对农节目播出时长,结果发现:专业对农节目播出时长占频道日播总时长50%及以上的只有吉林电视台乡村频道,且其播出比例仅为50%;介于30%—50%之间的有3个,分别为中央7套军事•农业频道、山东电视台农科频道及河南电视台新农村频道;其余5个频道对农节目日播量均处于日播总时长30%以下(如表2—5所示)。

---

①② 黄未:《宁要10%,不要100%——对浙江卫视如何成为媒体领跑者的思考》,《视听纵横》2007年第1期。
③ 金山:《文化生态的视野:都市媒介文化霸权下的电视农村频道解读》,《中国农业大学学报(社会科学版)》2010年第1期。

表2—5　我国现有专业电视农村频道对农节目时长统计①

序号	频道名称	全天播出时长（min）	专业对农节目时长（min）	播出时长比率（％）
1	中央七套军事·农业频道	1087	407	37.4
2	吉林电视台乡村频道	1090	542	50.0
3	河北电视台农民频道	1220	237	19.4
4	山东电视台农科频道	1440	499	34.6
5	河南电视台新农村频道	1102	392	35.6
6	浙江电视台公共新农村频道	1440	318	22.1
7	重庆电视台公共农村频道	1140	165	14.5
8	临沂电视台农科频道	928	193	20.8
9	亳州电视台农村频道	895	100	11.2

更有甚者，对农节目有时会有始无终，虽然它们非常受农民观众的欢迎。2004年，7台农村小戏在首都舞台演出，某电视台文艺频道也在黄金时间播出了部分小戏舞台演出实况。但没过多久，这些乡土气息浓厚的小戏演出就从荧屏上销声匿迹了，被那些综艺晚会、MTV等节目取而代之。据说，之所以这样安排，是因为某权威调查公司提供的收视率调查结果表明，小戏的收视率太低。而在广大农村，小戏演出盛况空前，深受农民观众的喜爱，以至于有的小戏刚刚创作出来，还没公开演出，就被别的地区抢先移植、排练、上演了。可以猜测，收视率的统计数据很可能只反映了城市人口的收视情况而没有考虑农村的情况。② 从商业经营的角度来说，这样的数据是合理并且有效的，因为农村人口不是大多数广告主锁定的目标，因而农村节目也难以受到媒介经营者的青睐。

即使在媒体中出现底层民众，其形象也是被妖魔化的，他们总是与负面新闻连在一起。其往往被标签化，如将农民工称为"盲流"、对生活无着人员称为"三无人员"。在报道中，记者也是站在富人的立场上，将底层民众当成被窥探的对象。仍以《兰州晚报》的农民工报道为例，研究者发现：在有关农民工的报道中，农民工的形象总被歧视或以一种偏见的视角出现。如主观认定农民工（特别是女性务工人员）是影响城市生活秩序，频频发生抢劫、偷盗等冲突现象

---

① 金山：《文化生态的视野：都市媒介文化霸权下的电视农村频道解读》，《中国农业大学学报（社会科学版）》2010年第1期。
② 陈岳：《收视率调查：为谁说话？》，《视听纵横》2004年第4期。

的原因,认为冲突主要源于农民工方面的威胁,源于农民工普遍缺乏教育且文化素质低下,没有法制观念和组织观念,源于有些农民工不具备在城市谋生的能力等。对农民工意外伤害等事件,新闻媒体没有表现出对底层民众应有的同情和帮助姿态,缺乏应有的人文关怀的态度。在写作上,即便是遣词造句的细微之处,也能感到漠视、歧视甚至敌对的情绪。

第三节　内容同质化

在风险最小化(模仿与拷贝)和利益最大化(针对同一受众定位)的产制原则下,无论报纸新闻还是电视节目都出现了同质化的现象。

一、报纸新闻同质化

报业同质化现象主要表现在两个方面。"其一是内容层次,典型特点是千报一面。其二是报业运营层次,表现为各报策划手法相似、营销运作雷同,缺少独树一帜的报业盈利模式。第一层次的表现是最为显著的。体育、娱乐、财经、IT等热点报道,'你有我有全都有'。"[①]通常内容的同质化表现为:(1)新闻报道和版面内容的重叠和趋同;(2)编排手法和版面风格的重叠和趋同;(3)读者定位的重叠和趋同。[②] 简单地说,就是大的结构安排和编排手法是相同的,具体的内容又很少有独家的。下面选择北京、成都等两个都市类报纸较发达的城市来进行实证研究。

(一)北京都市类报纸同质化现状

首先,选取目前北京都市类报业市场具有一定读者群的七家报纸(《北京晚报》《法制晚报》《北京青年报》《京华时报》《新京报》《北京晨报》《北京娱乐信报》)为研究对象。其次,按照等距离抽样原则,以3周为时间间隔,在2006年8月至2007年1月间抽取上述七家报纸,组成各报的一周报纸作为样本。具体为:2006年8月7日(周一)、9月5日(周二)、10月4日(周三)、11月2日(周四)、12月1日(周五)、2007年12月30日(周六)、1月21日(周日)。由各报的

[①] 朱春阳、邰小丽:《同质化竞争:风险与理性》,《新闻记者》2002年第6期。
[②] 唐慧卿:《报纸同城竞争:尽力避免同质化》,《新闻战线》2004年第7期。

七个样本一起构成本研究的总样本。最后,围绕研究目的,对样本进行若干量化对比分析。结论如下:

结论一:从版面设置来看,北京都市类报纸具有显著的趋同性。以每家都市类报纸为中心,只要与另外一家都市类报纸的版面相同就计算趋同比率,那么七家报纸的趋同比率是相当高的,最高者达到95.8%,最低的也有80%,平均趋同比率为90.4%(如表2—6所示)。

表2—6 七家报纸版面设置的相同比率

	相同版面(平均)	版面总数(平均)	相同比率
《北京晚报》	50	56	89.3%
《法制晚报》	50	56	89.3%
《北京青年报》	68	72	94.4%
《京华时报》	53	56	94.6%
《北京娱乐信报》	46	48	95.8%
《北京晨报》	44	48	91.7%
《新京报》	64	80	80%
平均	53.6	59.4	90.2%

结论二:从报道内容来看,针对相同题材的报道,北京都市类报纸也具有较强的趋同性(如表2—7所示)。

表2—7 七家报纸在相同题材报道上的趋同率

| | 报道总数 | 与其他都市报相同的报道数 | | | | | | | 趋同比率 |
		8月7日	9月5日	10月4日	11月2日	12月1日	12月30日	1月21日	合计	
《北京晚报》	966	59	61	56	63	58	60	64	421	43.6%
《法制晚报》	1314	51	47	52	46	53	48	50	347	26.4%
《北京青年报》	805	61	57	65	60	59	63	59	424	52.7%
《京华时报》	1006	70	65	68	74	65	74	78	494	49.1%
《北京娱乐信报》	854	59	61	57	64	55	58	62	416	48.7%
《北京晨报》	707	54	57	51	58	55	60	49	384	54.3%
《新京报》	873	50	46	55	43	46	54	51	345	39.5%

注:为达到研究目的,"相同题材报道"的分析选取各报皆有而且主要刊登动态性、事件性新闻的几个版面作为研究对象,这就是要闻、综合新闻、国内新闻、国际新闻、社会新闻、经济新闻、体育新闻等七个版。

从相同题材来看,七家报纸的新闻报道在题材上的趋同率在25%~55%之间,平均为44.9%,趋同程度接近一半,而且这些趋同的新闻主要是国际、国内和本市重大的、热点的新闻。国际、国内的重大新闻一般来自共同的新闻源——通讯社。一个城市某一天重大的、热点的新闻一般都不会太多,加之通信工具和交通工具的发达,一般地讲,各都市类报纸都会将其网罗入内。也就是说,当你阅读了其中的一份都市类报纸,如果再阅读另一份的话,会有一种似曾相识的感觉。而且,当读者阅读一份都市类报纸时,并不会阅读所有的报道,而只阅读自己感兴趣的内容。重大的、热点的新闻是首选,这样的选择规律也会强化读者阅读的同质感。

结论三:从广告市场来看,北京都市类报业市场存在着十分显著的趋同性。从七家都市类报纸所刊登主要广告类型占广告总版面的比率来看,主要集中于房地产、机动车、分类、教育、旅游、药品、家居家装等,均超过40%(如表2—8所示)。

表2—8 七家报纸所刊登主要广告类型及其在广告总版面中所占的比率

(单位:平方厘米)

	广告总量	房地产	机动车	分类	教育	家居家装	药品	旅游	其他
《北京晚报》	207884	17920	11335	25690	11942	19432	16512	9808	95627
	100%	8.6%	5.5%	12.4%	5.7%	9.3%	7.9%	4.7%	46%
《法制晚报》	79913	43952	3596	11284	10764	—	4228	—	45790
	100%	5.5%	4.5%	14.1%	13.5%	—	5.3%	—	57.3%
《北京青年报》	148489	41813	16356	40957	9856	5356	10691	6087	17819
	100%	28.2%	11.0%	27.6%	6.6%	3.6%	7.2%	4.1%	12%
《京华时报》	128690	9137	10552	14280	9128	13642	13385	7978	50575
	100%	7.1%	8.2%	11.1%	7.1%	10.6%	10.4%	6.2%	39.3%
《北京娱乐信报》	72322	4628	5279	7376	6003	17548	11957	4050	15694
	100%	6.4%	7.3%	10.2%	8.3%	24.3%	16.5%	5.6%	21.7%
《北京晨报》	47516	4324	5322	5178	7507	5843	5511	3231	10596
	100%	9.1%	11.2%	10.9%	15.8%	12.3%	11.6%	6.8%	22.3%
《新京报》	98992	6236	10346	8568	8298	8545	10493	11384	35241
	100%	6.3%	10.5%	8.7%	8.4%	8.6%	10.6%	11.5%	35.6%

(二)成都都市类报纸同质化现状

对于成都的研究,本书使用董天策、黄顺铭、谭舒的《成都报业趋同化的实证分析》一文的结果。该研究采用实证的方法:(1)选择成都报业市场上老牌的《成都晚报》,对峙的双雄——《华西都市报》《成都商报》,以及追踪双雄的《蜀报》《商务早报》作为研究对象。(2)按照等距离抽样原则,以7周为时间间隔,在1999年5月至2000年4月期间的上述各家报纸中抽取7天,组成各报的一周报纸,作为样本。具体为:1999年5月10日(周一)、7月6日(周二)、9月1日(周三)、10月28日(周四)、12月24日(周五)、2000年2月19日(周六)、4月9日(周日)。由各报的7个样本一起构成本研究的总样本。(3)围绕研究目的,对样本进行量化统计对比分析。结论如下:

结论一:从版面设置来看,成都都市类报纸具有显著的趋同性。以每家报纸为中心,只要与另外一家都市类报纸的版面相同就计算趋同比率,那么五家报纸的趋同比率是相当高的,最高者达到90.5%,最低的也有67.4%,平均趋同比率为75.6%(如表2—9所示)。

表2—9 五家报纸版面设置的相同比率

	相同版面	版面总数	相同比率
《华西都市报》	29	43	67.4%
《成都商报》	31	35	88.6%
《成都晚报》	21	29	72.4%
《蜀报》	19	21	90.5%
《商务早报》	21	32	65.6%
平均	24.2	32	75.6%

结论二:从报道内容来看,针对相同题材的报道,成都都市类报纸具有较强的趋同性(如表2—10所示)。

表2—10 五家报纸在相同题材报道上的趋同率

	报道总数	与其他都市报相同的报道数								趋同比率
		5月10日	7月6日	9月1日	10月28日	12月24日	2月19日	4月9日	合计	
《华西都市报》	408	19	27	34	20	22	20	16	158	38.7%
《成都商报》	407	21	29	29	18	27	12	26	162	39.8%

(续表 2-10)

	报道总数	与其他都市报相同的报道数							趋同比率
		5月10日	7月6日	9月1日	10月28日	12月24日	2月19日	4月9日	合计	
《成都晚报》	441	16	26	30	17	23	20	18	150	34.0%
《蜀报》	429	17	22	40	22	27	20	18	166	38.7%
《商务早报》	337	12	17	23	11	16	14	11	104	30.9%

从相同题材来看,虽然从数据上看,五家报纸的新闻报道在题材上的趋同率在30%—40%之间,趋同程度似乎并不高,但是,如果考虑到读者的阅读兴趣,或许会有另一种认知。一般地讲,读者不会阅读所有的报道,而只阅读自己感兴趣的内容。能够让大多数读者都感兴趣的,往往是一些重大事件或热点新闻。这种重大/热点新闻肯定是少量的,但是却会吸引广大读者的注意力。对于处在竞争态势的报业来说,任何一家报纸都必然拼命抓、抢重大/热点新闻,并且以显著篇幅和强势版面推出。这样拼抢重大/热点新闻的结果,必然会大大强化读者在读报时的相同感。

结论三:从广告市场来看,成都都市类报业市场存在着十分显著的趋同性。从五家都市类报纸所刊登主要广告类型占各自广告总版面的比率来看,主要集中于医疗保健、房地产、分类、通讯、旅游、餐饮娱乐、家电等七种(尤其是前四种),而且,各报前五种广告类型占广告总版面的比例大都在75%左右(如表2-11所示)。

表2-11 五家报纸所刊登主要广告类型及其在广告总版面中的比率 (单位:平方厘米)

	广告总量	医疗保健	房地产	分类	通讯	旅游	餐饮娱乐	家电	其他
《华西都市报》	92787	26245.8	11961.3	9864.6	9864.7	—	—	9559.7	25290.9
	100%	28.3%	12.9%	10.6%	10.6%			10.3%	27.3%
《成都商报》	116817	20454	33942.8	10874	11397.3	—	8051	—	32097.9
	100%	17.5%	29.1%	9.3%	9.8%		6.9%		27.5%
《成都晚报》	26967	5993.7	2617.8	5497.2	2525	3667.3	—	—	6666
	100%	22.2%	9.7%	20.3%	9.4%	13.6%			24.7%
《蜀报》	33192	14135.4	4157.6	3449.4	1238.3	2482.3	—	—	7729
	100%	42.6%	12.5%	10.4%	3.7%	7.5%			23.3%
《商务早报》	29799	10983.8	1775.1	3948.1	1884.2	—	3359.1	—	7848.7
	100%	36.9%	6.0%	13.2%	6.3%		11.3%		26.3%

总的来说,在有多份都市类报纸的城市,都市类报纸的产品差异化不大,形成较强的同质化现象。①

二、电视内容同质化

电视内容也是如此,正如美国摇滚歌手斯普林斯汀的那句唱词:"空有 57 个频道,却毫无内容。"

(一)电视新闻同质化

熊忠辉和李卫红曾对江苏台《南京零距离》和南京台《直播南京》这两档南京地区主要的"民生"新闻栏目进行了相关统计(如表 2—12 所示)。

表 2—12 《南京零距离》2005 年 11 月样本周(14—18 日)新闻内容分析

新闻内容	市政建设	舆论监督	真情故事	科教文化	公共生活	奇闻趣事	法制故事
条数	8	17	4	7	19	2	1
比例	14%	29%	7%	12%	33%	3%	2%

他们还随机抽取 2005 年 3 月 12 日、9 月 4 日、12 月 13 日和 2006 年 3 月 16 日、4 月 19 日共 5 档《直播南京》节目,分析其内容构成(如表 2—13 所示)。

表 2—13 《直播南京》新闻内容分析

新闻内容	市政建设	舆论监督	真情故事	科教文化	公共生活	奇闻趣事	法制故事
条数	8	17	4	7	19	2	1
比例	14%	29%	7%	12%	33%	3%	2%

从表 2—12 和表 2—13 可以看出,南京台和江苏台的新闻栏目的内容构成是十分相近的,节目内容总体上表现出琐碎的市井新闻气息,电视新闻几成"浮世绘"和"大杂烩"。②

(二)电视节目同质化

在美国,畅销节目的拷贝潮一浪接一浪。大卫·克罗图与威廉·霍伊尼斯在《媒介·社会——产业、形象与受众》一书中历数了近 20 年来美国电视业的

---

① 商建辉:《竞争活力与规模经济》,中国传媒大学 2007 年博士论文,第 37—41 页。
② 熊忠辉、李卫红:《电视新闻同城竞争调查——以南京地区为例》,《新闻记者》2006 年第 8 期。

复制与拷贝的历程：

《玛丽·泰勒·摩尔秀》和《完美家庭》都制作了相应的副产品，并为节目中的演员们推出了新的节目；20世纪80年代畅销的一部关于警察题材的电视剧——《希尔街的布鲁斯》，被改编为以一名警察从纽约到洛杉矶为主题的电视剧《飞跃贝弗利》和其他类似节目；《欢乐酒店》也改编为不少节目，既有不叫好的电视剧《桃特丽》，也有很畅销的电视剧《欢乐一家亲》；而《老友记》则附带出了20多部电视剧，都是模仿它而制作的；20世纪90年代的荧屏充斥着警察剧，从《纽约重案组》到《法与制》和一些相关的电视剧，如《特殊受害者》和《犯罪倾向》；2000年和2001年，出现了一系列的"真人秀"节目(如《幸存者》《老大哥》《急速前进》《鼹鼠的故事》)和一些"益智博采类"节目(如《谁想成为百万富翁》《最弱环节》)等；还有失败的节目(如《贪婪》《成功线》《二十一》)。从法庭法制类节目到情景喜剧，从黄金时间娱乐节目到真人秀节目，无论哪种畅销节目，都被拷贝了无数次。

中国电视界的表现并无二致。在电视剧产制市场，题材"撞车"现象屡见不鲜，前赴后继。曾几何时，清朝的君王，成为热选的题材，从努尔哈赤、顺治到康熙、雍正，从乾隆、嘉庆到慈禧、溥仪，每个人都被拍过几次甚至几十次。1987年7月，中央专门成立了由10人组成的"重大革命历史题材影视创作领导小组"(1996年8月扩大至22人)。该小组不仅是个审查机构，而且负责对重大革命历史题材影视剧创作的规划和协调。但题材不平衡、相互"撞车"、重复投资的问题依然大量存在。① 近来，涉及婚外恋第三者题材的电视剧火爆银屏，打开电视，只见不是《危情杜鹃》就是《保卫爱情》，不是《出轨》就是《离婚女人》。有人形容为"剧情夸张、角色太多情"；家事闹荧屏，温馨难见只"滥情"。2010年8月，广电总局发布的立项公示显示，2010年题材撞车的影视作品数量达到了令人咋舌的程度：3队杨家将、2个李小龙、3部封神榜、4个孙悟空、4位关云长、2位白娘子……也就是说，明年观众将"顺利"看到一堆"多胞胎"影视作品。有网友感叹：影视作品玩"撞车"，观众只能玩撞墙了。②

在电视节目产制市场，一味模仿、缺乏个性的"山寨"现象愈演愈烈。"圈内

---

① 中国广播电视年鉴编辑部：《中国广播电视年鉴1997》，北京广播学院出版社1997年版，第58页。
② 刘咏戈、李丹：《4个关公耍大刀　4个悟空闹天宫》，《重庆商报》2010年8月22日第10版。

人士知道,凤凰卫视参与大陆媒体品牌竞争的八年,是节目不断被复制、被模仿的八年。不仅模仿节目形态和节目名称,还模仿语言、服装、动作、表情、场景。最常见的情况是,新节目开播不到一个月,已经有人开播了几乎一模一样的节目"。① 不仅凤凰卫视,国内较优秀的如中央电视台、湖南电视台的节目也常常被拿来模仿,比如《焦点访谈》《快乐大本营》等。如今模仿的眼光已经转向了海外,例如"选秀"风潮之后,声誉大噪、声名鹊起的节目是卡拉OK式唱歌节目,模仿的是英国ITV的《谁敢来唱》,随着《挑战麦克风》《今夜唱不停》的兴起,广东、山东、湖北三省卫视也分别推出了《今夜唱不停》《先声夺人》《大家来唱歌》……我们并不是一味反对模仿,但反对蜂拥而上、原封不动地对品牌电视内容的效仿跟风、简单的克隆。

难怪观众抱怨"50个频道实际等于5个"。

---

① 王永亮等:《传媒精神》,中国传媒大学出版社2005年版,第112页。

第三章 如何生产？
——媒介商业化背景下问题内容产制的组织因素

"物竞天择，适者生存。"中国近代启蒙思想家、翻译家严复先生译述英国著名博物学家托马斯·赫胥黎的《进化论与伦理学》而创造的词句，已成为各个领域常用的语汇。对于一个在市场经济不断推进中的企业来说，显然适应方能生存，但更值得我们追问的是"适应什么"？回答自然是"市场环境"。进一步的追问则是适应"市场环境"中的什么？我们认为是适应市场环境中的利益相关者。也就是说，随着媒介商业化的推进，越来越像一个企业的媒体，作为在市场经济中生存的基本经济单位，它的行为越来越像一个经济人，生产的目标越来越指向利润最大化。作为一个企业，媒体在实现利润最大化的道路上受到三方面因素的制约，这三方面也成为影响媒体更好地肩负社会责任的重要因素：一是媒体如何有效地配置自身的资源，实现资源的最优配置；二是媒体如何实现内部的效率；三是媒体只有在市场竞争中将产品卖出去才能实现利润的最大化。前两个因素要在媒体内部解决，后一个因素则需在与其他媒体的竞争中达成。在媒体运作中，上述三个方面又成为影响传播者的主要因素。

第一节 生产规则

企业欲实现利润最大化，需要提高资源配置效率，这就涉及技术效率与经济效率的问题。所谓技术效率，是指投入与产出之间的关系；而经济效率则是指成本和收益之间的经济关系。成本是企业用于购买投入的所有支出的货币量；收益是企业出卖所有产出所得到的货币量。一般地说，技术效率是经济效率的基础,也就是企业提高资源配置效率和实现利润最大化的基础。管理学大师彼得·德鲁克说过,企业经营者只需做两件事,第一是销售,第二是控制成本。每个企业的运作都要遵循这样一个公式:收入－成本＝利润。从公式来看,追求利润的路径有两条:一是增加收入,二是降低成本。如今的媒体更像一个"饥肠辘辘的商业企业",因此,这些法则已然全面渗透到媒体的运作中了。

一、内容的产制

从社会效益的角度来看,媒体产制的内容应当秉持社会责任的理念,通过提供信息、观点和娱乐产品来服务普通大众。从经济效益的角度来看,在媒介商业化的道路上,媒体已成为在市场中创造、生产、销售和分配产品的经济主体,而且媒介产品与其他产品相比具有特殊性,传媒业属于创意产业,对其来说,产品雷同就意味着失败。也就是说,媒体产制的内容有时具有成本刚性。在商业化的潮流之下,社会效益常被抛到脑后,于是商业原则统治了内容产制领域,内容产制就从产品导向变为市场导向。

(一)降低成本的选择

1.建立降低内容生产成本的机制

在激烈的媒介竞争环境下,经济的压力迫使媒体在节目或版面的运作中主要考虑的是如何降低成本,而忽视了内容质量。北京大学中文系教授陈平原曾经有这样一段与媒体打交道的经历。

2003年前后,中央电视台的一个编导找到陈平原先生,希望他帮忙策划介绍世界著名大学的专题片,陈教授帮忙选择了50所有故事的高校,并将节目定位于对人类文化精神的阐发、对国外大学制度的介绍和对域外风光的渲染三者的统一。同时,陈教授帮忙请了很多国外著名大学毕业的学者,他们又帮助联系在国外教书的朋友,一起来谈,还写了样稿,他甚至跟某些大学的校长取得了联系。陈教授的基本思路是,谈某个大学,必须找在这所大学里长期生活的人,熟悉它的文化精神及学术传统……可以在各个大学里找熟悉其历史的学者,由他来导游这所大学,以达到将大学的历史、人文、风景等呈现出来的目的。谁知在陈教授等人忙碌了一阵之后,电视台却放弃了,觉得这样做太麻烦了(主要是成本问题)。最后的结果是由几个记者扛着摄像机,一通横扫之后,便拍出来了。① 这样的例子在传媒界多如牛毛,试举几例。

(1)减少出差,降低成本

为了降低成本,媒体创造了一系列生动的案例。比如在《辽沈晚报》的采编工作方面,尽量减少记者离沈采访,充分发挥现代传播工具的作用,实现所谓的高效、低耗和新闻资源共享。出省采访必须经总编辑批准,出国采访必须经社长同意并报集团审批。此外,还要严格按财务规定的标准报销差旅费用,尽量减少驻外成本,对宣传策划活动也要进行规范管理,严格禁止承办人在经管费用和开支上的大手大脚。②

(2)建立定额管理制度

现在的一些新闻媒体,不但对记者的发稿有量化考核指标,而且对记者外出采访的交通费、住宿费也进行包干,每月定额多少,节约归己,超支自负。有的电视媒体还把摄像机和剪辑机的使用时间列入采访成本。③ 比如重庆电视台在财务管理制度上,确定稿费定额、盘带使用定额、设备(车辆)收费定额、质量考核标准定额和其他费用开支定额等,明确日常成本费用的开支范围,如伙食费、住宿费、内稿费、劳务费、审片费、接待费等,建立严格规范的财务审批权限,健全成本核算制度和预算考核机制。④

(3)裁员或者加版不加人

在实现利润最大化的道路上,最有效减少投入和成本的办法就是减少媒体人力资源的投入。在美国的报社,记者的报道原来要经过好几个人审核——编辑、文字编辑、标题撰稿人、排版员、校对员。在每一个环节,报道都有可能被改进。但在今天流水线式的新闻编辑部里,校对员已经被拼写软件替代了,记者和排版员的工作也合并了。在许多编辑部里,文字编辑和标题撰稿的工作也合二为一了。⑤

在国内,据陆高峰的调查,"近两成新闻从业者有过被裁员的经历。其中有过多次和有过一两次被裁员经历的人占到19%,分别为2%和17%。考虑到报

---

① 李良荣主编:《为中国传媒业把脉——知名学者访谈录》,复旦大学出版社2006年版,第29页。
② 晋雅芬:《〈辽沈晚报〉:半年节省成本1640万元》,《中国新闻出版报》2009年2月10日第5版。
③ 孙愈中:《记者采访成本与新闻报道造假》,《南方电视学刊》2011年第5期。
④ 刘再兴:《控制制作成本 提高节目质量——重庆电视台推行频道时段全额成本汇算制》,《中华新闻报》2004年4月19日第T00版。
⑤ 〔美〕约翰·维维安:《大众传播媒介(第七版)》,顾宜凡等译,北京大学出版社2010年版,第25页。

社从业者中5年以下职龄的占到接近一半,这样的裁员频率相对较高"。① 2003年10月21日,时任《京华时报》总编辑的朱德付做客搜狐时,也曾谈到,"人员的流动比较大,采编部门每年的流动量大概在20%—30%"。

广播电视业的情况稍好于报业。虽然职业稳定性不高,但裁员频率低于报业。"经常和较常裁员的分别占到7%和9%,而从不和较少裁员的分别为14%和39%。其余31%为偶尔裁员。其中经常和较常裁员的比例报业高于广电,比广电高出6个百分点。"②比如"2008年12月,《精品购物指南》一次性裁员370人"。③ 或者加版不加人,进行隐形裁员。例如"《广州日报》4块版时有150名一线的采编人员,扩大到20块版时,只有180名一线的采编人员"。④

2.降低报道的风险

在中国媒介的商业化运作中,一方面要承担党和政府交给的传播意识形态的重任,另一方面又要作为经济主体,谋求价值补偿与价值增值,其所遵循的基本原则必然是以最小的政治经济风险谋求最大的利润。2010年1月1日,广东《清远日报》总编辑潘伟在新年贺词《我们的努力只为读者说好》中写到:"不惹麻烦的报纸才是好报纸。"虽然这句话饱受大众的诟病,但这正是处于政经两种力量之下的中国媒体领导更深层的内心独白。

(1)降低政治风险

在国内办媒体,毫无疑问是有政治风险的。从媒体层面来看,如何既能满足政府的要求,又能适应受众的需要,成为媒体必须平衡的选择。

我们可以从媒体的定位与老总们的媒体策略中窥得一斑。办一张党和人民都喜欢的报纸,"做市民的忠实公仆","市民需要什么就登什么",是不是置党和政府的需要于不顾呢?在处理这个矛盾上,席文举有两句话:一是为政府分忧,为百姓解难,并把两者统一起来;二是在坚持四项基本原则、坚持正确的舆论导向和遵守宣传纪律的前提下,市民需要什么就登什么。有些市民提出需要解决的问题,如果政府还不具备解决的条件,就不宜在报纸上公开做文章,而要采取其他渠道向上反映。在这一原则下,他提出要把《华西都市报》办成一张

---

① 陆高峰:《报人从业生态急需"绿化"——报业从业者生态调查报告》,《传媒》2010年第8期。
② 陆高峰:《广电从业者生态调查报告》,《传媒》2010年第7期。
③ 于小雪、刘姝伶:《金融危机下我国传媒业的发展契机》,《青年记者》2009年第14期。
④ 葛玮:《报业经营:拳头伸向哪里——关于传媒经营的调查与思考》,《科技智囊》1999年第11期。

"党和人民都喜欢的报纸"。①

面对有人说《北京青年报》"胆子大,敢'俗'、敢'捅娄子'",曾任总编辑的陈冀认为,所谓办报不怕丢乌纱帽、胆子大,这只是肤浅的说法。真正办报必须遵循两条规律——新闻规律和宣传规律:一方面,老百姓关心什么、想知道什么,我们尽量满足;另一方面,报道必须符合党政工团的"口径"——说穿了就是做到两个满意——"让老百姓满意,让'党政工团'满意"。当记者问及"两个'满意'哪条更重要",陈冀认为"这得因时因地具体处理,没有一味的偏向。在重大敏感问题上必须按'口径'去办。有些报纸就是因为处理不好这两方面的关系,因而要么呆板,要么'捅娄子'"。②

广州日报社前社长黎元江曾提出一个三段论:大前提,报纸必须导向正确才能生存下去;小前提,报纸必须吸引读者才能扩大发行;结论,报纸必须兼顾二者才能存在和扩大发行。③ 对这个三段论通俗的表述即《广州日报》一直以来的办报口号:"两头满意"——领导满意,群众满意。这就要做到办报既面向市场,又规避政治风险,坚持正确的办报方针和导向。

在回答为何《经济观察报》以"理性、建设性"作为办报宗旨时,前总编辑何力是这样解读的:"我们要告诉公众真相,但是我们不是为了揭黑幕而揭,要显得成熟一点。……像最近的山西煤矿爆炸事件死了很多人,一般的报纸报道说小矿主多么歹毒,多么剥削矿工,县政府官僚多么腐败,这些我们都不感兴趣。我们所感兴趣的是中央政府准备发放一些债务,拿来解决煤矿的安全设施的建设,这样的报纸要比那些去说政府的腐败有意义,这就是我们跟别人不一样的地方。"④从这段话中可以看出,对于《经济观察报》来说,安全第一,帮忙而不添乱。

不仅媒体的宏观策略如此,在微观的栏目层面也是这样,比如中央电视台的品牌栏目《焦点访谈》。该栏目曾定位于"时事追踪报道、新闻背景分析、社会热点透视、大众话题评说",对此,第一任制片人孙玉胜这样解释:"根据栏目定位,'焦点'节目不可能回避问题,而同时又要坚持正面报道为主。所以我们在新闻部全体工作人员中灌输一种指导思想,即不要以在野党、反对派,甚至持不

---

① 李晓晔:《席文举:从数学王国走来》,《传媒》2002 年第 2 期。
② 浦树柔:《"北京青年报现象"——中国报业启示录》,《国际新闻界》1993 年第 3 期。
③ 曹鹏:《中国报业集团发展研究》,新华出版社 1999 年版,第 124 页。
④ 成思行、燕华主编:《与传媒界名流谈心——打开洞悉中国新闻界的一扇窗》,新世界出版社 2002 年版,第 194 页。

同政见者的角度观察社会,分析问题,选择题目。在这里,不允许渲染个人好恶,一切报道要有利于团结、稳定、鼓劲。"后来,孙玉胜进一步谈到:"电视制作人员要树立明确的大局意识、责任意识。这种大局意识的集中体现就是节目要符合党的方针政策,符合人民的利益,形象的说法是'喉舌意识',再明确的说法是'只能帮忙,不能添乱'。"①

而从《焦点访谈》的选题原则来看,体现了创办者所要求的"领导重视,群众关心,普遍存在"。"领导重视"和"群众关心"是分别着眼于社会的管理决策层和普通行为层说的,它们反映出了不同社会群体在某个社会事件和社会问题上的意见的交汇,体现着不同社会群体的共同利益和价值观。而"普遍存在"则是衡量某些社会事件和社会现象所涉及的群体是否在社会中占有足够的量的比例,报道这些事件或现象是否能在全社会引起广泛的反响与共鸣。在处理负面报道方面,"硬焦点、软着陆"是《焦点访谈》一贯坚持的策略,也就是不管批评什么、批评谁,有一点是必须明确的,就是"不能把矛头指向党和政府,不能以偏概全,影射攻击,挑动矛盾,渲染情绪"。② 从《焦点访谈》的栏目定位与选题原则可以看出这个以舆论监督著称的栏目在具体的运作中一直是以风险最小化为运作原则的。

省级卫视也是如此。《1860新闻眼》总制片人李建勋在谈到该节目选题时说:"我们做新闻是画三个圈,第一个圈是党和政府所倡导的——导向。第二个圈是老百姓所希望看到的——人民的意愿。两个圈有交集的地方,我们再画一个圈,是我们能够操作的,我们能做到的。这三个圈的交集我们把它充分放大。"面对专家学者对理想新闻的诉求,指责新闻未能肩负社会的责任,"如果不关注中国的政治,不关注中国的大政方针,不关注中国的民主进程,作为卫视新闻都不敢于去触及,那么这个媒体是不会有长久生命力的",他说,"专家学者永远说应该这样做,而我们干电视的说我们只能这么做。专家学者经常说你应该怎么做。对,你说的是对的。但是我在新闻改革的第一线,我告诉你,只能这么做。"

报业亦是如此。曾任省委宣传部新闻出版处处长的《南方都市报》总编辑王春芙,在报社的一次周会上说:"我以前是当警察的,现在当司机了,我知道怎

---

① 孙玉胜:《所能想到的和做到的——关于〈东方时空〉〈焦点访谈〉的回顾与思考》,中华全国新闻工作者协会等合编:《首届韬奋新闻奖文集》,广州日报出版社1995年版,第15页。
② 余丽丽:《社会转型与媒介的社会控制——透视中国传媒调控机制嬗变的动因、轨迹与逻辑》,复旦大学2003年博士论文,第80—90页。

么样才能不违章,那就是遇到绿灯赶紧走,遇到黄灯抢着走,遇到红灯绕着走。"①这番话中的"红灯"就是宣传报道的"禁区","绕着走"是规避政治风险的选择。从这些话中我们可以深刻地感受到一线新闻工作者的理性与务实,也反映出新闻改革者的坚守与无奈。

(2)降低经济风险——媒体的自我审查与模仿策略

媒体既要规避政治风险,同时也要规避经济资本带来的经济风险。为了规避风险,媒体会遵循一种"安全的逻辑",将可能面临的风险降到最低。

①媒体的自我审查

媒体为了更好地追寻利润最大化,在面对保护自身利益与服务公共利益的矛盾选择时,常常对可能威胁到自身利益的内容不报道或者进行降低风险的处理。因为媒体的自我审查都是在后台操作,除非有人事后泄密,否则常常难于知晓。换句话说,公之于众的事件要远少于被自我审查的事件。

有一个非常著名的案例,1995年哥伦比亚广播公司的《60分钟》杂志节目由于担心可能面临的诉讼而选择放弃对布朗·威廉姆森烟草公司总裁的采访。该总裁被控告烟草公司对公众隐瞒烟草上瘾和危害效应的真相。尽管故事的准确性是没有问题的,哥伦比亚广播公司新闻栏目的主席还是直接告知报道的执行主编"公司将不会以自己的资产作为风险来报道这个故事"。② 无独有偶,在日本,1985年8月12日,号称"百年未有事故"的日本航空公司的一架飞机在群马县上野村附近的高山地带坠落,除4人幸存外,其余524人全部遇难。这个事故发生在7时19分,因此它无疑成为第二天所有新闻媒体的头条新闻。可是比较当天日本的三大全国性报纸,《朝日新闻》和《每日新闻》都用头版报道这起空前的空难,而《读卖新闻》的头版只有一条新闻,更多的消息则被放在第二版来报道。为何《读卖新闻》的报道比前两家报纸更为慎重呢?原因在于日本航空公司是《读卖新闻》的大广告客户之一,所以《读卖新闻》放弃了使用头版来报道空难。③

更为令人忧虑的案例则发生在1996年《美国电信法》通过之前的几个月,

---

① 张志安:《编辑部场域中的新闻生产——〈南方都市报〉个案研究(1995—2005)》,复旦大学2006年博士论文,第66页。
② 〔美〕大卫·克罗图、威廉·霍伊尼斯:《运营媒体:在商业媒体与公共利益之间》,董关鹏等译,清华大学出版社2007年版,第152页。虽然最终电视台播出了这段采访,原因却是由于新闻被取消的消息被泄露,引发轩然大波和狂风暴雨般的批评之后不得已而为之。
③ 张宁:《媒介社会学:信息化时代媒介现象的社会学解读》,中山大学出版社2010年版,第223页;张昆编译:《空前的惨难 空前的报道——日航飞机坠毁事件报道综述》,《国际新闻界》1986年第2期。

这是自 1934 年以来变动最大的一次修订，也是一次最终引发了一场美国传媒业并购狂潮，使媒体所有权更加集中，改变美国传媒产业结构的修订。如此重要的改变，绝大多数美国人事实上对此法案的修订几乎毫不知情，这是由于此前对于此项提案的报道屈指可数。一项调查研究表明：在议案被提出和在 1996 年 2 月被通过之前的 9 个月中，三大电视网络关于提案的报道只有 12 篇，报道加起来的时间一共不到 20 分钟。此外，这些有限报道的大部分还是关于新电视内容收视率以及观众用于过滤色情暴力节目"V"型芯片的介绍。新闻几乎完全忽视法案在所有权规则方面的巨大变化。[①] 何以如此？因为整个传媒业都希望这项提案顺利通过，公众知道得越少，遭到反对的可能性越小。

另一种情况则是降低批评的锐利度，进行低风险的处理。比如多年前，时任《纽约时报》记者的弗利特伍德发现，纽约珠宝行蒂凡尼 450 万美元的减税额其实不是它所应得的。这个选题编辑很喜欢，当他完稿之后经过一层层的编辑程序时事情有了变化，他突然意识到蒂凡尼是《纽约时报》最长久也是最大的广告客户之一。最后文章见报了，也被改写了。原本非常醒目的导语被改得平淡无奇，原本导语中作为关键案例的蒂凡尼改写后被挪至第 19 段。[②]

在国内，媒体的自我审查也不乏其例，竟然在业内出现了一种被称为媒体的"护财符"的概念。《红楼梦》里揭露了一个官场"护官符"，其实在中国的某些报社、广播电视和网媒的记者、编辑手里或心里，也都存在着一个已经见怪不怪的"护财符"。有些传媒人，从入职的第一天开始，就会直接或间接从主任或是同事口里、手里，得到这个旨在保护该媒体大广告客户的"明细表"。而单就记者而言，所要做的就是"优待"这些"厂商"（或称为"金主"），在负面新闻写作上，措词加倍小心。否则，轻则稿件不发，重则有走人风险。

更准确地来讲，"护财符"在中国经济口的记者圈内更为有名。管理者的理论是"没有广告，就发不出薪水"，记者们更不想因为几个无意义的小稿子而"得罪"重要的大厂商，为自己的前途（跳槽）找麻烦，因此，无论称为"护官符"或是"护财符"，这都成为一项大家墨守的"准则"。有些流程规范化的媒体，甚至会细化到从何月何日开始至何月何日止，XXX 厂商需要"保护"。"某都市报一位职员对'保护政策'进行了详细阐释：报社会控制大广告主的负面报道，即使出

---

① 转引自〔美〕大卫·克罗图、威廉·霍伊尼斯：《运营媒体：在商业媒体与公共利益之间》，董关鹏等译，清华大学出版社 2007 年版，第 156 页。
② 转引自张志华：《市场与公共性——从纽约时报公司收入结构变化说起》，《青年记者》2012 年第 25 期。

现了批评报道,其措辞语气也非常温和。"①

著名发行人、有"魔鬼发行"之称的谭军波曾在《从左右为难到左右逢源——关于专刊(版)的思考》一文中公开声称:"为了避免伤害报社的大客户,对于企业的负面新闻,一定要严格把关,一般不许刊登。"上海人民广播电台曾有一档以敢于批评、敢说真话、敢为民做主而著称的栏目——"990 听众热线"。该节目为了不得罪大广告客户,每当发稿时,主管领导就在批评稿件上注明两点:一是被批评单位是不是广告客户,广告额多少? 二是有什么人来为之求情。以便让台领导通盘考虑。② 连这样的节目都如此,其他节目就可想而知了。

高峡在《"有偿不闻",可乎?》一文中列举了一大串案例,他称之为"有偿不闻",其实作为媒体自我审查的例子更为合适:

> 某电台一位记者,采录了一组用户反映产品质量低劣的报道。台长审听时发现,生产劣质产品的厂家,正是电台广告大户,便以"正面宣传为主"为由,将这组报道打入"冷宫"。
>
> 某报社一位记者,写了一篇甲乙二厂关于经济纠纷的调查。值班副总编看后,感到调查涉及的问题较带有普遍性,针对性强,便配了短评准备发表。突然,甲厂厂长一个电话找到社长兼总编,要求"笔下留情"。因为厂长自知理亏,怕见报后影响该厂形象,便来求情了。总编想到报社在建的新大楼等待甲厂运来一批建材,便觉得稿件还是不发为好,于是在清样上批示道:"这类稿件要有选择地发,此稿不宜公开见报。"
>
> 一位电视台记者,在"建设文明城市"活动中,抓拍到一组储蓄所营业员怠慢储户的镜头。新闻部主任剪样后拟安排在新闻节目中播出。台长审看时,想到这些储蓄所的主管银行,是本台目前一大活动的主要赞助者,你"曝"了他的"光",他要你活动中途"泡汤"。为了"顾全大局",只好放弃这条报道……

在处理非要发布的"金主"负面新闻时,媒体运用的手法也比较巧妙。首先,记者在"陈述"新闻事实时,注意笔法,尽量不用刺激性的言语,不带有负面

---

① 杨茵娟:《广告主与媒体互动过程研究——以中国大陆一份都市报与一家公司为个案》,《中国传媒报告》2004 年第 4 期。
② 贾亦凡:《试论报纸广告对报纸的负面影响》,《新闻大学》1997 年第 2 期。

的感情色彩,在"陈述"事实的最后,为保持新闻的客观、公正,一定要留给"金主"讲话的空间,态度以支持为主;其次,如果是重大性、一定要跟进的负面新闻,当期的广告版面也要进行处理,把"金主"的广告拿下;最后,如果非要进行连续跟进报道,新闻的版面位置、新闻的具体字数、新闻标题也需要考量。虽然每家媒体在处理"金主"负面报道时运用的手法不尽相同,但原则是一样的,即"一定要考虑广告客户的利益"。万一对"金主"造成影响,还有最后一招进行补救。解放日报报业集团广告中心甚至成立了危机公关部,其职责是在主要广告主出现危机的时候,帮助其化解危机。当报纸负面报道、批评报道出来后,给对方造成危害损伤或者一系列后果,由危机公关部来化解。①

②模仿与拷贝

在利益的驱动下,"安全逻辑"必然要求连续的成功。一方面,行业具有高风险性。在消费上,正如伽纳姆(Garnham)所说,"受众对于文化商品(媒体内容亦如此)的使用方式具有高度的不稳定性与不可预测性,他们借此来表明自己的独树一帜。"②比如《燕赵都市报》曾高价拉来名人稿件,编辑欣喜若狂,读者却反应冷淡。③ 所以,虽然我们经常看到,名表演者、名导演、名作家等明星的作品常常能够大获成功,但是当红的明星也常常"各领风骚三五年"而突然过时,下一个成功者却难以预料。

在内容产制中,传统测量生产效率的方法在面对媒介市场的"非理性"时常常无能为力。例如,"1998年,美国发行了将近3万种专辑,但单张销售量超过了5万的不超过2%。纽曼指出了出版业的拇指法则,即80%的收益来源于20%的产品。莫兰引用的数据表明,20世纪80年代中期,美国平均每年出版的5万多种图书中,80%都遭遇财务危机。"④道尔的表达更为犀利,"电影和电视产业的许多投资是用在开发脚本和未制作的节目商,或者是制作了没发行,或是发行了没推广,或是推广了没人看。所有这些节目都是失败的,但鉴于成功产品的获利率和预测市场反应的难度,不能因此说它们对资源的使用是无效率的。一个制造一部全球销量第一或是票房火爆和十部赔本的录音制品或电影

---

① 中国人民大学媒介管理研究所:《解放日报报业集团广告中心成立危机公关部化解批评报道危机》,《传媒经济参考》2006年第3期。
② 转引自大卫·赫斯蒙德夫:《文化产业》,张菲娜译,中国人民大学出版社2007年版,第20页。
③ 张立伟:《报业压缩成本三大杠杆》,《新闻战线》2006年第3期。
④ 转引自大卫·赫斯蒙德夫:《文化产业》,张菲娜译,中国人民大学出版社2007年版,第21页。

的公司很可能比制造的录音制品或电影全部刚好保本的公司获得更高的回报。"①另外,创新的成本高。2008年,传媒杂志社与复旦大学工商管理博士后流动站发布了中国第一份传媒创新能力调查报告,报告认为,阻碍传媒企事业单位创新活动的主要是经济因素。调查问卷显示,阻碍传媒创新活动的经济因素包括:第一是创新决策的难度和风险太大,第二是创新成本太高,第三是创新资金引进渠道不畅。②

在这种情况下,"找最好的葫芦,比着画瓢"的模仿和对成功的拷贝便成为媒体常常会做出的选择。产品模仿趋势避免了市场创新的风险,但却带来了另一个后果——同质化。

(二)增加收入的选择

在媒介商业化的趋势下,媒体以利润最大化为目标已蔚然成风。广告主往往依据发行量和收视(听)率的多寡,付出不同的广告费。因此,媒体更加重视受众,以营销挂帅。

1.受众数量最大化倾向

从理论上讲,因为传媒产业是一种独特的产业,具有一些与众不同之处。一般产业遵循边际成本递增定律,而大部分传媒产业的边际成本接近于零。所谓边际成本是指每增加一单位所增加的成本。要想理解边际成本递增定律,必须要了解另一个定律:边际产量递减定律。即"在生产技术不变和一些投入为固定时,增加一种可变成本投入所增加的产量(边际产量)递增,但如果这种投入一直增加下去,所增加的产量就会递减,甚至成为负数。这是因为开始时,可变成本增加使固定投入得到更充分利用,但如果一直增加下去,固定投入已得到充分利用后,可变投入的效率就递减了"。③ 一般来说,产量和成本是对应的,所以,当随着一种投入增加,产量递增时,其成本就递减;而当随着一种投入增加,产量递减时,其成本就递增。因此,当产量达到一定程度,额外增加可变成本的边际产量递减时,边际成本递增定律就出现了。

但是,传媒产业并不符合这种规律,它属于高初始生产成本和低复制成本

---

① Gillian Doyle,Simon Frith:《传媒管理和传媒经济研究的方法取向与相关问题》,戴元初译,第六届世界传媒经济学大会提交的论文。
② 谢耘耕、周志懿:《中国传媒创新能力调查报告》,《传媒》2008年第3期。
③ 梁小民:《经济学是什么》,北京大学出版社2001年版,第68页。

的产业,广播电台、电视台、电影、音像制品、电子出版物等表现更为突出。以电影为例,要制作出"叫座又叫好"的影片,就要在导演、演员、制作、摄影、特技等环节上耗费大量金钱、时间、人力与物力。但当影片剪辑完成,复制出来的拷贝的价格却极低。即使报纸、图书这类需要在物质载体(纸张、印刷、装订费等)上花费较多的传媒产业,其生产成本与复制成本之比依然是很低的,尤其当它们成为网上出版物,它们的边际成本趋近于零。这也是导致传媒产业大都具有"受众最大化"倾向的根源。

在实践中,一是媒体在内容的设计上常常会谋求受众最大化。1999年浙江大学新闻与传播学院"跨世纪我国城市电视的现状与发展趋势"课题组于1999年对全国有代表性的34位城市电视台的台长进行了调查,对"一个电视台在设置栏目、制作节目时的原则"的回答是,要能够受观众喜爱和好评占到100%,要有高的收视率占到83.3%①,这个结果表明受众本位已成为各城市台台长的共识。不仅如此,张立伟提出的"凡是受众不看重的都可以简化"已成为内容运作的经典法则。比如在一片"厚报"鼓吹中,《宁波晚报》调查,当地读者的有效阅读时间不超过半小时,这就决定了没有办厚报的必要,它成为控制成本的重中之重。报业集团乃至报纸一般都有多个受众群,认真分析每个群体的偏好,往往就找到削减成本的机会。②

二是媒体会迎合受众的喜好和立场运作内容以利于实现受众最大化。英国新闻联合通讯社信息部负责人伊丽莎白·卡瑟(Elizabeth Castle)的观点体现了这一思想,她认为"消费者的需要决定了我们选择新闻的标准"。③ "年轻的比老的好,漂亮的比丑的好,富人比穷人好,电视的比电影的好,电影的比音乐的好,音乐比运动的好,任何东西都比政治的好,没有一个比名人死去更好。"——这是美国杂志选择封面人物的"八大法则",④虽然带有戏谑的意味,但在一定程度上表明了媒体迎合受众口味的做法。

在国内,《中国经营报》头版编辑黄界也表达了同样的观念。他认为,"对于一份市场化的报纸来说,记者和编辑就像生产流水线上的工人,他们生产的产品应该有一定的标准。标准来自何处?不是来自编辑记者'拍脑袋',而是应该

---

① 徐敏、钱永红、孙简:《中国城市电视台台长调查报告》,《现代传播》2006年第6期。
② 张立伟:《报业压缩成本三大杠杆》,《新闻战线》2006年第3期。
③ 〔英〕尼克·戴维斯:《媒体潜规则——英国名记揭秘全球新闻业黑幕》,崔莹译,南方日报出版社2010年版,第88页。
④ 转引自朱玉华:《刍议电视调查性报道的"尴尬"》,《南昌大学学报(人文社会科学版)》2007年第6期。

来自读者,来自科学的调查结果,调查结果应该直接指导记者编辑写稿选稿,甚至是指导美术编辑的版式和新闻纸的选择。"①《北京青年报》也是这么做的。"《北京青年报》每月花两万多元进行读者调查。该报委托独立的市场调查公司,选择北京八个城区的600名读者,通过问卷的方式,对版面的读者阅读率进行排队,以此决定一个版面编辑的工资水平。他们根据版面新闻性的强弱定出不同的阅读指数,如新闻版块要求阅读率达到70%,深度报道版块阅读率达到60%,副刊的阅读率是40%—50%。如果哪个版面的阅读率三个月未达标,就要考虑该版的编辑换岗;如果是版面本身的定位有问题,则作出相应的调整。这样在报社内部就形成了很大的竞争压力,编辑自觉地将读者的阅读取向与编辑工作有机地结合起来。"②

广播电视也是一样。民生新闻的领头羊《南京零距离》的创始人之一景志刚先生在访谈中曾说过:"我们用市场的角度来看,他们(观众)是购买者,他们是消费者,他们是上帝,我们是为他们服务的,这是第一位。"③中央电视台10套的《探索·发现》节目就强调结构的多线性(跌宕起伏)和内容的趣味性及故事性,要能用叙事的方式展开,而且"我们强调故事一定要有冲突,有矛盾,最核心的就是纠葛和矛盾,进行探索和解决"。④他们用所谓的"四维空间"的方式来选题。其基本原理就是:假定有四个象限,包括广告商怎么看、版权市场如何、终端受众市场如何以及收视率和收视份额的高低,然后根据这四个象限来选择作为节目的核心题材。《走近科学》制片人列举的该栏目选题立项条件的量化格式(在评价选题时,用记分制对选题进行考量)也是殊途同归,直指受众的要求:(1)选题的重要性和显著性(40分);(2)故事的曲折性(30分);(3)拍摄可能造成的视觉冲击力(20分);(4)权威性(10分)。⑤

"故事的曲折性"和"视觉冲击力"占去了总分的一半,这就是眼下某些电视新闻节目吸引受众的一贯做法。一句话,在媒介商业化的道路上,受众比记者更有决策权。在此方面,无论报纸还是电视的从业者都是知行合一,而且是毫不讳言的。

---

① 杨晓白:《山东报纸缘何远离读者调查》,《青年记者》2001年第4期。
② 张默、康文华:《报纸的市场操作与市场调查》,《当代传播》2000年第9期。
③ 转引自高传智:《"资本"影像——90年代以来中国电视新闻场域的变化及其影响》,中国传媒大学出版社2009年版,第120页。
④ 刘星:《CCTV-10:〈探索·发现〉之娱乐记录》,《现代广告》2005年第10期。
⑤ 侯海涛:《论电视新闻纪实中的"媚俗"》,《现代传播》2008年第2期。

不仅如此，媒体为了迎合受众甚至改变媒体的报道立场，而罔顾这种态度是对还是错。2003年春，《每日镜报》主编皮尔斯·摩根（Piers Morgan）向镜报集团总裁斯莱·贝利（Sly Bailey）写信道歉——英国士兵参战之后，《每日镜报》继续反对进攻伊拉克，导致销量下滑："我错误地判断了我们的读者对开战的态度，我们的报道显然和他们中的大多数人对立，言辞太苛刻……很抱歉，这意味着这个月的销量少于200万，太不幸了……我会尽快赢回这些读者。我绝对不会坐在这里为自己辩护说我是对的他们是错的。读者永远不会错。他们可能会令人厌恶，但是永远不会错。"[1]从这个故事可以看出，在商业媒体的世界里，没有正确与错误之分，只有赚钱与亏损之别。

三是受众最大化的目标指挥着内容调整。让我们以中央电视台新闻频道的"成长历程"的关键词为例，看看这条原则是如何运作的。

> 2003年新闻频道开播之时，频道定位为强化"舆论导向"，突出传播党和国家的声音。
>
> 2004年两次改版，裁撤了"收视表现"不好和社会反响度不高的栏目，同时调整了一些栏目的播出时间，以放大优势栏目的"收视效果"。
>
> 2005年"收视份额"和"广告"收入进入平稳增长期，超额完成台里规定的年均收视份额"指标"。
>
> 2006年第四次改版，具体目标为：完成"收视任务"，推出主打栏目，提升晚间黄金时段"竞争力"。[2]

从开播之初具有公共新闻媒体的理想化色彩到后来逐年向"收视效果"、"收视份额"和"收视任务"偏重，我们可以看到在市场化的生存语境中，电视新闻媒体如央视也不得不"现实"一点。

比如，调整播出时间。正当全世界体育迷如痴如醉地欣赏英伦范儿的伦敦奥运会开幕式表演之际，美国电视观众遇到了四年一度的烦心事，那就是，拥有奥运会转播权的美国全国广播公司（NBC），并没有直播伦敦碗里精彩梦幻的开幕式表演，而是推迟了三个小时，于美国七点半到十二点间的黄金时段播出录播剪辑的开幕式转播。实际上，四年前的北京奥运会，NBC也没有直播奥运会

---

[1] 〔英〕尼克·戴维斯：《媒体潜规则——英国名记揭秘全球新闻业黑幕》，崔莹译，南方日报出版社2010年版，第92页。
[2] 侯海涛：《论电视新闻纪实中的"媚俗"》，《现代传播》2008年第2期。

开幕式,而是推迟将近 12 个小时。① 这一案例告诉我们,媒体受众最大化的目的绝不是为了受众的利益而是为了争取在晚间的黄金时段吸引更多的受众,为广告主争得更多利益,同时使自己获得最大的利润。

2.追寻"正确"的受众——受众定位于强力人群受到追捧,弱势人群遭到忽略

在内容有效占领受众,媒体的发行量、收视(听)率必须在一个基数以上的前提下,如今的传媒业出现了一种"嫌贫爱富"的倾向,在传媒业的受众定位上,强力人群受到追捧,弱势人群遭到忽略。所谓"强力人群"是"强社会行动能力人群"的简称,也有"强力群体"、"主流群体"、"重量群体"等说法,源于社会学概念。他们一般指那些经济收入较高、有一定的社会地位、在生活时尚和消费潮流方面居于社会主导地位的阶层。他们常被形象地称为"有点儿权、有点儿钱、有点儿品位、有点儿闲(善于休闲)"的"四有"人群或者为"有财富、有权力、有理想、有未来"的"四有新人"。用《纽约时报》高级副总裁唐纳德·尼震(Donald Nizen)的话来说就是:"我们不会费力为愚民办报纸。"②《洛杉矶时报》前总裁奥蒂斯·钱德勒则说:"《洛杉矶时报》的目标受众是中产阶级或中产偏上。我们的目标不是大众化而是高质量。"③哥伦比亚广播公司《60 分钟》前执行制片人唐·休伊特也赞同这种观点:"现在人们总专注于 18 到 49 岁的人群,一切都要吸引年轻观众,因为他们是广告主要吸引的对象。"④英国资深记者马克·唐盖特在调查全球最著名的 20 家媒介机构时发现,"多家报社和杂志社的相关人员承认,他们一开始为 35—45 岁的读者量身定做专栏板块。而这个年龄段的读者正是广告主最重要的目标市场"。⑤ 这种做法已蔓延至国内,1999 年 10 月 12 日,《北京青年报》曾用半个版的篇幅描绘了自己的"标准读者像":他(或她)是一位 36 岁左右较为成熟的年轻人,拥有高中或大专以上的学历,供职于政府机关、教科文卫单位或企事业单位的公务员、专业人士或白领人士,他(她)是拥有较高经济收入和消费投资决策能力、对于流行时尚敏感的享有最多的高档和豪华生活用品的城市人。《北京青年报》如此赘述,依据是权威调查机构对同类报纸的比较分析,支撑"标准像"的有几个关键数据:

---

① 徐东海:《全世界看完演出,我们才进场》,《新民晚报》2012 年 7 月 29 日第 A7 版。
② 转引自〔美〕本·H.贝戈蒂克安:《媒体垄断(第六版)》,吴婧译,河北教育出版社 2004 年版,第 134 页。
③ 〔美〕本·H.贝戈蒂克安:《媒体垄断(第六版)》,吴婧译,河北教育出版社 2004 年版,第 143 页。
④ 王立纲:《2005 传媒年度创新报告》,《青年记者》2006 第 1 期。
⑤ 〔英〕马克·唐盖特:《国际传媒巨擘品牌成长实录》,许怡勤等译,中国水利水电出版社 2007 年版,导言。

收入构成：人均月收入水平最高，比北京市民人均收入水平高出 9.3 个百分点；

住房状况：住高层塔楼的比例最高；

财富标志：拥有财富的比例最高，100 位读者中，35 人拥有手机，32 人拥有个人电脑，26 人拥有照相机（价值千元以上），24 人拥有银行信用卡，7 人拥有私人汽车；

消费行为：对家庭重大消费及投资拥有较高决策权，旅游休闲及文娱健身消费概率最高。

寥寥数笔，实际上是从物质层面给"强力人群"画了一个"标准像"。[①]《经济观察报》则由于自身属于专业财经报纸，因此其受众定位更为高端，它将自己所追求的读者概括为：他们在 25 岁至 40 岁之间，85% 左右为男性，受过大专以上的教育，居住在中心城市；他们的年收入在 3 万元以上（作者注：2002 年）；有车有房；他们对新生事物敏感，有较强的学习能力，有国际化的视角和对外域文化的包容能力；他们渴望交流、注重健康，生活态度积极，富有合作精神，乐于并有能力承担责任，追求压力下的优雅生活；他们以关心社会、合理合法积累财富、遵循等价交换为行为准则。

杂志的命运也不例外。对于经典杂志《纽约客》来说，越战期间坚定的反战立场曾给其一段惨痛的商业经历。由于其冷静客观的反战立场和沉静、细致的现场报道，吸引了大批大学生读者。大学生是未来的社会精英，但并不代表大学生是富有购买力的人群。《纽约客》开始吸引错误的受众群，其发行量没有变化，但杂志却成为广告支持媒体的一个铁的定律的受害者（正像它以前是其受益者一样）：有人读你的杂志（或听你的广播）比起受众的"质量"来说，并不是最重要的。[②] 广告客户的急剧减少让《纽约客》不得不转变风格，到 1981 年，它基本恢复了高质量的受众群体，毕竟，出于生计以及为广告主的利益诉求考虑，杂志不想在只看不买的人身上浪费文字。

至于"弱势群体"，联合国发展普查报告给出的定义为"没有权力和权威的人，没有权力和权威而不能构成自己代理人的人"。[③] 段京肃则在《社会发展中的阶层分化与媒介的控制权和使用权》一文中将其定义为，"在传播学研究中，'弱

[①] 罗建华：《点击报界"新概念"》，《新闻记者》2001 年第 11 期。
[②] 〔美〕本·H.贝戈蒂克安：《媒体垄断（第六版）》，吴靖译，河北教育出版社 2004 年版，第 137 页。
[③] 王芳：《当前我国大众化报纸消息来源偏向研究》，武汉大学 2007 年博士论文，第 43 页。

势阶层'是指那些缺乏参与传播活动的机会和手段,缺乏接近媒介的条件和能力,主要是被动地、无条件地接受来自大众传播信息的人群和那些几乎无法得到与自身利益相关的各种信息,也无法发出自己声音的群体。"没有报纸为他们画像,强与弱是相对而言的。按以上标准推论,首先,生活在城市以外的农村人(据2010年第六次人口普查,农村人口6.74亿,占总人口的50.32%)非"弱势群体"莫属了;生活在城市中的孤寡老人、贫困学生、失学儿童、残疾人无疑也属于"弱势群体";推而论之,一般企业职工、下岗工人、进城打工者以及那些在社会平均收入之下而尚未"享有最多的高档和豪华生活用品"的城市人都在"弱势群体"之列。①

不仅如此,媒体还会通过内容的设置和价格的提升不断地降低低收入群体所占的比重。比如,"《楚天都市报》1998年通过读者调查,确定其读者年龄在18岁以上,职业涵盖城市各行业,经济收入为中下等,文化程度在初中左右。经过几年的发展,《楚天都市报》的读者群已经变成以高中和大中专者居多,合计占到读者总数的67.4%。本科及本科以上读者也占相当比例,达18.7%。从收入水平看,《楚天都市报》读者以中等收入者为主,即月收入在500—1000元的市民,占40.2%。与2001年调查相比,《楚天都市报》的低收入及无收入读者比重下降了7.4个百分点,而中高收入读者比重上升了7.1个百分点,这种趋向有力地表明了《楚天都市报》读者的收入层次正在上移,而且上移幅度是比较明显的。"②

这种结果的出现是市场驱动新闻主义的必然。在市场作用下,媒介的运行是以市场为导向的,为受众服务是手段而非目的。正如著名作家六六所写:"为富裕起来的人民服务。……如果头版鼓吹南市区升值空间巨大,那么尾版南市区肯定有房开盘。"③于是,从广告向内容"倒推"设计的"经营报纸"的理念成为首选的运作方式,即"根据报纸需要开发的主要广告品种,寻找目标读者群(包括核心读者和延伸读者),再根据目标读者的需求层次设计内容。这样打造出来的产品,就容易受到广告主的青睐"。④

电视也是如此,比如凤凰卫视的节目策划就将市场意识贯彻到策划的全过程。"每次策划和推出新节目之前,凤凰都要先行立项并将项目交给广告部门

---

① 赵志立:《一种嫌贫爱富的倾向》,《新闻记者》2002年第1期。
② 梅明丽:《可读性的重新解读——〈楚天都市报〉读者调查研究报告之五》,《新闻前哨》2005年第1期。
③ 六六:《蜗居》,湖北长江出版集团/长江文艺出版社2007年版,第42—43页。
④ 龙奔:《消费结构升级呼唤报纸运营方式升级——从"报纸经营"到"经营报纸"》,《中华新闻报》2004年3月29日第T00版。

进行效益论证。刘长乐在接受新加坡 TGS 采访时说:'为广告部门量体裁衣是节目办与不办的基础。我们要把节目办成凤凰的'金饭碗',吸纳更多的资金'。"①换句话说,对于一个新节目的开发,凤凰卫视会先分析受众及广告主需求,进而拿出节目策划书,然后找目标广告客户洽谈。通过这样的方式,根据市场来做节目,大市场,大节目;小市场,小节目;没市场,就不做节目。② 有市场的节目就拿来做,没有市场的节目则在策划阶段就被淘汰了。

其他媒体亦如此。广告主需要 18—49 岁的富裕受众,媒体同样需要相应的接收者来增加广告收入,媒体在确定目标受众时已下意识地把不具备购买力的弱势群体排除在外。

不仅创办新的节目、版面时这样,媒体改版也如此。当媒体遭遇"不理想的受众情况"时,就要改变媒体的内容编排,从而增加能吸引广告主要求的受众。《滚石》杂志的总经理在谈到杂志希望吸引更高级的广告客户时说:"我们必须提供高质量的读者。而提供不同特性的读者的唯一方式是改变杂志的内容。"③

在市场力量的主导下,部分媒体为了获得更大的利润,在内容方面可能会趋向吸引强力人群,忽略弱势群体。

3.媒介寻租

媒体增加收入的方法不仅有前面合法的手段,还有一些非法的手段。比如,新闻寻租。它有两个层面的行为——个体行为与集体行为。我们可以将其中的集体行为定义为媒介寻租。目前这种媒介寻租行为正方兴未艾,有人将之称为"新型新闻寻租"。

(1)收取新闻刊播费用

这是媒介寻租行为中最常见的一种形式。一般来说,是媒体根据一定的标准,向要刊播新闻的单位和个人收取一定的费用。其文本形态经历了如下表达形式:

①新闻版面上看似新闻报道实际却是广告的文章。

②新闻专版,实则广告内容或者公关稿件。

③经营性专刊中,采用新闻报道形式,实则广告,并且不标注为广告。

从文体上看,均效法新闻报道。从内容上看,大致分为两类:一类是推销产

---

① 钟大年、于文华主编:《凤凰考——建构一个新传媒》,北京师范大学出版社 2004 年版,第 120 页。
② 谢耘耕:《凤凰的启示》,《采写编》2005 年第 1 期。
③ 〔美〕本·H.贝戈蒂克安:《媒体垄断(第六版)》,吴靖译,河北教育出版社 2004 版,第 138 页。

品,一类是包装企业。文本大多以人物专访的形式,或者以介绍某企业的新产品,分析某行业状况的报道形式出现,最终落脚点都在对于产品的描述和对企业的赞扬。① 在报纸常以这样的栏目名字出现,比如用"企业专版""地方经济""专题报道"等,在广电媒体则常以《生活顾问》《经济 XX》等名字出现。其交易方式有两种,一是以一条或一篇为单位收取费用。例如河南某地市级电视台的《经济纵横》栏目大都是收费的。其中,每条信息收取 200－500 元。②

最为有名的例子则是 2011 年被冠以"卖头条的总编"而出名的南阳日报社前社长兼总编葛宏。在葛宏一案中,检方的指控中有这样一项:"南阳市 13 个县区中有 11 个宣传口负责人,向其'行贿买头条',而涉及的人数,多达 31 位。十年间,这样的事情共发生 84 次,涉案金额 12.1 万元。"③显然这不是个人职务行为,而是报社的行为。这一事件引发了人们对地市党报生存的忧虑,同时也发现这样的事其实在中国报业中屡见不鲜。"《开封日报》甚至鼓励编辑记者们,积极与所负责条线沟通,让他们出钱在《开封日报》上刊登新闻,'只要不是省领导来视察,或者市里有什么重大活动,头条一般都是要换钱的,价格一般在万元左右'。"④

二是媒体出卖报纸版面或节目时间。例如 2002 年,中央某经济报驻甘记者站的两名记者到甘肃人民出版社采访《读者》杂志。一周后,该站记者拿着刊载有此次采访内容的专版报道来找人民出版社负责人,说报道分量不轻,版面不小,按规定应付 1.5 万元到 2 万元。社领导闻听愕然,以事前未商为由予以拒绝。后对方又几次打电话催要钱款。这位负责人既忿又叹,以后再也不敢轻易接受记者采访了!⑤ 2012 年 4 月 4 日出版的《纽约时报(纽约版)》的 A1 版刊登的《中国媒体有偿报道乱象》一文则将这种情况推到风口浪尖,该文毫不讳言地指出在中国媒体界无处不在的"乱象"。比如,在中文版的《时尚先生》上刊登一篇公司高层的个人特写需要两万美元;在《工人日报》上登载一篇宣传性文章报价是每个字约 1 美元。甚至在中央电视台,首席执行官出现在该台的新闻节目中,价格大约在每分钟 4000 美元。这种形式的媒介寻租有时会以"协办"或"合办"的形式出现。

---

① 易鸣璇:《我国"有偿新闻"现象研究》,暨南大学 2011 年硕士论文,第 16 页。
② 禹建强:《传媒市场化的陷阱》,中国传媒大学出版社 2005 年版,第 122 页。
③④ 马纪朝:《葛宏案追踪:"卖头条"背后的地方报业生态》,《第一财经日报》2011 年 8 月 3 日第 A6 版。
⑤ 李励:《新闻记者职业道德研究》,华中科技大学 2008 年硕士论文,第 16 页。

(2) 广告搭售

传媒业中还有一种服务于广告主的、隐性的媒介寻租,我们可以称之为"广告搭售",即在某媒体上做广告,配送一定数量的新闻,或者为拉到某企业的广告,先用一两篇新闻博取对方的好感,用新闻作为敲门砖。美国约翰·赫尔顿所著的《信使之动机——新闻媒介的道德问题》一书举了这样一些事例:美国《达拉斯时代先驱报》过去每星期一都要用两个半版到三个版的篇幅来登本地的工商新闻,而分给每个公司的新闻篇幅是按该公司所买广告篇幅的大小来计算的。一家新办的商业中心付给《丹佛邮报》30 页的广告费,该报则同意免费发一篇宣传该中心的文章。同样的现象在国内一些媒体中也已出现,比如刊登半版以上广告的,除了价格可以优惠外,还可以按广告的大小为企业采写一篇 2000—5000 字的有关企业或企业领导人的文章,如不要长篇,也可分多次进行宣传,并且许诺为企业建立"信息档案",企业如下次再需"宣传"可更加优惠,等等。①

(3) 公然创租

媒体不但在私底下偷偷摸摸、心照不宣地进行,它们甚至公然创租。所谓公然创租,是指媒体与商家利用商业策划、制造新闻事件的方式构筑利益共同体。比如,媒体与企业通过评奖活动或者策划 XX 排行榜(通常评选尚未开始,参赛者已经知晓最终的结果),换取巨额的广告收入和参赛费。在媒体与商家的利益勾连中,受众的利益遭到侵害,因为对评选内幕毫不知情的受众出于对媒体的信赖,通常会把评选结果作为自己消费的行动指南。又如媒体与商家合谋,并按照其意图制造所谓新闻事件,利用媒体的公信力为对方牟利的同时自己也从中获得不正当利益。

(4) 有偿不闻

付费刊登对企事业单位有利的新闻是"有偿新闻",付费不刊登对其不利的新闻即是"有偿不闻"。如今一些地方政府和企业在出现问题之后,不是去解决问题或者提高产品质量,而是习惯性地以收买媒体的方式进行所谓"封口"。媒体拿人钱财就视而不见,不予报道,受众的知情权则受到严重伤害。《中华工商时报》总编辑黄文夫指出,收受企业用于堵媒体之口的钱,已经成为少数财经媒体的一笔特殊收入。北京一家公关公司的负责人披露,"封口费"的数额通常较

---

① 张凤雏:《谨防变相"有偿新闻"》,《中国记者》1996 年第 5 期。

大,几万元甚至十几万元。①

2003年10月24日,《21世纪人才报》发表《博士胡坤"冤拘案"调查》中谈到,一位在9月份还与胡坤接触过的朋友告诉记者:"胡坤最感意外的是,近两年时间所有媒体都高度一致地保持沉默,没有一家公开报道此事。"我们的社会,每时每刻都有无数的悲喜剧在发生,哪些可以进入媒体的"法眼"成为报道内容,媒体自有判断标准,不同媒体的标准多少也会有差异。但一位男子在打给《21世纪人才报》记者的电话中透露,"关注的媒体不少,但最后连中国公认的最具公信力的南方某报纸都被平安公司用广告费摆平了。"②

又如,某地因为管理不善,所以出了水上交通大事故。那里的一家报纸,已经写好了稿子,排好了版面,就等印刷机器一开,数万份报纸就面世了。但就在印刷马达轰鸣前的半小时,那事主找到了报社,说是如果"不闻",可以在报上做价值30万元的广告。因为"有偿",看到有30万元广告的利益,那家报社居然临时改变,重新编排,根本不谈那起水上交通事故。③

(5)新闻敲诈

除了上述被动接收型的"有偿不闻",媒体主动出击,有组织、有计划、有预谋地利用内参、曝光相要挟,强行向对方收取财物或者迫使其做广告或购买报纸。一般来说,"有偿不闻"中的主动一方是被监督与批评对象。如果说"有偿新闻"还属于媒体中的腐败现象,需要按照收受贿赂的多少来判断是否触犯法律,那么"新闻敲诈"则已陷入违法犯罪的深渊。

在有些地区,新闻敲诈已经成为媒介机构创收的新路径,而且是全体上下一盘棋,有计划、有步骤、有奖惩措施、明目张胆地行动,造成很坏的社会影响。有时某大公司突然就成为"舆论"攻击的目标,媒体的"揭黑""爆料"连续报道",恍惚间仿佛又见到那个"铁肩担道义,辣手著文章"的高大形象,除去那些真正的媒介英雄,新闻敲诈可能发生了。例如,2005年北京科博会上绿色和平组织爆出的惠普"毒电脑"事件,事发后第二天,当时国内旨在做"IT门户"的天极网(china byte)内部就由总经理牵头,业务和采编中心集体召开主题策划会。就在前几天,惠普停掉了新一季天极价值30万人民币的广告单,"毒电脑"事件发生,使天极有机会通过大量的负面新闻重新赢回这笔广告。在这次集体会议

---

① 卓宏勇:《警惕媒体的"受贿无声"——传媒专家谈加强新闻职业道德建设》,《中国新闻出版报》2005年4月19日第1版。
② 李署明:《"新闻寻租"是媒体本义的蜕变》,《燕赵都市报》2003年10月29日。
③ 李凌雪:《谈新闻工作者的职业道德》,《新闻传播》2006年第3期。

上,不但有专门的记者去"盯"这次事件,做长期的连续报道,而且设有项目小组从国家卫生管理部门、消协组织、医院、消费者各个角度进行切入报道;同时,与绿色和平组织保持沟通,一方面给他们做在线访谈,另一方面请他们随时提供受损害个人或组织的名单,以方便采访;采编中心与广告部的主任们也各有任务,他们要与门户大网如新浪、搜狐或社区网站联系首页转载事宜;所有的公关电话暂时全部转由总经理接听。①

《鄂东晚报》的案例则更为经典。2003 年 2 月,湖北省黄冈市《鄂东晚报》新领导上台就主张"创收第一",报社全体上下,从主编到记者到校对员,一律以"创收"业绩论英雄,报社为此颁布了详尽的创收计划。统一思想,统一部署,分区划片,由记者分别组成"行动小组"。为了给"生意"造势,在行动之前,报纸先刊登有关文章,制造舆论氛围。报社内部很快达成利用曝光当事方丑闻的方式强拉广告的默契。为此上下通力配合,形成一条报社领导、记者、受要挟单位的"新闻媒体腐败食物链"。仅 2003 年一年,报社从学校敲诈所得的款额就有 100 万元之多。2003 年年底,《鄂东晚报》发行量和广告纯收入都翻了一番。2004 年全年创收总任务为 190 万元,各部门人员每人上交的任务量不等,最低 1 万元,最高为 16 万元。普通记者为 2 万元,老总的任务量为 5 万元,超额部分与报社四六分成。每个人的月工资为 800 元,每月实发 500 元,扣发的 300 元与创收业绩挂钩,达不到目标 80%的,所扣工资全部不予返还。②

二、内容的分配——有效发行(或收视)

不但在内容的产制上,而且在内容的分配上,利润原则也成为媒体运作中的圭臬。从经济学角度看,传媒产业与其他行业不同,它在一个双元产品市场中运作:第一个市场指内容产品市场,新闻、娱乐或资讯通过媒体传送到受众手中,希望他们能够支出他们的时间——一种稀缺资源或者金钱(报费)交换其产品;第二个市场指广告,在这个市场上,媒体把受众的时间出售给广告主。广告支撑型的媒体③(在传媒产业中占大多数)只生产一种产品却在性质完全不同的两种市场上活跃。纸质媒介在发行上是亏损的,其亏损部分由广告收入进行弥补。广播电视(付费电视除外)走得更远,它是免费的,它的收入绝大部分只来

---

① 与某电脑报记者的深度访谈。
② 王军:《传媒法规与伦理》,中国传媒大学出版社 2010 年版,第 275 页。
③ 下文提到的媒体均为此种类型。

自广告主。因此媒体的盈亏取决于媒体的生产成本、发行价格（或成本）和广告收入的多少。也就是说，在生产成本一定的情况下，媒体的盈亏主要是由广告收入与发行亏损决定的。一般情况下，媒体的生产者总是希望增加发行量或收视/听率。一般地说，媒体的发行量或收视/听率与其广告收入是成正比的，即媒体营销所获得的受众时间越多，有可能销售的广告越多，广告收入也就越高。这就是有效发行与有效收视提出的理论基础。

以报业为例，在一定的发行数量之内，这样的逻辑是正确的，但随着发行量的不断增加，发行量总会达到一个点，超过这个点，报纸的边际成本将大于边际收益，净收益将开始下降，这一关系可以从报纸发行量的拉弗曲线中得到说明（如图 3-1 所示）。当发行量在 F_0-F_L 区间内，随着发行量的增加，净收益会不断增加，但当发行

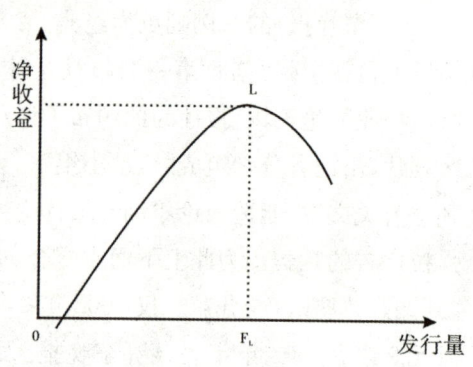

图 3-1 都市类报纸发行量的拉弗曲线①

量超过 F_L 时，都市类报纸的边际成本大于边际收益，净收益开始下降。

进一步分析可以发现，有可能导致净收益下降的主要有两个因素：一是当报纸的发行量超过一定的限度，其发行成本会显著提高，即发生规模成本递增现象；二是当报纸的发行数量超过一定的规模，特别是超过一定的地区范围时，报纸的广告收入未必同比例增长，而会发生规模收益递减的现象。实际情况中，发行规模成本递增和对广告收入的规模收益递减未必会同时出现，但是只要发行量达到一定的限度，或迟或早会出现这两种现象之一而导致净收益随发行量增长反而减少的情况。

我们把超过一定限度而使净收益随发行量增长而减少的那部分发行量称为"无效发行量"，而把能够产生净收益，并使净收益随着发行量增长而增加的报纸发行量称为"有效发行量"。使边际成本等于边际收益，从而使报纸的净收益达到最大的发行规模称为最佳有效发行规模，也就是图 3-1 中，F_L 点所对应的发行规模。最佳有效发行规模是指使报纸的边际成本等于边际收益从而使报纸的净收益达到最大的发行规模。换句话说，"'有效发行'就是能够有效地扩大报纸的市场占有率、阅读率和影响力，并能直接带来广告回报或对广告

---

① 金碚：《报业经济学》，经济管理出版社 2002 年版，第 98 页。

有较强吸附力的发行。"①吴锋自2005年2月到2008年6月先后对国内21家报社发行部门(公司)进行实地调研,对其报纸发行经营理念进行了专项考察,发现这21家报社均认可"有效发行"理念对其工作的指导价值,并已经将这一理念列入其日常管理规划。这些报社是:南方周末报社、温州日报报业集团、宁波日报报业集团、第一财经日报社、解放日报报业集团、文汇新民报业集团、北京日报报业集团、湖北日报报业集团、长沙晚报报业集团、长江商报社、扬子晚报社、南京日报社、重庆日报报业集团、重庆商报社、大河报社、郑州晚报社、南通日报社、苏州日报社、无锡日报报业集团、青岛日报报业集团、华商报社。② 有效发行在具体的运作中有三种策略。

(一) 控制发行成本的策略

报纸的盈利模式是"二次销售",即报纸的第一次销售是将报纸的信息传递给读者,从而获得读者的注意力,或者称为"眼球"资源。报纸的第二次销售是把读者的注意力资源卖给广告主,获得广告收入。因为报纸的定价大大低于纸张的成本和内容的产制费用,因此,报纸是用第二次销售获得的广告收入来弥补第一次销售产生的亏损。在这种情况下,减少无效发行就可以直接降低成本,提高利润。20世纪80年代初,美国一位报纸经营研究者威廉·布莱肯勃格(William B. Blackenburg)在研究美国最大的报业集团——甘乃特报业集团的发行方式时发现,在一些大城市里,一些报纸的发行经营者有意放弃了那些发行成本比较高的区域。比如,在一些犯罪率比较高的地区,投送的报纸常常丢失,报社不得不给订户重新补送,因而额外增加了不必要的开支。为了减少这些不必要的开支,报纸经营者就干脆不再接受这一区域的订户。③ 例如,英国精英杂志《经济学家》则宣布它最多在全球发行70万份,不愿意发行更多。④ 20世纪90年代,这种运作方法也被国内报业经营者所采用。1999年9月,《华西都市报》实施控制发行策略,提高外埠报纸价格、以发报纸"口粮证"等方式削减"无效发行"。在采访中,《中国记者》杂志的记者们发现,他们所接触到的成都各报人员,无论是领导还是发行负责人都提到发行的成本问题,而且都精于"计

---

① 王建:《"有效发行"与报纸效益最大化》,《传媒》2002年第6期。
② 吴锋:《报纸"有效发行"及其应用软件开发研究》,华中科技大学2009年博士论文,第17页。
③ 宝车:《值得重视的报纸发行新理论——控制发行法》,《现代报刊销售》(《中国记者》1998年增刊),第75页。
④ 曹鹏:《中国报业集团发展研究》,新华出版社1999年版,第50页。

算",具有极强的成本意识。①

(二)控制发行区域的策略

一般来说,报社会将发行分为本埠发行与外埠发行。本埠发行是指报纸在其所在城市的中心城区以内的发行。外埠发行是指报纸在其所在城市的中心城区以外的发行,主要包括以下三个层次:第一个层次是在报纸所在城市的郊区的发行;第二个层次是在报纸所在城市以外的省内各大地(市)级城市的发行;第三个层次是在省内各大地(市)级城市下辖的各县、乡、镇、村内的发行。少数区域性报纸还在外省甚至国外发行,其外埠发行的结构还要延伸一个层次。由于广告主在选择报纸投放广告时,要考虑广告主的"目标消费市场区域"与"读者市场区域"是否叠合的因素,即两者的叠合程度越高,报纸在某一区域内的影响力越大,对广告主的吸引力也就越大。毫无疑问,商业化的报社会尽量将发行锁定在含金量高的地区——城市,而将外埠的发行量尽量压缩,结果一些报纸明明可以有更大的发行量,却控制发行。比如《辽沈晚报》就大规模削减报纸郊县发行数量,明确市区为发行重点。

虽然目前已有卫星传版等先进技术,但无论国内还是海外,大多数报社对其外埠发行量都采取了一定的限制措施。因为报业经营者认为,在边远地区或外埠出售报纸确实会增加读者人数,但是并不能带来足够的收益以补偿发行的成本。诚如《华盛顿邮报》的前发行人唐诺·葛林厄姆所说:"我们的经济原理是设定为地方性的报纸,我们依靠广告客户生存,我们认定我们的读者是会常去光顾他们店面的人。我们知道我们也许能在全美国销售很大数字的报纸,或者是在全世界,但是我们完全没兴趣。"②再比如,《京华时报》就采取了"密集覆盖城区,削减流入郊外报量"的措施,为了减少不必要的发行,对于天津、河北的报商采取拒绝的态度。③《辽沈晚报》走得更远,它们甚至在市内按区域重要程度采取不同的征订政策。无独有偶,北京的《精品购物指南》从创刊开始在发行范围上就一直实行区域化的发行战略,分别设立了重度发行区域和发行覆盖区域。重度发行区域范围主要是北京主要城区,而发行覆盖区域只是零星覆盖了远郊区县。④《南方都市报》为了防止报贩把报纸运到其他地区销售,甚至与铁

---

① 陈国权、文璐:《"有效发行"是否有效?——来自成都报业的调查与思考》,《中国记者》2007年第7期。
② 〔美〕尼古拉斯·柯瑞奇:《纸老虎》,汪仲译,广东教育出版社1997年版,第76页。
③ 转引自边春海:《试论报纸有效发行》,《当代传播》2004年第3期。
④ 王爽:《论报纸的"有效发行"与"无效发行"》,《记者摇篮》2004年第1期。

路警方联合开展打击报纸走私活动。①《河南日报》则在党报中首次一分为二,形成两个板块,一份在县城以上发行,每周七、八十版;一份在乡镇以下发行,每周二十个版。②

之所以采用这种发行方式,全在于避免在低广告价值区域的"无效发行",从而实现在高广告价值区域的"有效发行"。

(三)针对高质量读者的发行策略

广告主在选择报纸投放广告时,不但要考虑广告主的"目标消费市场区域"与"读者市场区域"是否重合,而且会考虑"目标消费群体"与报纸的"读者群"是否重合,也就是说,广告主会看重读者的含金量,即读者的年龄、收入、性别结构、文化程度、社会阶层、职业等所处的阶段或层次。一般来说,读者的含金量越高,他们的消费能力越强,对广告主的吸引力越大。反之,如果报纸的含金量很低,就难以吸引广告主投放广告。这正迎合了西方报业的铁律:"报纸的重点不仅在于读者,更在于能提供广告市场的读者。"《华盛顿邮报》的前老板不无倨傲地公开声称,他们并不希望穷人(对报纸广告推介的商品没有购买力的人)成为自己的读者,他们认定所谓的读者是会常去光顾他们店面的人。这种做法现在已成为中国报人的理念。于是,"嫌贫爱富"的读者取向就成为一些报纸的读者定位策略。一位报纸老总对此曾直言不讳:"强力人群是社会财富的主要拥有者,不断优化和吸纳这个阶层,就等于拥有了取之不竭的'注意力资源',印刷机就会往外吐钞票而不是吐废纸。"③《成都商报》努力争取高端读者,报刊发行有限公司总经理马龙说:"2006 年到 2007 年的主要任务就是优化读者结构,为此,去年商报订阅价涨了 20 元,一些读者不买了,此举降了两万多份报纸,通过涨价让两万多'在乎这点钱'的读者放弃商报。同时发行公司和报社市场部合作,按照房价、物管费的标准,在成都选择了 990 个高档楼盘,进行重点开发。与物业协会合作,与新闻部门搞活动,进小区,给小区物业做公告牌,放电影等方式寻求合作。结果,使《成都商报》在成都高档社区的市场占有率达到了20%。这样一来,虽然由于涨价降低了两万多份的发行量,但由于对高档社区的重点开发,总发行量并没有降多少。"④这样做的后果就是"广大的农村报业

---

① 刘鹏:《竞争时代的报纸策略》,山东人民出版社 2005 年版,第 194 页。
② 张立伟:《报业压缩成本三大杠杆》,《新闻战线》2006 年第 3 期。
③ 赵志立:《一种嫌贫爱富的倾向》,《新闻记者》2002 年第 1 期。
④ 陈国权、文璐:《"有效发行"是否有效?——来自成都报业的调查与思考》,《中国记者》2007 年第 7 期。

市场则冷冷清清,农民所需要的适用信息少之又少。在一个 6700 万人口的省份,单从报纸的资源配置来说,占本省人口 19.6% 的大中城市人口,却占了 98.5% 的信息资源;80.4% 的广大农村人口,仅拥有 1.5% 的报纸"。①

另一种提高读者含金量的做法是提高报价。在美国,"阅读人数之所以降低,部分原因是发行人作出的精明算计的商业决定导致的。例如,许多报纸将自己的定价从 25 美分提高到了 50 美分甚至更高。定价增高赶走了一些读者,但总体来说带来了更高的利润"②。这一做法也已蔓延至国内报业界。1999 年,发行量达到 180 余万份的《新民晚报》将零售价从 0.5 元上涨到 1 元,强行降低发行量,《文汇报》控制在 40 万份左右,目的都是为了达到提升读者含金量的目的。

对于广播电视业来说,就表现为有效收听/视。以电视为例,由于电视的传播手段与报刊不同,其内容分配方式的差异造成其在有效收视的运作上有所不同,必须进行分类才能分析得更为清楚。根据电视传播的技术差异,可以分为无线电视和有线电视。

由于无线电视采用微波传送,在其覆盖区域内,只要有电视的接收装置即可收看,因此,无线电视并不存在通过控制发行区域降低成本的问题,有效收视更多地表现为收视人群的选择问题。在美国,过去主流电视网(无线传播)用电视节目吸引大量观众,因为更高的收视率意味着更多的美元。但自 20 世纪 90 年代以来,有线电视的强劲竞争,使得电视网为了争夺更多的广告收入,也将其注意力集中到青年和成人市场。1998 年 12 月,一系列关于福克斯网络的整版报纸广告都在吹嘘道:"福克斯,网络当中的第一、成人 18—49 岁中的第一、青年人中的第一。"③

不仅如此,某一节目即使收视率很高,但由于未能接触到"正确"的观众,它的命运也是不难预料的。关于这个事实有一个戏剧性的案例。"美国哥伦比亚广播公司在 1996 年暂停播放电视史上最长的侦探剧《命案目睹记》(Murder She Wrote),而不顾事实上它已经占有恒定的收视率并且是 9 个季度以来最高

---

① 刘梓良:《查找根源 把握规律 深化理论 创新体制 健全制度——对新闻界"四项公害"标本兼治的调查与思考》,《新闻记者》2005 年第 1 期。
② 罗恩·史密斯:《新闻道德评价(第 4 版)》,李青藜译,新华出版社 2001 年版,第 381 页。
③ 转引自〔美〕大卫·克罗图、威廉·霍伊尼斯:《运营媒体:在商业媒体与公共利益之间》,董关鹏等译,清华大学出版社 2007 年版,第 110 页。

收视的连续剧。"①之所以遭遇如此的命运,原因只有一点,"它无法吸引到年轻的观众",而广告主最为中意的观众群却是青年人。

在有线频道方面,由于有线电视需要收费,而且由于数字化转型,有线收费已从 13 元/月变为 25 元/月,再加上需要购买机顶盒,它就具有了自动过滤观众的能力,因此到 2011 年 12 月,考虑到安装有线电视的可能性,至少有 30%的观众将与有线电视无缘。可以想象,现有的 70%左右的有线电视家庭中,有相当一部分并没有能力购买各种收费频道。更重要的是,有线电视公司并不是十分想要剩下的那 30%以上的家庭,这些家庭或是分散在边远地区,或是虽在大城市,即使买得起基本频道,也买不起各种付费频道,而这些付费频道是利润最高的生意。

不仅如此,有线电视还考虑"有效落地"。随着卫视频道覆盖费的提高,卫视开始根据每个城市或地区的价值来落地。有人提出三种层面的覆盖的概念:第一层面是全国省会城市的全部覆盖;第二层面是结合 AC 尼尔森和央视索福瑞的收视率,在 110 多个收视抽样点的城市的完全覆盖;第三层面就是在全国所有旅游城市的所有饭店和宾馆全部覆盖。②正如 CNN 创始人泰德·特纳 1978 年向广告主推销他的新有线电视频道时所说,"我们并不把贫民窟连接上。"③

上述做法,虽然为媒体节约了成本,增加了收益,但是无论是报社的"有效发行",还是广电"有效收听(视)",都建立在对弱势群体知情权无情剥夺的基础上。

第二节　组织效率

在利润最大化的目标之下,实现组织内部的效率是媒体运作的重要内容之一。

一、组织结构

组织结构是"表现组织各部分排列顺序、空间位置、聚集状态、联系方式以

---

① 转引自〔美〕大卫·克罗图、威廉·霍伊森:《运营媒体:在商业媒体与公共利益之间》,董关鹏等译,清华大学出版社 2007 年版,第 110 页。
② 高伟:《落地上海——最受益的还是广告客户》,《中国广告》2003 年第 11 期。
③ 转引自赵月枝:《公众利益、民主与欧美广播电视的市场化》,《新闻与传播研究》1998 年第 2 期。

及各要素之间相互关系的一种模式,它是执行管理任务的体制,在整个管理系统中起到'框架'作用"①。随着媒介商业化的推进,原来的政治逻辑主导逐步让位于商业逻辑主导,经济利益成为媒体重要的战略意图与战略使命,在此情况下,媒体内部的组织结构也发生重大变革。突出表现为经营部门地位的上升。1978年之前,媒体的管理体制一般实行的是编委会集体领导下的总编辑负责制。这与当时媒体的使命与任务——宣传——是一致的,总编辑只对上级宣传主管部门负责。随着经营管理地位的上升,媒体的管理体制也发生变化,最突出的成果是,1994年2月,中共广东省委作出决定:《羊城晚报》实行领导体制改革,实行社长领导下的总编辑、总经理负责制。报社作为最高一层机构,编辑部与经理部地位相同,成为报社下辖的两个二级部门,编辑部管办报,经理部管经营(包括广告、发行和多种经营)。无独有偶,从1995年开始,《广州日报》实行社长负责制下的"编辑委员会"与"经营管理委员会"体制。② 这种新机制合乎市场经济新形势的需要,逐渐在传媒界得到推广。

在西方新闻界长期存在着一项制度安排——新闻采编与广告经营分立,这项制度也被其发明者、《时代》的创始人亨利·鲁斯比喻成"教堂与国家"。其中,发行人负责的发行、广告等经营业务被比喻为"世俗的国家";由总编辑负责的编辑业务被比喻为"神圣的教堂"。在二者之间是一堵无形但坚实的围墙。

然而,从20世纪80年代以来,随着市场新闻业的崛起,MBA入主编辑部,这些人把出版物理解为与汽车、化妆品、洗发水毫无区别的商品。他们对于利润、广告主、商业数字图表的关心,远远超过编辑理想和杰出的新闻作品。"国家"正在蚕食着"教堂",编辑们过去认为神圣不可侵犯的"政教分离"原则受到严重的侵蚀,经营管理层将整合营销、流程再造等运作方式引入新闻生产中,要求编辑记者在日常的采编工作中满足广告发行等经营部门的需要,从而造成了"国家"与"教堂"间围墙的坍塌。

这一现象是"报业一体"(the Total Newspaper,也有学者译为"整合新闻纸")观念的延伸。这种观念认为,媒介的"编辑、业务部门的主管应该协调合作,把媒体当成一个完整的产品营销"。"《芝加哥太阳时报》前任资深副经理保罗·希尔特在其著作《推动报业一体》中指出,过去报业各部门各拥山头,俨然'封建采邑',各部门负责人'敌对'十分普遍;反之,'报业一体'就是编辑、广告、

---

① 章平:《战略传媒:分析框架与经典案例》,复旦大学出版社2004年版,第289页。
② 谢骏:《广州日报组建中国内地首家报业集团的意义》,陈韬文、朱立、潘忠党主编《大众传播与市场经济》,香港卢峰学会,第267—274页。

发行、调查和推广全部依营销需求协调。"①这种现象发展到巅峰,便产生了马克·韦尔斯统御下的《洛杉矶时报》这一最为人诟病的案例。1997年,经济学家、前美国通用磨坊食品公司的谷类食品市场总监马克·韦尔斯成为时代—镜报公司的首席执行官。同年秋,韦尔斯将自己任命为《洛杉矶时报》的发行商,还宣布将拆除报纸经营和编辑部门之间的壁垒,并且夸张地说,如果需要的话,他将用"火箭炮"轰垮它。他认为,"必须打破编辑与经营部门各自为政的状态,他们都应该为报社的整体利益考虑。他将报社看作一家简单的产品生产公司,编辑部不过是与市场、广告部门一样的平行部门。他在报社内设立总经理,全权负责所有事务,然后将不同版组变成不同的生产部,每一部门由一位经营人员负责,称作'产品经理',每版的编辑与'产品经理'商讨如何确立版面内容。"②例如,当韦尔斯向"华尔街的大投资公司推销该报广告时,所得到的回答是该报财经报道力度不够,不是关心投资的读者的首选,因而华尔街无意在该报多登广告。回到洛杉矶后,韦尔斯立即与编辑部门开会,决定增加财经报道的版面与力度,而相应删减国际新闻。此后,较多的财经新闻果然吸引了关心金融的读者,也引来了华尔街的广告,至此奄奄一息的《洛杉矶时报》起死回生了"③。但是,新闻批评者对这种"报业一体"的做法表达了相当大的不安,因为这种做法为经营介入采编提供了合法的路径。

电视业也经历了类似的历程。20世纪80年代,通用电气购买NBC之后,在运作思路上有了重大的变革。正如奥莱塔在《三只盲鼠》中所说:"NBC的新主人提倡一种'无分界'的公司理念,也就是说,在新闻、娱乐、销售和其他部门之间没有明显的分界线。在1990年NBC的年度管理总结上,160个主管中的许多人都提出这样的质疑:为什么娱乐或销售不能更多地影响新闻报道?为什么新闻部门总是与公司的其他销售部门保持距离,好像他们多么与众不同!"④

这种观念已蔓延到国内,与龙奔的"经营报纸"、丁俊杰的"媒介整合营销"以及戴玉庆的"六面魔方"论异曲同工。在龙奔看来,所谓"经营报纸"是用经营的理念和方式来运作整张报纸,按照经营规律实现内容、发行、广告之间的互

---

① 〔美〕道格·安德梧:《MBA当家:企业化经营下报业的改变》,林添贵译,正中书局2000年版,第23—24页。
② 许知远:《新闻业的怀乡病》,中国水利水电出版社2005年版,第82—83页。
③ 顾耀明主编:《我看美国媒体》,新华出版社2000年版,第104页。
④ 〔美〕大卫·克罗图、威廉·霍伊尼斯:《媒介·社会:产业、形象与受众》,邱凌译,北京大学出版社2009年版,第54页。

动,是一种整体运营。他认为,在众多报纸中,普遍存在这样一种现象:采编、发行、广告三个环节相互脱节,各自为政,缺乏有机的衔接和统一的协调,甚至经常由于管理者的立场不同、利益不同而相互扯皮、相互拆台,出现不同程度的内耗。即便每个环节自身做得不错,在整个报纸中也只是做了简单的加法,不能产生最大的效力。"三张皮"的脱节和内耗,浪费了一部分本可以共享的注意力资源,增加了不必要的障碍,最终导致整体运营成本的提高。因此,有必要"经营报纸",围绕统一的利益驱动运转三个环节。[①] 丁俊杰与其英雄所见略同,只不过他所关注的是电视台。他认为,传统以阶梯为形式,以职能定位的垂直组织结构会产生职能、部门与任务之间缺乏协调的问题。目前很多台里总编室与广告部、节目部以及营销部关系不够融洽,以致经常出现矛盾。这种情况就是媒体内耗的一个表现。媒介的整合营销可以借鉴关系营销中的观点,将营销的目标范围定义得更加广泛,扩展到整个企业的各个部门与环节,注重以客户为中心的跨职能的协调。[②] 与"报业一体"更接近的理念是《广州日报》前社长戴玉庆所提出的"六面魔方"论。在多个不同场合,戴曾一再强调,广州日报社成功的秘诀就在于围绕市场魔方的六面体,构建报业的核心竞争力:

> 我认为,内容、发行、印刷、广告、品牌、团队这六个方面是《广州日报》核心竞争力的核心部分。如果用一种形象的比喻去说,这六个方面就是"市场魔方"的六面体,《广州日报》要始终站在报业的潮头,保持长盛不衰,就要根据市场的变化和竞争的需要不断扭动"魔方",从而形成不同的组合,并以组合的优势在激烈的竞争中脱颖而出。[③]

"六面魔方"论的实质是强调媒体的资源共享与合作,即在媒体的战略之下,整合媒体的既有资源,通过旗下内容生产部门与发行(或落地)、印刷(或传输)、广告、品牌等各部门的联合运作,实现媒体利润的最大化。

据中国人民大学传播媒介管理研究所和中国政法大学传媒与文化产业研究中心2005—2010年度的《报业广告经营情况调查报告》对35—50家报纸开展的"广告与采编部门的联动关系"的调查显示,广告与采编部门"成立了固定的联动合作方式"的比例从2005年的38.9%提高到2009年的62.5%;实行"采

---

① 龙奔:《消费结构升级呼唤报纸运营方式升级——从"报纸经营"到"经营报纸"》,《中华新闻报》2004年3月29日第T00版。
② 丁俊杰:《媒介整合营销》,《中华新闻报》2003年8月4日,第6版。
③ 文远竹:《玩转市场魔方 永立报业潮头》,《广州日报》2007年12月1日。

编广告一体化"的比例从 2005 年的 8.3%提高到 2009 年的 16.67%；实行"就个别项目进行临时性沟通合作"的比例从 2005 年的 50%降到 2009 年的 20.83%，广告部门与采编部门"彼此独立，没有合作互动"的比例从 2005 年的 2.8%提高到 2007 年的 5%之后，2008 年和 2009 年均降为 0。[①]

这种固定的联动模式越来越流行，而且在组织架构上呈现出固化的趋向。比如 2006 年年底，《现代快报》成立了经营管理委员会和编辑委员会，编委会主管采编、网站等部门，经委会主管广告、发行、财务等经营事宜，这似乎形成了采编与经营分开的组织架构，但是两个系列业务通过总编室，尤其是由《现代快报》袁海兴任经委会主任兼编委会副主任，实现了二者的协调。[②] 又如，《钱江晚报》以行业报道和经营为重点，2008 年上半年作出组织结构的创新，提出"线性管理"概念，即以一些市场属性强、民生关联度高的行业为"线"，成立若干行业工作室。例如在"房产线"上率先成立一个横跨经营和采编两头的"房产工作室"。[③]

不仅如此，有些媒体为更好地加强采编系统和经营系统互动，促进媒体整合运营，还专门选调部分优秀记者、编辑到集团经营管理岗位挂职锻炼。2005 年 7 月，首批从《解放日报》《新闻晨报》《新闻晚报》选出的 8 名优秀记者编辑，分别到 6 家经管系统单位（部门）报到，开始为期一个月左右的挂职调研。

在此整体结构之下，产生了一些具体运作的常规。其中《广州日报》的运作非常典型，突出表现在他们的报题会制度改革。报题会是报社的选题策划周会，原来的与会人员包括报社采编部门的负责人、报社分管采编的领导。为了加强采编部门与经营部门的联动，报社进行了改革，现行的报题会每周二举行，与会人员包括各采编中心主任以及广告处、发行处、品牌市场部、印务中心负责人和报社领导。在报题会上，通常先由采编部门负责人向与会人员通报上周选题报道的完成情况，并提出本周采编部门的报道计划，包括报道内容、版面数量等，并将本周预备做的策划和主要选题进行通报，提交大会讨论，同时也提出报道实施中需要经营部门做出何种支持。针对采编部门的报道选题，与会人员就其可行性和具体操作进行讨论，并提出意见。接着是经营部门的负责人发言，

[①] 宋建武主编：《中国报业年鉴》（2005—2010），中华工商联合出版社 2006—2011 年版。
[②] 中国人民大学传播媒介管理研究所：《〈现代快报〉成立经委会和编委会加强采编与经营的协调》，《传媒经济参考》2007 年第 2 期。
[③] 中国人民大学传播媒介管理研究所：《2008 年上半年中国主流报纸的增收举措》，《传媒经济参考》2008 年第 24 期。

一方面是从所在部门的角度就报道选题提出意见,另一方面则是向大会通报其在业务开展中遇到的问题,尤其是需要其他部门配合与协调解决的问题。如广告部门会提出拉广告的计划、拉广告的可能性与困难,印刷部门会提出在何时印出多少报纸。在听取各方意见后,报社领导就采编和经营两方面的问题进行总结性发言,对本周报社的运作进行指示。①

其他一些报社也是如此。"在每周的编前会上,《北京青年报》发行部门要对上一周零售市场读者最关心的情况进行介绍,以强化编辑记者的市场意识、读者意识。2003 年,《南方都市报》新招聘的大学生上岗培训的第一个环节就是去各个报摊卖报,目的就是让他们直接、深刻地感受报纸在市场上的定位和客户的反映。第二个环节是让他们跟着征订人员到各个征订点进行工作。《南方日报》则实行了广告、发行部门评报制度,总编辑杨兴锋提出:广告、发行人员离市场最近,不断从市场、发行部门那里反馈市场信息,才知道如何改进新闻产品的生产。"②《京华时报》的发行中心不但不定期出版《读者意见反馈》,不断地将来自销售前端的信息传送给编辑部,而且它还设立了发行奖,由发行中心出资,奖励那些所采编的稿件使当天报纸发行量净增 2 万份以上的编辑记者。③ 曾任英文《深圳日报》总编辑的辜晓进也曾披露"采编与发行交叉"的现象,"各报在组成发行部或发行公司的同时,又将编辑部员工动员上阵,在每年的大收订期间,利用平时编发新闻建立的关系,去'抓大户',促发行。有时在一个城市竞争的报纸,到了发行季节简直成了编辑记者的大竞争,蔚为壮观"。

这种组织结构为某些媒体的经营部门插手采编部门提供了便利,同时也成为问题内容出现的罪魁祸首。

二、绩效考核制度

对于任何一个组织而言,采用什么样的考核与激励约束机制,在很大程度上决定了这一组织是否能够具有活力与效率,媒体也不例外。媒体的绩效考核一般包括两个方面:一是对组织的绩效考核;二是对员工的绩效考核。

---

① 田秋生:《市场化生存的党报新闻生产——〈广州日报〉个案研究》,中国广播电视出版社 2010 年版,第 81 页。
② 刘鹏:《竞争时代的报纸策略》,山东人民出版社 2005 年版,第 116—117 页。
③ 谭军波:《把发行奖颁给采编人员——京华时报社采编、发行互动新尝试》,《中国报业》2002 年第 6 期。

(一)组织绩效评估——以电视节目评估体系为例

媒介组织绩效一般以组织利益最大化与组织可持续发展为准绳。姚德权教授从媒体利益相关者的视角出发,以组织价值最大化为价值取向,并在充分关注各利益相关者的资源投入状况以及收益状况的基础上,提出从影响力、责任力、财务力方面构建媒体三维绩效评价框架。① 林洪美构建了包括产业、政治和公众的三个一级指标,并分别对应监督机制、受众规模、宣传回应性、成本、收入、成长力、产品质量、使用与满足、可持续发展九个二级指标的一个评估体系。② 邓蓉则从平衡计分卡出发,根据电视媒体组织的特性,从财务、客户、内部流程、学习与成长、政治和社会效益六个维度考察电视媒体组织绩效水平。③ 这些研究基本大同小异,从邓蓉的组织绩效评估出发,与本书联系最为紧密的指标是财务指标与客户指标。财务指标已在"生产规则"一节阐述,在此我们想以电视节目评估体系为研究对象。

我国电视节目评估体系的构建始于20世纪90年代末,至21世纪初逐渐形成具有中国特色的相对成熟的模式,并真正应用于节目评估实践。各级电视台的节目评估体系在评估思路、指标分布和构成模式上与中央电视台基本相似,涵盖客观指标(包括收视率和市场份额等指标)、主观指标(包括专家评价、满意度和观众评价等指标)和成本指标(包括节目成本和广告收益),如图3-2所示。中国传媒大学受众研究中心2008年曾经对省会城市台以上层级的电视机构的从业人员进行调查,结果发现,有将近九成的受访者称所属电视台进行常规性节目评估,其中四分之三采用多指标的综合性评估体系。④ 在这种评估体系下最重要的应用为末位淘汰制。

所谓栏目末位淘汰制,指的是在评估中排名最后的节目或栏目将被停播的一种优胜劣汰机制。中央电视台于2002年开始实行《中央电视台栏目警示及淘汰条例》《中央电视台节目综合评价暨栏目警示淘汰细则》等制度化的管理和完整的节目评价指标体系。同时,与之配套的奖励措施《中央电视台优秀栏目、优秀节目评奖条例(草案)》于2004年年初出台。这一系列举措确定了"先评

---

① 姚德权、姚梦实:《多元诉求共生:传媒组织绩效评价维度分析》,《新闻与传播研究》2011年第4期。
② 林洪美、方文江:《中国媒介组织绩效评估的维度分析》,《事业财会》2006年第6期。
③ 邓蓉:《基于BSC的电视媒体组织绩效评估指标体系的研究》,《文史博览》2011年第11期。
④ 刘燕南:《电视节目评估体系解析——模式、动向与思考》,《现代传播》2011年第1期。

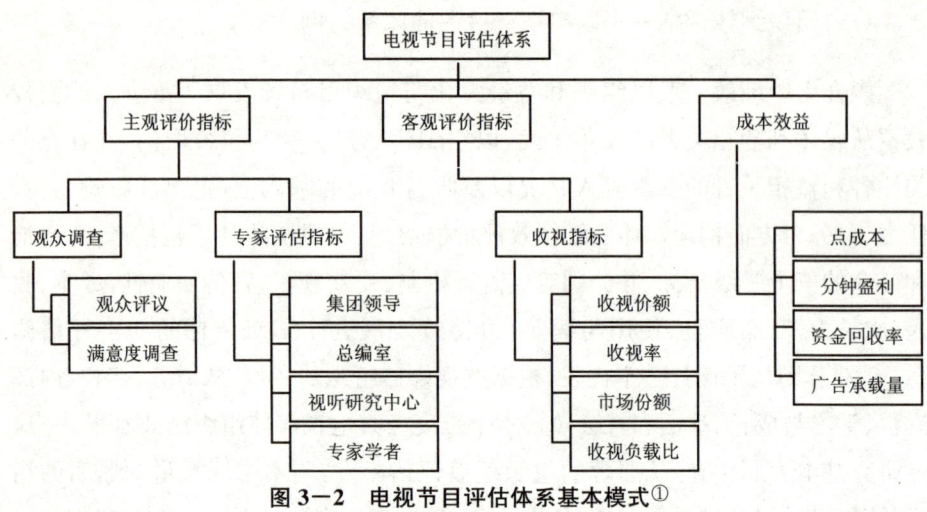

图3—2 电视节目评估体系基本模式①

价、再警示、后淘汰"的操作规程,即总编室每季度会同相关节目部门,对节目综合评价一次,视评价结果对相关栏目分别给予警示;根据栏目全年综合评价结果,最终确定本年度淘汰的栏目。栏目警示的主要对象是:每季度排名处于最后的几个栏目;或排名虽不处于最后,但综合评价指数下滑比较明显的栏目;或综合评价指数下滑趋势虽不明显,但排名下降比较明显的栏目。栏目末位淘汰制淘汰的主要对象是:一个频道内全年平均综合评价指数排名处于末位的栏目。② 其后果是:节目不允许重播;栏目所在部门一年内在该频道不能增加新栏目;该栏目制片人在两年内不得以制片人身份开办新栏目等。

以执行这一体系的第一年(2003年)为例,这一年《地方文艺》《电视购物》《音乐再现》《观众之友》《回音壁》《电影市场写真》《农业新闻》《原声影视》《城市平台》《绝活》等栏目被淘汰,原因是"收视率低,观众反映较差,节目形式陈旧及成本太高"。从淘汰栏目的结构中可以看出,被淘汰的栏目70%属于文艺及服务类。同时,被警示的十个栏目是:《中国人口》《艺苑风景线》《商界名家》《音乐厅》《外国文艺》《台湾百科》《边说边看》《快乐点击》《世界名著名片》《外语教学》。这些栏目的特点同样是收视率低,以文艺类为主。目前,这些被警示的栏目也已从屏幕上消失。

湖南电视台则在2004年通过栏目末位淘汰制,裁撤了六个自办栏目,分别

---

① 刘燕南:《电视节目评估体系解析——模式、动向与思考》,《现代传播》2011年第1期。
② 贺小玲:《四元指标电视节目评估体系的建构》,华中科技大学2007年硕士论文,第32页。

是《乡村发现》和《音乐不断》两个白天档常规节目,社会焦点类栏目《封面》、午间新闻栏目《新闻12点》以及《卫视中间站》和《商案惊奇》。对话类节目《新青年》也转型为竞技类节目《谁是英雄》。①

在近十年的实践中,中国电视市场出现了一些忽视社会效益、唯收视率马首是瞻的现象。经过深刻反思,2011年7月,中央电视台推出了新的节目评估体系,刘燕南教授将其总结为两点创新。一是改"三项指标,一把尺子"为"五项指标,一把尺子"。即在过去的三项指标,即客观指标、主观指标和成本指标之外,加了两个指标——品牌指标和趋势指标,并从过去的客观指标和主观指标中各分解出10%的权重,赋予新设立的这两个指标。二是强化社会效益评估。即在节目评估的主观指标中更加强调社会效益因素,以适应新媒介环境下主流媒体应承担的社会责任,强化舆论引导力和公益性,体现主流价值观的担当。虽然这一体系"被外界解读为央视不再'唯收视率论'的重大改变,甚至将其视为中国电视业一次重要变革的开端",但是在现实运作中,收视率实际上已成为国内电视机构进行节目评估和"末位淘汰"的首要数据,"唯收视率论"已经成为一种事实上的选择。根据中国传媒大学受众研究中心的近年调查结果,总体上看,各级电视台节目评估体系的综合性、概括性和复杂性,按照"中央台—省级台—市级台"的顺序,大体呈现依次递减的情形;而绝大多数电视台的评估体系中,收视率指标所占的权重都超过了50%,有相当一部分超过了70%。② 但是,收视率一旦成了与名利捆绑挂钩的"硬标准",它就不可避免地引发人们过度或片面地追求,乃至盲目地崇拜,随之也就伴生了不可忽视的负面现象:贴近名义下的庸俗迎合、敬业姿态下的低俗传播、批评态度下的恶俗污染,而隐藏在这些现象背后的是更为可怕的新闻实践:对新闻生命的戕害、对职业底线的践踏、对舆论导向的误读。③

(二)传播者的绩效考核——以报刊业为例

从组织的视角看,中国媒介商业化也是媒体制度创新的过程。据陈怀林的研究,遵循成本最小化原则,在自上而下的三层媒介制度(处于顶层的宏观管理制度、居于中间的编采运作制度和位于底层的经营分配制度)的创新中,首先从

---

① 雷雯:《电视节目评估体系现状调查及趋势分析》,上海戏剧学院2006年硕士论文,第7页。
② 刘燕南:《电视节目评估体系解析——模式、动向与思考》,《现代传播》2011年第1期。
③ 周云龙:《"硬标准"与"硬道理"掰手腕》,《青年记者》2004年第11期。

成本"最低"的经营分配制度改革开始。① 收入分配即是其中之一。自 1985 年开始,已执行 31 年"职务等级工资制"变为以职务工资制为主的结构工资制(1985—1993)。所谓"职务等级工资制",是依据国务院 1956 年 6 月 16 日通过的《关于工资改革的决定》建立起来的工资等级制度,这种制度由高到低分为 30 个等级,最高级为最低级工资的 28 倍。工资标准由 20 元到 560 元。同时,全国依物价与生活水平分为 11 类地区,同一等级的工资标准,第 11 类比第 1 类高 30％。根据这次改革精神,中国媒介建立了包括新闻广播人员在内的国家机关和各类事业单位人员工资标准。其特点是按职务划分若干等级,不同的等级对应不同的工资标准。② "结构工资制分为基础工资、职务工资、工龄工资和奖励工资四个组成部分。"③其中的基础工资是国家对工作人员最低生活实施保障的部分,按不同地区制定了不同标准,奖励工资专门用于奖励工作中做出显著成绩的工作人员。

1992 年,随着"社会主义市场经济体制"的提出,媒体经营自主权逐步扩大,媒体被允许拥有一定的剩余价值索取权,自行支配一部分利润。员工报酬以基本工资为主,工资高低主要取决于自身的职称、资历和工龄的结构工资制逐步退出历史舞台,一种新的分配制度——以绩效工资为主的多样化薪酬激励制浮出水面。绩效工资是指媒体从业者的收入不再主要依赖于基本工资,而转向稿费、奖金等收入。此时,绩效工资在其中所占的比例得到大幅提高,以中国文化报社 2009 年转企改制为例,"改制后,绩效工资所占比例提高到 80％"④。目前,绩效工资背后的员工绩效考核制度已在中国媒体普遍地建立了。

在报刊业中,对新闻从业者的绩效考核主要包括硬性定量型、唯数是考型、折算分数型、质数兼顾型、划分层次型、末位淘汰型和首席补充型。⑤ 不管是哪种类型,基本包括以下四个部分:

1. 数量要求

不管是哪种类型,数量的要求都是必备的,即报社要求记者每月或每周必须完成基本工作量才能通过考核,否则就要进行相应的处罚。例如《京华时报》

---

① 陈怀林:《试析中国媒体制度的渐进改革——以报业为例》,《新闻学研究》2000 年第 1 期。
②③ 转引自陆高峰:《从平均主义到绩效考核:传媒人薪酬制度 60 年》,《新闻记者》2009 年第 10 期。
④ 中国政法大学传媒与文化产业研究中心:《中国文化报转企改制历程回顾》,《传媒经济参考》2010 年第 27 期。
⑤ 王立纲:《国内报刊绩效考核类型分析》,《中国报业》2003 年第 11 期。

要求记者每月有20条稿件见报,上稿率在70%—80%。《燕赵都市报》要求记者每天写一篇稿件。《南方都市报》每月定下2500元的基本稿费指标(该报是直接在版面上打稿费),若只完成1500元的稿费,就倒扣1000元(2500元－1500元＝1000元),只能领到500元。《三联生活周刊》要求主笔(也就是部主任)每月发稿5篇,记者每月发稿8篇。①

更有甚者,极端看重数量,执行累进记分的绩效考核。如成都某报规定:30篇以下,每篇5分;31—40篇,每篇10分;41—45篇,每篇20分;46—50篇,每篇50分。每分折合多少钱是一定的。②

即使是比较重质的报刊也有数量的要求。如《北京青年报》,据其考评室主任张景双介绍说:"考评室对每个记者都有基本的工作量规定。普通记者每月要有15篇见报稿,特稿部则10篇即可。"③

2.质量要求

由于完全数量导向型的绩效考核有可能出现拼凑稿、注水稿甚至假新闻稿,于是报刊又增加了质量的标准。比如《北京青年报》的绩效标准最为典型。其将评定标准分为以下几个等级:

A等＝10分(优秀)

B等＝7分(优良)

C等＝4分(中级)

D等＝2分(合格)

E等＝1分(一般)

F等＝0分(无效稿件,指的是一些出现明显硬伤和错误或者明显有偿新闻一类的稿件或版面)

每篇稿件或者每个版面都要在上面六个等级中找到自己的位置,到月末对每个编辑或记者的所有稿件或版面进行等级分累积。累积后,还有一个追加增分条款。

记者当月3篇A等稿的,则每篇A等稿均自动追加1分,即按11分计;3篇以上A等稿的,自第四篇A等起,每篇A等稿均自动追加2分,即按12分计。如此进行追加处理后的累积分,再除以你当月所完成的稿件总量,便得出

---

①② 王立纲:《国内报刊绩效考核类型分析》,《中国报业》2003年第11期。
③ 尹连根、王长潇:《内部管理各具特色的"京城传媒四少"》,《新闻界》2005年第1期。

你的平均质量等级值。每一个采编人员的平均质量等级值求出后,还有一个追加减分条款。凡当月 F 等占二分之一以上的,则取消该记者的当月奖金。记者稿中 F 等占总量的四分之一时,则当月平均等级值减 1 分;F 等占总量的四分之一以上、二分之一以下的,则当月平均等级值减 2 分。然后用追加处理后的平均质量等级值乘以当月奖金系数,便为你当月的奖金额。其中的奖金系数,主要依据当月经营效益等要素核定。①

《南方都市报》也如此,它对产生广泛影响的好稿,事后给予特别奖励,数额为 5000 元、1 万元不等,平均每月会有一个这样的特别奖。《海峡都市报》也有"总编日评好稿"制度,每天评出一篇好稿给予奖励,如果记者抓住了独家新闻,有高额奖金。②

3.漏稿制

除了以上的以奖励为主的机制外,还有对新闻生产影响比较大的惩罚机制。漏稿制就是其中之一。所谓漏稿,就是对同城竞争对手的主要新闻报道进行新闻监控,以发现本报是否有未报道的重要稿子。《南方都市报》就对漏稿重罚,有一段时间,罚金一度达到上千元。现在也还有四五百元。③在《北京青年报》,如果《新京报》《京华时报》《北京晨报》《北京日报》中有三家(含)以上做了报道,且新浪等重要新闻门户网站放置于新闻首页的、具有广泛社会影响的新闻,但本报没有报道的,均视为漏报。如 2011 年 1 月 10 日各报都在一版刊发了原全国人大常委会副委员长雷洁琼逝世的消息,而《北京青年报》未予刊登,结果当班编辑遭到处罚。据了解,是编辑疏忽大意,没有看到新华社播发的稿件。

4.人员末位淘汰制

处罚最重的,就是末位淘汰。学者陆高峰 2009 年在 29 个省、市、自治区所做的报业从业者的调查报告显示:报业的职业稳定性相对较差,超过两成的报业单位经常或较常裁员。调查发现,从不裁员的报社只有 11%。而经常和较常裁员的报社达 22%,分别占 12% 和 10%。裁员频率一般的报社占 29%。其余 38% 的报社较少裁员。④ 作者另一项在全国 24 个省、市、自治区进行的广电从

---

① 尹连根、王长潇:《内部管理各具特色的"京城传媒四少"》,《新闻界》2005 年第 1 期。
②③ 王立纲:《国内报刊绩效考核类型分析》,《中国报业》2003 年第 11 期。
④ 陆高峰:《报人从业生态急需"绿化"——报业从业者生态调查报告》,《传媒》2010 年第 8 期。

业者的调查报告显示:广电从业者的职业稳定性也不高,但裁员频率低于报业。经常和较常裁员的分别占到 7% 和 9%,而从不和较少裁员的分别为 14% 和 39%。其余 31% 为偶尔裁员。其中,报业经常和较常裁员的比例高于广电,高出 6 个百分点。①

具体到报社的情况为,在《羊城晚报》3 个月未完成任务的,归入人力资源部待岗培训,3 个月内工资降半,3 个月培训后再经过双向选择到岗。在《成都商报》《重庆商报》这些报纸中,连续三个月或一年中有四个月在部门排位最后一名即出局,一般一个部门一年要淘汰 3 个人。人员流动非常频繁,特别是在同城媒体之间,有些媒体人员是三进三出。全报社的记者每年有 10% 的淘汰率,各部门对记者的淘汰率也差不多达到 10%。②《山西晚报》规定连续两个月完不成任务即予以解聘。《沈阳今报》在每个月月底将全部记者按照当月稿件分数进行排名,最后 5 名将被记录并警告,对连续两个月或一年中累计三个月都在最后 5 名里的记者实行解聘。③

在组织绩效考核的导向下,迎合受众要求的问题内容常常会成为优先的选择。在传播者绩效考核的控制下,某些传播者的报道可能会以完成绩效考核为取向,而不是以社会责任、公共利益为标准。结果,问题内容在此种机制之下就有可能出现在版面或频道中。

第三节　市场竞争

在通向利润最大化的道路上,提高媒体内部的资源配置效率和组织效率只是完成了万里长征的第一步。媒体内部的效率只有在市场中变现,才算抵达了终极理想,马克思把这个商品变为货币的过程比喻为"惊险的一跃"。这"惊险的一跃"的实现,不仅有赖于媒体内部效率的达成,更需制定正确的市场竞争战略,因为"竞争是企业成败的核心所在"。中国媒介商业化发展的 30 余年,竞争在促进媒体实现最佳资源配置、提升媒体运作效率的过程中发挥了不可替代的作用,成为推动中国媒体走向繁荣的重要力量。然而,竞争并不是完美的,竞争在繁荣中国媒体的同时也带来了不利的一面——不正当竞争和垄断,这一副产

---

① 陆高峰:《广电从业者生态调查报告》,《传媒》2010 年第 7 期。
② 李丽明:《基于平衡计分卡理论的中国报业采编人员绩效考核研究》,湖南大学 2010 年硕士论文。
③ 王立纲:《国内报刊绩效考核类型分析》,《中国报业》2003 年第 11 期。

品成为中国媒介进一步发展的障碍。

一、不正当竞争

所谓"不正当竞争",《中华人民共和国反不正当竞争法》(1993)将此概念界定为经营者违反本法规定,损害其他经营者的合法权益,扰乱社会经济秩序的行为。媒体作为特殊的市场主体,其行为与其他行业的不正当竞争相比具有一定的独特性。"企业之间多是暗箭伤人,而媒介之间常常借用手中的传播渠道公开'叫阵'。"① 在中国传媒业 30 余年的商业化发展历程中,围绕正当竞争各出奇招、刀光剑影,围绕不正当竞争也异彩纷呈、手段各异。具体来看,媒体间的不正当竞争主要表现在以下几个方面。

(一) 虚假宣传

从具体的形式看,虚假宣传表现为虚报发行量、覆盖率、公信力以及收视率造假。

1. 虚报发行量、覆盖率、公信力

由于发行处于连接内容与读者的中介地位,发行量的多少就成为衡量一家报纸吸引读者与否的重要标准,而读者数量的多寡是广告主投放广告与否和投放多少的重要标尺,于是,发行量就成为决定一家报纸兴衰成败的关键因素。与电视界拥有央视—索福瑞媒介研究公司不同,在报界没有一家这样的权威发行量认证机构,于是乎,为了赢得更多的广告收入,发行量不但成为总编辑心中如女士年龄一样的"隐私",而且成为虚假宣传的肆虐之地。"据有关记者调查,除了有些发行量大的报刊所报的发行量属实外,大多数报刊都存在虚报发行量的情况。发行量越少的报刊,虚报的成分越大,有的可虚报到 10—20 倍。北京一家消费杂志,公开宣称发行量为 44 万册,实际上连 4 万册都不到。上海一家财经类杂志,号称发行 24 万册,实际发行不到 2 万册。"②

虚假宣传一般是将有利于本报的某些市场调查公司的数据公之于众,由于这些数据缺乏权威性,自然引发竞争对手之间的"口水仗"。2000 年 6 月 7 日,昆明《都市时报》在一版头条以通栏标题发表《本报日发行量突破 10 万》的消

---

① 禹建强:《传媒市场化的陷阱》,中国传媒大学出版社 2005 年版,第 53 页。
② 江曾培:《人诞生在道里》,上海文艺出版社 2006 年版,第 119 页。

息:"《都市时报》成为目前昆明地区覆盖密度最大、发行量最大的日报。昨日下午,本报隆重举行发行量突破10万大关公证大会,这是云南省第一家对日发行量进行公证的报纸。"此举引发了这个西南城市的报业之战。《春城晚报》在第二天就发表消息:"本报发行量稳居全省都市类报纸首位",并援引权威部门的调查称目前省内都市类报纸有六七种之多,日发行量30多万份,其中"本报占总量的一半以上"。① 覆盖率、公信力等与发行量一样,随着它们成为衡量报社影响力的重要指标,二者也成为虚报的肆虐之地。类似的事件还有很多,如表3—1所示。

表3—1 报业发行量、覆盖率、公信力的"口水战"

缘起	口水战
1998年9月23日,《石家庄日报》《燕赵晚报》在头版同一醒目位置,同时刊登了一条"'央视'1998年的调查结果表明,《燕赵晚报》在省会市场份额最大、阅读率最高"的"本报讯"。	1998年9月25日,《燕赵都市报》以头版头条"公道自在人心,视听岂可混淆,本报合法权益不容侵害"为题,公开声明将"就《石家庄日报》《燕赵晚报》和'央视调查'的侵权行为决定依法讨还公道"。 9月30日,《石家庄广播电视报》"声屏之友"头版头条刊发《严正声明》,认为这个调查结果严重侵害了它的社会形象和商业信誉。
1998年12月28日、29日,《成都商报》在自我推广的广告中刊登了下列文字:"发行量及各项指标名列:成都第一、四川第一、西南第一","平均阅读率及阅读量市场份额领先第2名幅度达46%"。	1998年12月29日,《华西都市报》刊登《严正声明》,并发表《不正当竞争引发的一场"媒体大战"——关于"央视调查"的调查报告》,以记者专访央视调查咨询中心媒介研究部有关负责人的方式否定了《成都商报》的宣传内容。
2000年1月31日,广州日报报业集团下属的大洋网发布消息《中国大陆报纸发行量排行榜(最具权威出版数据)》称:"中宣部新闻局经过一年多对全国主要报纸的发行量进行调查统计,取得较准确的数据……具体是:《足球报》第一(包括分印点偷印部分)185万,《人民日报》第二,153万,《广州日报》第三,125万;《羊城晚报》71万……"	2000年2月1日,《羊城晚报》在头版发表新闻《网上传播假新闻引起大哗》《中宣部新闻局辟谣说——没这回事》,认为大洋网的报道是假新闻。 2月4日,《羊城晚报》在《本报订购世界最先进印刷机》的消息中宣布"发行量今年一月份已达150多万"。 2月6日,《羊城晚报》发表《广布谬种应受严处》,几乎是一字未改地重复刊登了3日报道中广东省委宣传部负责人的讲话,同时,在"又讯"里将《广州日报》的"更正启事"全文照登。
2006年,在浙江报纸发行量统计中,《都市快报》声称发行量达90万份。	一位杭州日报业集团新闻研究中心的管理人员称:"《钱江晚报》的实际发行量可能还不到外界所说的60万,92万的数据仅仅是为了压倒《都市快报》的90万而已。"

---

① 刘鹏:《成都报业开辟"第二战场"——看"川军"战火如何燃向昆明》,《新闻记者》2000年第10期。

(续表3-1)

缘起	口水战
2008年2月26日,《中国新闻出版报》刊登题为"北京2008年报业格局尘埃落定"的报道:"《北京晚报》的发行还包括远郊区县,但我们只做城区,可以肯定,我们在城区的覆盖率绝不低于《北京晚报》。"《京华时报》考评中心主任黄东江说。对此,朱德付也坦言,"在早报零售市场上,《京华时报》已经占到70%以上的份额。"	《北京晚报》2008年2月27日第18版以近乎整版的篇幅刊发两篇文章《竟然有此"略胜一筹"》《一个不攻自破的谎言》,针对2月26日出版的《中国新闻出版报》题为"北京2008年报业格局尘埃落定"的报道做出反击,认为该报道堪称"满纸荒唐言,一派八卦语";并指出:"《京华时报》自吹'我们在城区的覆盖率绝不低于《北京晚报》',这是一个不攻自破的谎言。"
2009年8月5日,《北京晚报》发表文章《北京晚报独占"五个一"》。该文声称:根据调查,《北京晚报》在读者覆盖率和性别覆盖率等指标上高居榜首,在高学历人群、中青年市民、白领和事业单位人群等一系列反映主流读者特征的指标中,"遥遥领先于其他报纸"。	2009年8月6日,《新京报》发表反驳文章《647份样本如何调查出北京媒体公信力》,对调查结果的公信力提出质疑。 第二天,《北京晚报》祭出反驳文章《数据与事实,揭露〈新京报〉谎言的利器》。

资料来源:作者根据公开资料整理。

2.收视率造假

随着电视台商业化的进程,"收视率"作为当下全世界电视产业中的"通用货币",已成为电视台综合评估体系中的最重要的评价指标。2009年5月,中国传媒大学受众研究中心完成了一项对全国21家省级台和省会城市台进行的题为"电视收视率在电视台工作中的应用"的深度访谈,结果发现:"所有电视台在节目制播决策中都会考虑收视率因素,且收视率因素所占比重都超过了50%,甚至有一半以上超过70%。所有电视台在裁撤停播节目时都优先考察收视率,而被停播的节目,基本上全是因为收视率过低。"[①]现如今,收视率已成为决定一家电视台编辑、记者奖金高低、节目去留的最重要的指标。

电视台缘何将收视率放到如此重要的地位?这是因为,收视率左右着广告主投放广告与否和投放量的多少。电视节目收视率的高低,对广告投放价格有着举足轻重的意义,几乎左右着广告主对广告投放频道和时段的选择。一般来说,节目收视率越高,收视点成本越低,广告传播效果就越好,广告时段的销售价格也就越高。"比如上海地区收视率在8%—9%的一个30秒的广告可以卖到10多万,而收视率在0.2%—0.3%的栏目广告只能卖到几千块。陈浩说,比如收视率上涨10%,那么广告价格往往会相应地上涨15%—20%。而这成为

---

① 曹玲娟、刘阳:《缺乏惩戒降低造假风险 谁"偷"走了样本户》,《人民日报》2010年7月6日第12版。

了各地方台疯狂追求收视率的原始诱惑。"①

既然在一定程度上收视率已成为一些节目、频道的生命线,收视率造假就成为个别卫视争夺市场的"捷径",尤其是在操作起来成本不高的情况下。央视—索福瑞的总经理王兰柱在经过计算后也承认,以某城市 300 户样本为例,只要污染其中的 6 户,就能将最后的收视成绩改变 1 个点;而这 1 个点的改变,能给电视台、栏目带来近百万的经济收益,甚至关系到一个栏目、诸多工作人员的去留。②

在这种情况下,说起试图假造收视率的种种行径,王兰柱称"超乎你的想象"。他向记者披露了远比先前媒体曝光的更为触目惊心的"收视率谍战"内情。"有的机构雇佣私人侦探,尾随我们公司的工作人员;有的通过各种关系从电信局内部查找央视—索福瑞在各个调查站点的注册信息,打印我们公司的通信清单,甚至监听我们公司的电话;有的通过各种渠道,监控央视—索福瑞数据回传情况——使用这些手段,都是为了找出我们做收视率调查的样本户,然后上门干扰;也有的跑到各个居民小区,张贴'高价收购样本'的广告,或者在网络上'有奖搜寻'样本户;还有的通过收买和贿赂央视—索福瑞公司的工作人员,获取样本户信息和地址……简直无孔不入,无所不用其极。"③

(二)限制竞争

1.恶意收购

当媒体对某一新闻来源进行舆论监督时,可能会出现恶意收购,也有可能对竞争对手的报纸进行恶意收购,以达到限制竞争的目的。

2000 年,原《华商报》副总编和森率领部下 20 多人集体"跳槽",创办了《百姓生活报》,试图将之打造成另一个《华商报》,时人称之为"小华商"。面对这种状况,《华商报》凭借其既有市场和充裕资金的优势,使出"撒手锏",斥资收购报摊上面新创办的《百姓生活报》,限制惩罚零售商经销该报。最后,《百姓生活报》以总编和森养病撤退,日报变为周报保刊号而收场。④ 一年后,《华商报》再次使用相同的策略。据《今早报》的有关负责人说,2001 年 3 月以来,《华商报》

---

① 张汉澍:《垄断下的交易?央视—索福瑞被疑操纵收视率》,《21世纪经济报道》2012 年 8 月 6 日。
② 《电视收视率被指造假 调查公司索福瑞回应四疑问》,《扬子晚报》2010 年 7 月 20 日。
③ 吴越:《"收视率谍战"触目惊心》,《文汇报》2010 年 7 月 17 日第 1 版。
④ 李宏刚:《硝烟过后再话西安报业》,《中国报业》2002 年第 5 期。

加大了市场促销力度,在其发行站点张贴布告,采用财物奖励方式,限定他人购买其指定的报纸,特别是附加了不准购买《今早报》的条件,并派人上街检查,阻挠、限制零售人员出售《今早报》。①

表3—2 遭竞争对手恶意收购的案例

时间	内容
2004年10月11日	《武汉晨报》遭恶意收购
2005年4月19日	《半岛都市报》遭恶意收购
2011年10月11日	《齐鲁晚报·今日烟台》遭恶意收购

资料来源:作者根据公开资料整理。

这种以排挤竞争对手为目的,在竞争对手发行报纸的零售站点进行恶意收购,以降低竞争对手的实际发行数额及市场占有率的行为,属于《反不正当竞争法》中所禁止的限制竞争的行为,违背商业道德,严重损害竞争对手的合法权益;此外,还侵犯了《消费者权益保护法》第九条规定的消费者享有自主选择商品的权利。② 清华大学新闻与传播学院副院长尹鸿教授认为,这种恶意收购行为不但侵犯了报刊的监督权和发行权,还侵犯了读者的报刊选择权和新闻知情权,是对媒体与读者双重权利的侵犯。

2.终端封杀

对于媒体来说,只有与受众见面才能实现其内容价值和广告价值。对于报纸来说,关键的一步是进入报刊亭,实现销售;而对于卫视来说,则是进入有线网,实现落地。但是如果某一媒体利用自身的终端或者利用地方保护主义,排挤竞争对手,限制竞争,就陷入了不正当竞争的歧途。

2005年,重庆日报报业集团下属的数百个三峡报刊亭曾拒绝《重庆时报》进入。珠三角的一些城市曾发文禁止《广州日报》在本地发行③,轰动一时的"南都被禁事件"也是一个经典的例证。2001年5月9日,深圳市报刊发行局与当地两家报刊发行部门突然联合宣布:属下的1000多个报刊亭不得继续销售《南方都市报》,从而引发了轰动一时的"南都被禁事件"。

对于电视来说,就表现为拒绝"落地"。这部分内容将在垄断部分阐述。

---

① 赵彤:《试析我省报业中的公序良俗与不正当竞争》,《华北水利水电学院学报(社科版)》2005年第8期。
② 栾磊:《〈半岛都市报〉遭恶意收购 系对手不当竞争所致》,《半岛都市报》2005年4月20日。
③ 陶志峰:《中国报业规制问题研究》,复旦大学2004年博士论文,第78页。

3. 排他性广告经营

广告是媒体最重要的收入来源。为了争夺广告市场份额,媒体不惜以身试法,使用不正当的竞争手段。"排他性的广告经营"即是一种广告霸权,它在市场中表现为媒体通过自身的垄断地位,用不正当的竞争手段驱逐进入者。

"南都广告客户被制裁事件"即是一个很好的例证。2003年5月22日,《南方都市报》发表题为《深圳报业集团制裁本报广告客户》的报道称,2003年4月中旬以来,有上百家深圳企业通过不同途径反映:因为向《南方都市报》投放广告,他们被列入深圳报业集团"黑名单",该集团不仅对列入"黑名单"企业采取经济制裁——原来合同拟定的广告折扣被突然取消、被处以罚款等,还以集团下属所有报纸全面裁撤该企业广告或对企业进行"批评报道"相威胁,迫使企业断绝与《南方都市报》的正常合作。某房地产公司负责人透露,深圳报业集团此次制裁的实质是想把《南方都市报》赶出深圳。深圳报业集团某人士说,即使损失9000万到1个亿,还是要这样做。据悉,深圳报业集团的制裁措施已经收到成效,因为本地企业不可能不在深圳报业集团所属的4家主要报纸上刊登广告。深圳报业集团的广告额有所上升,而《南方都市报》在深圳的广告额有所下降。

同样性质的事件也发生在重庆,2008年9月,重庆日报报业集团要求其广告客户(绝大部分是地产公司)承诺,在其竞争对手《重庆时报》投放广告份额不得超过8%,否则将被其旗下所有媒体刊出负面报道。2008年9月4日,《重庆时报》在头版公开了重庆日报报业集团要求其广告客户写下的"保证书"内幕,才令这一事件大白于天下。

《齐鲁晚报》也有一个广告排他性的限制条款,即独家广告发布权:如果客户在其他报纸做广告的话,《齐鲁晚报》就不再接受这个客户的广告投放。①

(三)搭售

这部分内容将在垄断部分阐述。

(四)侵犯商业秘密

商业秘密是指不为公众所知悉,能为权利人采取保密措施的技术信息和经

---

① 赵小兵、郝克远:《见证齐鲁风云——关于〈齐鲁晚报〉的对话》,《传媒》2005年第4期。

济信息，其内容包括设计程序、产品配方、制作工艺、制作方法、管理诀窍、客户名单、货源情报、产销策略、招投标中的标底和标书内容等信息。①

我国《反不正当竞争法》第十条第一款规定：以盗窃、利诱、胁迫或者其他不正当手段获取权利人的商业秘密，属于侵犯商业秘密。在商场如战场的时代，商业秘密已成为企业重要的资源和资产。据美国工业安全协会和普赖斯·沃特豪斯会计事务所对《财富》1000 强企业所做的一份调查，1999 年这些大公司因为商业机密失窃造成的损失达到 450 亿美元。② 如今，在传媒业也频现商业间谍。黄磊、肖华良在《报业"谍影"》一文中提到这样两件事：

武汉某市民报今年新来了一位发行部主任。此人四川人氏，有近 10 年新闻从业经历，曾任总编室主任，上任之初便出奇招，稍事装扮，公然手持身份证以打工者身份，先后前往省、市另外两家市民报的区域发行站应聘，各当了近一个月的基层发行员。分发报纸、走线送报、"扫楼"订报，甚至包括站内杂务，林林总总都抢着干、勤打听。最后，两家对手的发行策略、重点站的基本发行量、网点设置、读者重点分布区域、内部激励机制等诸多"机密"大致了然。

武汉一家省级市民报忽然发现，该报的长项之一"独家新闻"有段时间不太"独"了，一家市级对手报纸的记者似乎总能在适当的时候赶来陪伴他们的记者。警觉之后一番调查，原来一位热线电话值班员与那家对手报纸的几个人认识，时常通报信息给对方。③

(五) 损害竞争者的形象

对于媒体来说，公信力是媒体的生存之本。失去公信力的媒体就会失去受众，从而失去收入来源。在如今竞争激烈的媒体市场，为了降低竞争对手的公信力，在竞争中击败对手，有的媒体或明或暗地封杀、贬低竞争对手。

一是同类媒体之间的行为。一般来说，这种行为会发生在同一座城市，因为它们处于同一市场中，是直接的竞争对手。如 2001 年 3 月 12 日，在南京发生了"精彩"的报纸连环对骂战。A 报以"南京再曝假新闻丑闻"为题，点名披露同城 B 报纸作假，B 报则在头版头条用 2000 多字来回应，用 A 报的"神秘保险柜事件"进行反驳。④

---

① 欧成中：《我国应该尽快制定〈反商业间谍法〉》，《人民政协报》2010 年 4 月 12 日第 B1 版。
② 小晨：《美商业间谍战犹酣》，《国际商报》2000 年 7 月 26 日第 3 版。
③ 黄磊、肖华良：《报业"谍影"》，《新闻记者》2001 年第 9 期。
④ 周周：《中国传媒九大病》，《新周刊》2001 年第 109 期。

再如2003年2月26日,南方日报集团属下的《南方都市报》头版以醒目的标题刊出新闻——《广州日报原社长、市委原宣传部长黎元江被查》,并在三版头条不惜笔墨以大量的篇幅刊出同样的新闻《广州日报原社长黎元江严重经济违纪遭查处》,这似乎就有了恶意攻讦的意思。27日,广州日报报业集团属下的《信息时报》在一版显著位置发表评论员文章《〈南方都市报〉如此恶炒意欲何为?》,指责这种行为"是打击别人抬高自己"。同时,《南方都市报》编辑部贴出一篇署名为"南方都市报办公室"的文章,题目为《化愤怒为力量,痛灭〈广州日报〉》,两家报社的人员又从报纸上吵到网上,成为广州报业市场不正当竞争的典型例证。

二是异类媒体之间的行为。在同一市场中,受众群体是交叉的。有的新闻媒体为了竞争,"封杀"竞争对手的一切新闻,对于有的事关大局、不得不报的新闻事件,则采取只报事件、不报道主体或者更换主体的手段。例如对于"广播电视进村入户工程",有的报纸采取只报数字、不报过程,只报出席会议的党政首脑、不报召开会议的广电机关等含混手法进行处理;有的报纸甚至将"广播线路故障"、"电视信号中断"等事件作为重要的社会新闻安排在显著位置。

前不久,某地广播电台主办了一个知名歌手的"歌友见面会",整个演出过程十分成功,但在演出结束时,因场地提供方违约以及一名歌友的过分热情导致出现了一点小插曲,前往采访的报纸记者就在领导的授意下,以"某某歌友见面会草草收场"为题,大肆宣扬活动的"不成功",随意夸大"不成功"的细节。①

(六)低价倾销

所谓低价倾销,是指以恶性驱逐对手为宗旨,违背公平竞争的市场规则,扰乱正常的市场经济秩序的价格竞争。如果以量化的角度来看,就是当报纸的批发价低于废纸价时,就可以将其界定为"倾销"。

当年南京报业竞争最为惨烈时,"一份4开80版的报纸,售价0.3元,批发价0.17元,而当废品卖就可以卖到0.3元以上"②,这时就会出现报贩将报纸直接卖给废纸收购站的情况。1999年以来,在成都、南宁、西安、武汉、南京、济南和昆明,都爆发过残酷的都市类报纸发行价格大战(实际上是低价倾销)。其中,以南京报业的价格战更常为人们津津乐道。

---

① 巫庆林:《媒体竞争中的道德约束》,《视听纵横》2005年第2期。
② 对《金陵晚报》某发行人员的访谈。

1999年5月9日,《江苏商报》以当时南京报业的最低价——0.2元一份,打进南京早报市场,点燃南京报业价格战之导火索;同年9月,《江南时报》对开8版,以0.2元一份的价格,正式拉开了价格大战的序幕;10月,《现代快报》4开16版的报纸仅以0.1元面世,价格战进一步升级;12月8日,《每日侨报》以彩印大报的形式出现,不仅以每份0.1元的价格酬宾,而且在买《每日侨报》时还能获赠一份《服务导报》,南京报业价格战开始白热化。1999年底,《南京日报》再也坐不住了,推出买《南京日报》送《金陵晚报》的政策。如果单订2000年的《金陵晚报》则等于免费,144元订报费可全额返还或者返还等值的牛奶、矿泉水等实物。至此,除了《扬子晚报》外,南京的都市类报纸全部下水,价格战呈胶着态势。2000年2月,在江苏省新闻工作者协会的主持之下,南京地区部分报纸就调整报纸零售价格达成协议:自2000年3月1日起,4开16版或对开8版报纸的最低零售价调整至0.3元,同时在报纸发行或零售中不得采取"买一送一"等其他变相降价方式。

2000年3月,《现代快报》《江苏商报》的市场零售价仍然保持在每份0.2元,君子协议被撕毁。2001年2月21日,江苏省委宣传部、省新闻出版局和江苏省廉政办公室联合下发了《关于进一步规范南京地区报纸价格的紧急通知》:自2001年2月26日起,南京地区报纸(4开16版或对开8版)每份最低零售价为0.3元;各报纸不再实行相互搭售、"酬宾"、"优惠"等变相降价销售方式,违者将视情况给予警告、停刊整顿等处罚,并追究报社领导责任。由于行政力量的介入,南京都市类报业发行价格战暂告终结。

硝烟散尽,南京都市类报业市场的秩序被重新确定。从发行量上看,《现代快报》从最高2万多份的发行量上升到50多万份,《江苏商报》也由原来的几千份上涨到20万份,《江南时报》的发行量也稳定在3万多份。《服务导报》和《金陵晚报》则有一定程度的损失。在南京报纸市场一直处于大哥大地位的《扬子晚报》也受到了冲击,总发行量下降近5万份。[①]

二、垄断

垄断表现为市场上只有为数很少的几家供应商甚至出现独家垄断的局面,垄断厂商通过操纵物价,牟取暴力,使市场均衡作用失灵,资源不能得到合理配

---

① 商建辉:《竞争活力与规模经济——中国都市类报业产业组织优化研究》,中国传媒大学2007年博士论文,第49—50页。

置。垄断是市场作用下的必然结果,因为大规模生产能为企业带来规模经济,使这些企业和产品单位成本不断下降,市场占有率不断提高,其结果必然导致市场结构中的垄断因素不断增强;而垄断的形成又必然阻碍竞争机制在资源配置中所发挥的作用,使经济丧失活力,从而扼杀自由竞争。一般行业如此,传媒业亦如此。

(一)产业集中度的变化

市场集中[①]度是衡量市场结构竞争性和垄断性的一个重要指标,它反映了少数大企业的市场支配力和在特定市场中市场份额的集中程度。一般情况下,市场集中度越高,市场的竞争程度越低。市场集中度越高,意味着少数大企业所占的市场份额越大,市场支配力就越强,到一定程度就易形成对市场的垄断。此外,较高的市场集中度还将增加市场中寡头之间的相互依赖性,增加合谋的可能,从而达到维持现有市场结构的目的。

市场集中度的衡量指标有很多,大体上可以分为两类:一类是与市场中最大几家企业的市场份额联系在一起的指标,称为绝对集中度;另一类是反映一个行业中企业规模分布状况的指标,称为相对集中度。

在各种计算集中度的方法中,最常用、最简单易行的衡量指标是绝对集中度。它指在特定产业中,n家最大企业的市场份额占整个市场的份额。其计算公式为:

$$CRn = \sum_{i=1}^{n} x_i / X$$

其中,N为全部企业数目;Xi为一个市场或行业中的第 i 家企业的有关数值;n为所考察的最大企业家数($n \leqslant N$)。在进行行业分析时,一般选择n=4或n=8,计算前4家或前8家最大企业的集中度。

相对集中度的主要计算方法有赫芬达尔—赫希曼指数(Herfindahl-Hirschman Index,简称 HHI)、洛伦茨曲线(Lorens Curve)、基尼系数(Gini Coeffi-

---

[①] "市场集中"与"产业集中"是两个不同的概念,二者既有区别又有联系。市场集中是指在特定市场竞争中,市场份额控制在少数大企业手中的程度,它反映了特定市场竞争和垄断程度。而产业集中的内涵则要宽泛得多。广义上看,产业集中是指在特定产业之内,生产要素投入和产出被少数大企业所控制的程度。因此,产业集中就不仅包括市场支配力或市场份额的集中,而且包括劳动力、资本、技术、产量、利润等的集中。狭义上看,产业集中是指在特定产业之内,市场销售额等控制在少数大企业手中的程度。在此情况下,如果产业划分得比较细,大体接近于一个市场,那么,产业集中与市场集中的含义基本相同。

cient)等。经济学界和政府管制部门使用较多的指标是 HHI,即赫芬达尔—赫希曼指数,该指数是一种测量市场集中度的综合指数,指行业中所有企业市场份额百分比的平方和。

HHI 指数在衡量行业集中度时可以提供更多的信息,但由于数据所限,本书仍采用 CR4 和 CR8 来描述市场集中度。

1. 以电视业为例

电视广告收入是电视台的经济支柱,广告收入通常占电视台总收入的 80% 以上,因此,用电视广告市场的集中度的数据可以清晰地表现电视产业的集中状况。

表 3—3 电视产业 1988 年、1993 年、1998 年、2003 年、2008 年广告市场集中度[1]

年度	CR4	CR8
1988	43.1878%	52.8680%
1993	37.1679%	47.5572%
1998	42.6466%	49.5832%
2003	47.3811%	57.0097%
2008	50.0421%	62.9474%
变化幅度	+6.8543	+10.0894

从表 3—3 中可以看出,1988—2008 年,中国电视广告市场集中度总体上是逐步上升的,按照贝恩的市场结构分类标准[2],中国电视广告市场结构表现为中(下)集中寡占型,也就是说,中国电视产业具有寡头垄断的特征,其市场结构为寡占型市场结构。

由于行政壁垒与传播技术所形成的"条块分割"的市场格局,在收视市场上,卫视频道以外的电视频道基本不能跨地域传收,因此,为了使计算出的市场集中度能够成为衡量市场结构的有价值的指标,必须界定一个相关的市场范围。如果市场定义的范围过于宽泛,市场中的电视频道没有相关性,计算出来的市场集中度可能偏小。反过来,如果有些相关的电视频道没有包括在市场内,那么计算出的市场集中度可能会偏高。所以,除了要计算全国电视产业的

---

[1] 根据《中国广告业二十年统计资料汇编》《中国广告年鉴》《中国统计年鉴》《中国广播影视》2009 年第 2 期等相关数据计算整理。

[2] 转引自杨公仆、夏大慰主编:《现代产业经济学》,上海财经出版社 1999 年版,第 142 页。

集中度,还需计算区域市场(城市市场最佳)。一般来说,一个城市中可以收看到央视的十几个频道、本省的省级和市级十几个频道,以及落地的外省卫视频道,这才是真正的市场主体的数量。为了搜集数据的方便,本书使用省会电视收视市场的集中度来展现中国电视产业市场的集中度。

表3—4 2004—2008年我国省会电视收视市场集中度(CR4)[①]

	2004年	2005年	2006年	2007年	2008年	均值
北京	80.6%	78.2%(CR2)	78.9%(CR2)	77.0%(CR2)	74.8%	77.9%
上海	85.9%(CR3)	84.0%(CR2)	83.7%(CR2)	82.7%(CR2)	80.4%(CR2)	83.3%
天津	87.4%(CR2)	89.0%(CR3)	79.0%(CR2)	75.4%(CR2)	68.1%(CR2)	79.8%
重庆	77.3%(CR2)	81.1%(CR3)	75.6%(CR3)	75.4%(CR3)	72.9%(CR3)	76.5%
广州	68.9%	76.2%	66.9%	67.9%	65.5%	69.1%
西安	78.6%(CR3)	72.9%(CR3)	69.9%(CR3)	70.1%	73.6%	73.0%
成都	74.0%(CR3)	76.1%	77.3%	77.3%	76.8%	76.3%
长沙	86.0%(CR3)	86.8%(CR3)	86.4%(CR3)	85.3%(CR3)	83.0%(CR3)	85.5%
杭州	86.6%(CR3)	85.8%(CR3)	85.3%(CR3)	83.8%(CR3)	82.0%(CR3)	84.7%
长春	89.4%(CR3)	91.2%	86.1%	73.9%(CR3)	74.1%(CR3)	82.9%
福州	87.5%(CR3)	85.2%(CR3)	78.5%	75.6%	76.9%	80.7%
贵阳	84.2%	80.4%	81.5%	81.1%	81.9%	81.8%
哈尔滨	91.2%(CR3)	86.2%(CR3)	84.3%(CR3)	80.4%(CR3)	79.0%(CR3)	84.2%
海口	79.0%	83.1%	80.5%	80.0%	81.5%	80.8%
合肥	90.3%	91.5%	88.0%	78.0%	75.7%	84.7%
呼和浩特	86.6%	85.1%	84.2%	79.8%	78.3%	82.85
济南	91.2%(CR3)	89.9%(CR3)	89.2%(CR3)	79.6%(CR3)	80.6%(CR3)	86.1%
昆明	88.2%	89.4%	87.0%(CR3)	78.3%	78.8%	84.3%
兰州	83.2%	80.7%	81.5%	78.6%	79.0%	82.65
南昌	89.7%	88.9%	85.3%	86.6%	89.5%	88.0%
南京	91.6%(CR3)	85.1%(CR3)	83.6%(CR3)	80.9%(CR3)	83.3%(CR3)	84.9%
南宁	85.8%(CR3)	90.1%	87.7%	83.2%(CR3)	87.6%	86.9%
沈阳	80.1%(CR3)	78.5%(CR3)	76.7%(CR3)	75.6%(CR3)	75.8%(CR3)	77.3%
石家庄	85.4%(CR3)	84.5%(CR3)	81.3%(CR3)	92.2%	75.6%	83.8%

① 根据《中国电视收视年鉴》(2005—2009)的数据。

(续表 3-4)

	2004 年	2005 年	2006 年	2007 年	2008 年	均值
太原	80.8%(CR3)	83.9%(CR3)	79.5%(CR3)	77.8%	71.7%	78.7%
乌鲁木齐	86.8%	86.8%	83.9%	80.7%	82.1%	84.1%
武汉	79.3%	80.6%	79.5%	77.2%	77.7%	78.9%
西宁	81.7%	80.0%	76.2%	71.7%	77.1%	77.3%
银川	86.9%	87.4%	83.6%	78.0%(CR3)	78.0%	82.8%
郑州	89.7%	87.8%	85.1%	75.3%(CR3)	75.5%(CR3)	82.7%

注:因为数据的原因,当 CR4 无法计算时,使用 CR2 或 CR3 来替代;在计算均值时,也用 CR2 或 CR3 来替代,保留小数点后一位。

从表 3-4 中可以看出,2004—2008 年,中国省会电视收视 CR4 一直处于较高的数值。按照贝恩的市场结构分类标准,以中国省会电视收视 CR4 的均值来看,除了广州和西安的收视市场结构属于高度寡占型外,其他 28 个城市电视收视 CR4 都高于 75%,属于极高寡占型。由于省会城市的代表性,由此可以推断:中国电视产业具有寡头垄断的特征,其市场结构为高度或极高寡占型。

2.以都市类报纸为例

由于都市类报业天然的地域化走向,所以在一个城市中不可能存活太多的都市类报纸。学者吴建在《对区域市场报纸容量有限的分析》一文中,以香港作为参照系,推测出成都地区市场报纸(实际是都市类报纸)的容量上限为 190 万份,中限为 125 万份,下限为 68 万份。

学者张立伟则提出"只能数一数二"和"四级盈利阶梯"的观念。他认为,在都市类报纸发展的不同阶段,分别适用这两个判断。在都市类报业市场迅速成长的阶段,"四级盈利阶梯"是可能的。例如在近年来我国报业竞争最激烈的城市,都是都市类报纸迅速崛起多家的地方,如南京、成都、广州、昆明、西安……越是激烈的竞争,越是大浪淘沙,能比较迅速排出一、二、三、四的名次。从各地的实际情况来看,三级盈利阶梯有大量证据。在北京,曾是《北京晚报》《北京青年报》《北京晨报》;在广州,曾是《广州日报》《羊城晚报》《南方都市报》……有些地方,阶梯也会有四级,如成都,除《成都商报》与《华西都市报》之外,排在第三、第四的《商务早报》和《蜀报》也曾经在某些月份盈利。第五呢?全国各地还找不出第五名盈利的证明。这样看来,哪怕在市场迅速成长阶段,都市类报纸能够盈利的阶梯也就"顶多"四级!但随着竞争的激烈,都市类报纸追求"一报在手,什么都有",就必然走大而全的路子。这种都市类报纸是典型的"赢家通吃",在一个成熟的区域性市场中,只能数一数二,不能不三不四。就是说,只有前面的第一、二名过得最好。① 《洛杉矶时报》的前总裁钱德勒也曾表达过类似的观点:"如果一家报纸没有竞争者,便有了很大的行动特权。你可以设计自己的利润,可以几乎随意地控制成本和产生利润。"②

都市类报业与其他行业不同,具有地域化走向的特点,即可能某个城市只有两份或者三份都市类报纸,所以在计算某地都市类报业市场集中度时,以CR4 和 CR8 计算的结果往往不能说明问题。鉴于此,本书采用日本官方公正交易委员会于 20 世纪 80 年代初在实施产业组织政策实践中所采用的市场结构分类方法。③ 计算结果如表 3—5 所示。

表 3—5 全国主要城市都市类报业广告市场集中度分析(2006 年 11 月的数据)④

城市	都市类报纸数量	CR1(%)⑤	CR2(%)	CR3(%)	HHI×10000
北京	8	27.7	47.9	63.7	1763.8
上海	5	45.9	74.9	84.1	3150.7
广州	5	37.7	70.1	81.0	2781.3
重庆	4	34.6	61.6	86.1	2714.3
郑州	5	44.1	72.4	88.0	3058.1
石家庄	3	50.0	92.5	100.0	4766.1
杭州	5	33.4	61.8	76.9	2447.4
武汉	4	30.7	60.7	82.3	2618.1
沈阳	5	45.2	69.2	90.2	3141.1
南京	5	36.1	72.2	93.0	3077.0
西安	3	74.8	93.8	100.0	5961.0
济南	4	47.7	75.8	92.3	3060.0

① 张立伟、鲁佑文:《媒体竞争及黑板新闻学——师生对话录》,《新闻记者》2003 年第 8 期。
② 〔美〕本·H.贝戈蒂克安:《媒体垄断(第六版)》,吴婧译,河北教育出版社 2004 年版,第 109 页。
③ 它以 HHI 水平为基础,并考虑到居前几位企业的 CR 值的差别以及企业数目而进行的分类。表见附录。
④ 根据慧聪报刊资讯网 http://www.media.hc360.com 提供的数据计算得出。
⑤ CR1 是指某地广告收入第一名的都市类报纸占此地全部都市类报纸广告收入总和的百分比,CR2、CR3 依此类推。

从表 3—5 的计算结果可以看出,只有北京市场的 HHI 值小于 1800,为 1763.8;HHI 值在 1800—3000 之间的有广州、重庆、杭州、武汉;其余城市的 HHI 值都在 3000 以上。如果以 HHI 为基准进行分类,则北京为低寡占 I 市场结构;广州、重庆、杭州、武汉为高寡占 II 型市场结构;其余城市为高寡占 I 型市场结构。这个结果与调查机构的结果是一致的。

2001 年 9 月,新生代市场监测机构采用随机抽样问卷调查的方法,对北京、上海、成都、广州、武汉、西安的 1200 名居民进行了电话访问。结果发现,区域报纸影响力高度集中。六城市 60% 以上的居民,均认同一家报纸在当地最有影响力。这六家最有影响力的报纸是:《华商报》(西安 82.09%)、《楚天都市报》(武汉 79.4%)、《广州日报》(广州 71.84%)、《成都商报》(成都 66.17%)、《新民晚报》(上海 66.01%)、《北京晚报》(北京 61.31%)。① 央视市场股份有限公司对全国 36 个城市 400 份报纸的调查结果也显示了相同的状况,许多地方出现一枝独秀的龙头报纸,其平均每期阅读率大都在 50% 以上,遥遥领先于本地区其他报纸。②

由于缺乏相应的数据,无法计算地市级城市都市类报业市场的集中度,只能根据经验判断,笔者认为,地市级城市的都市类报纸主要是双寡头垄断市场。因为中国地市级报业市场的典型结构主要是"1+1+1"(1 种地市级党报+1 种地市晚报+1 种地市广播电视报),根据报业的伞形结构,由进入地市级城市的省级都市类报纸和当地的地市级晚报共同瓜分都市类报业市场,从而形成双寡头的垄断市场结构。

(二)垄断的市场结构造成的后果——以电视产业为例

1.电视产业市场结构与广告定价行为及绩效

产业组织理论认为,市场结构决定企业在市场中的行为,而企业行为又决定市场运行的绩效。随着电视产业集中度的自然上升,以及 1999 年广电总局"82 号文件"的推出,政府自上而下推动的集团化③,即利用行政手段强力推动整合分散的电视台,加速提高了电视产业的集中度,从而改变了电视产业的市场结构(地方市场表现得尤为突出)。由于竞争减少,电视产业在与广告主、广

---

① 杨静:《六城市报纸影响力研究》,《中华新闻报》2002 年 4 月 2 日第 5 版。
② 中国人民大学媒介管理研究所:《传媒经济观察》2002 年第 30 期。
③ 虽然在 2004 年之后,广电总局停止审批广电集团,但地方广电以集团化的方式进行的运作并未停止。

告代理公司交易中的地位得到强化,也造成电视企业行为的改变。2001年,上海文化广播影视集团成立。在随后的组织结构调整中,各电视台的广告经营被收回,由集团统一经营管理,广告折扣由原来的30%—35%一律降到25%。上海的电视广告涨价了,旗下各电视台广告部将不再对外承接订单,而统一启用新版合同。其他广电集团的广告经营,无论是采用如上海文广一样的统一经营,还是统一管理、分频道经营,或者频道负责、分散经营的组织架构,无一例外都建立了协调机构,由"集团广告管理中心进行统一协调、控制广告折扣底线"[1]。这种企业行为使电视产业获得超额利润的同时,也降低了广告产业的整体绩效。

葛岩、李新立在《1998到2001年究竟发生了什么?——媒体集团化对于广告产业影响的宏观研究》一文中进行了如下研究:(1)广告行业经营额,不同广告经营门类营业额增长率相关性分析;(2)专业广告公司与电视广告经营单位营业额增长率相关性分析;(3)广告产业经营额,专业公司、报纸、电视广告营业额增长率分析;(4)广告经营额增长与两大宏观经济指标增长相关性分析,GDP、消费品零售总额、广告经营额和电视广告营业额相关性分析。作者从理论上也证明了这一点,并得出了结论:广播电视媒体的集团化(即电视产业的集中)是造成1998到2001年前后广告经营额与GDP、社会消费品零售总额增长率逆向运行的主要成因。集团化改变了广告产业的市场结构,使媒体得以利用行政权力带来的市场势力在广告交易中获利,造成其他广告经营者的损失,并减缓了广告行业的增长。

2.电视产业市场结构与内容定价行为及绩效

由于电视市场结构为寡占型,作为买方的电视台,利用自身寡头垄断的地位就对电视节目市场的价格拥有了一定的控制权,从而使电视台具有了打压节目价格的能力。2001年,上海文化广播影视集团成立后,把原先分散在各个电视台或频道的购买节目的权力收回了,内部的竞争消失了,电视剧的购买价由每集5万降为3万元。[2]

在栏目方面,2003年年初,北京电视台和上海电视台调整了电视节目制作公司贴片广告的政策,由制作公司30分钟的节目给2分钟贴片广告时间改为:

---

[1] 广州电视台:《赴浙江、江苏五广电集团调研报告》,http://www.docin.com/p-237545309.html。
[2] 余晖等:《事业单位垄断行为的成因、表现和结果(上)》,《中国经济时报》2008年11月10日第5版。

每个栏目的贴片广告长度为节目总长的10%,贴片广告的25%给电视节目制作公司。以30分钟的节目为例,30分钟节目带3分钟贴片广告,制作公司只能拿到45秒的贴片广告时间。上海电视台修改后的政策更为苛刻:制作公司30分钟的节目只能拿到30秒的广告时间。①

电视台利用自身寡头地位大幅度降低内容价格,将反过来损害向社会提供的节目质量,影响制作机构的资本循环,制约其扩大再生产,导致制作机构压缩制作成本,形成恶性循环。

3. 电视产业市场结构与不合理地排挤竞争对手行为及绩效

一般来说,不合理地排挤竞争对手的行为,"是通过限制竞争和不公平手段来排挤、打击或控制竞争对手"②。这种行为在电视产业中表现为:

(1)拒绝"落地"

电视频道市场竞争日趋激烈,品牌塑造成为当务之急,而节目覆盖的实现是形塑品牌的前提与基础,因为它直接影响着频道的收视份额。没有落地覆盖,即使节目、营销、广告再出色,观众看不见亦是枉然。由于各地电视产业集中而形成寡头垄断型的市场结构,这些集团利用地方政府将自己视为"摇钱树"而赋予的行政性垄断力量,在使用正常竞争手段的同时,也使用拒绝"落地"等非正常竞争手段来排挤竞争对手。

一种情况是拒绝本省强势频道的落地,这种情况只是偶尔发生。一般省级电视台都有一个或多个频道定位于省会城市,与省会电视台争夺本地收视率和广告收入。"属于各城市广电局系统的地网为保证本市电视台的收视率,有时也会对本省的强势竞争对手的广告时段'拉闸限播'甚至直接掐掉节目。据业内人士透露,2006年就发生了这样一起事件,因江苏电视台《南京零距离》在南京的收视率太高,抢占了南京市台的收视份额,其播出台江苏电视台城市频道就被南京市网扫地出门,其后江苏省委宣传部急召南京相关负责人进省开会,通过行政手段才解决了问题。"③

另一种情况是拒绝外省卫视频道"落地",这种情况较为多见。湖南卫视近年已在成都、大连、宁波等数地出现落地问题。上文提到,在城市电视市场,中央级频道、本省电视频道、本市电视频道以及外省卫视频道构成竞争的市场主

---

① 《节目市场交易:"卖方市场"主导》,《媒介》2003年第5期。
② 杨公朴、夏大慰主编:《现代产业经济学》,上海财经出版社1999年版,第155页。
③ 闫海生:《卫视落地不堪重负 靠内容能否博弈地网》,《中国广播影视》2005年12月(下)。

体。由于寡头市场结构的存在,卫视频道有时还需面对非经济因素带来的落地阻力。其中,"影响最大的是地方保护主义为了排斥强势卫视而采取的闭门'政策'"。因为"有的强势卫视被当地广电管理部门认为对当地的观众收视份额和广告市场带来了冲击,于是以频道资源问题或用高额入网费将其拒之网外"①。

这种人为的干预不仅剥夺了观众的收视选择权,而且加剧了地方的行政性垄断,不利于统一的全国收视市场的形成。

(2) 搭售

所谓搭售,是指处于产品供应的垄断或优势地位的大企业,与交易者签订购买合同时,规定对方必须同时购买其他关联产品的行为。② 在电视产业链上,上游的内容提供商数目众多,而位于下游的内容播出平台处于寡头垄断地位,造成了电视节目交易市场常常以贴片广告作为电视台得到节目播出权的支付方式。"贴片广告是指电视台为获取节目而付出一定的广告时段由节目制作机构进行经营,以贴片广告的经营收入作为制作机构的经济补偿。"③这种交易方式使电视台广告经营的平均利润远高于制作公司的回报率,而后者却需承受巨大的经营风险。所以,大多数电视节目制作公司都在节目制作之外,尝试多元化经营,如做艺人经纪、出书、帮企业搞公关、做网站、制作电视剧、频道包装服务等多种方式来分流一些风险。不仅如此,电视台有时会利用自身的寡头地位进行搭售,如 2005 年年初,北京电视台要求《娱乐现场》除买断自身两分钟广告时段外,还要再买下另外四分钟广告时段。由于未能达成搭售交易,《娱乐现场》被迫退出北京电视台。④

喻国明教授认为,成立集团的想法原本是想要"1+1>2",但实际结果却常常是"1+1<2",因为整合的利益取向会有很多内耗,包括在一个局部市场里形成新的垄断。比如,过去电视台之间由于利益不一致还有竞争,像在北京,有线和无线之间还有某种竞争。竞争实际上是有利于消费者的,而合在一起之后就会形成相对垄断的局面,在一定程度上这会阻碍市场发展和竞争的势头。2003年,某地整合后的有线电视网络公司未经过合法程序就擅自涨价。老百姓虽有怨言,却也无可奈何。在中国,虽然传媒集团化是市场和行政双轨力量作用的结果,但即使没有行政力量,随着时间的推移,这种垄断结果也必然出现。因此

---

① 王炯:《地方"闭门"卫视落地遭遇"非市场"难题》,《中国广播影视》2006 年 3 月(下)。
② 杨公仆、夏大慰主编:《现代产业经济学》,上海财经出版社 1999 年版,第 156 页。
③ 唐世鼎等:《制播体制改革与电视业发展问题研究》,中国传媒大学出版社 2005 年版,第 81 页。
④ 夏冠英、郭万盛:《我国"制播分离"面临的瓶颈》,《广告大观(媒介版)》2006 年第 4 期。

未雨绸缪也是必要的。

第四节 传播者变为"新闻民工"

在媒介商业化的道路上,媒体内外的压力增大,"中国新一代新闻工作者正在陷入工作和生活窘地。在饥肠辘辘的商业化媒体环境里,中国的记者正在变成一个整天为自己生活奔波养家糊口的人"①。与此同时,新闻从业者与媒体之间的关系,在商业化的背景下已经全部或部分变质。以报业为例,"记者与报社的关系事实上已成打工者与工厂之间的关系,在越来越多的记者只是把记者这一职业作为一种谋生手段的现状下,除了少部分尚有职业理想的记者,事实上很难让大部分记者不以各自报社的考核、考评目标为追求目标和衡量标准"②。下文以新闻从业者为例。

一、负责任的新闻从业者变为养家糊口的"新闻民工"

(一)工作压力巨大

阿尔·佐丹奴教授认为,美国的许多商业媒介都已经变成了年轻人的"血汗工厂",年轻人在其中承受着外人难以想象的巨大压力。2003年,有关《纽约时报》丑闻的调查文章其实只是展示了"商业媒体黑暗海洋上冰山的巨大一角"。佐丹奴做了一个简单的计算:7个月见报73篇文章,平均每个月10篇,每三天一篇。按照每周5个工作日计算,在《纽约时报》的编辑部,每人平均两天就要发表一篇文章。另外,不要忘了记者的特点是到外地频繁出差写"真人故事",这意味着他们要处在怎样的压力之下。③《哥伦比亚新闻学评论》2010年10月载文称记者成了"奔跑的仓鼠"。文章说:"编辑部的人数不断减少,任务却一直增加。一个NBC的白宫首席记者,一天要做16个出境采访,主持一档节目、客串两档新闻节目,还要在Twitter和Facebook上更新8—10次,写3—5篇博文。和他一样,大部分记者忙碌得如转盘上不停奔跑的仓鼠,强调速度,追

---

① 李希光、孙静惟:《商业化阴影下的中国下一代记者》,《新闻记者》2004年第11期。
② 黎勇:《"真实"掌握在记者手中?——市场化媒体内部考评机制与新闻失真》,《青年记者》2005年第1期。
③ 《百年名报〈纽约时报〉自曝家丑的背后故事》,编译王巧丽、记者冉旭,《新民周刊》2003年6月。

求数量。"揭开英国报业"窃听"丑闻的英国著名记者尼克·戴维斯在《媒体潜规则》一书中曾披露一名年轻的新闻专业毕业生记录自己在地方报工作一周的经历,从周一到周五,他的成稿数量分别是 11 篇、10 篇、7 篇、13 篇和 7 篇,比《纽约时报》的记者有过之而无不及。

这种在西方商业化媒体中普遍存在的现象,在中国媒体中也已显露端倪。2009 年,学者陆高峰在 29 个省、市、自治区开展了报业从业者调查,结果显示:超过八成的报业从业者认为工作压力很大或较大。其中认为报社工作压力很大和较大的从业者分别为 39% 和 43%,总体达到 82%。而认为工作压力很小和较小的只有 2%,两者各占 1%。只有 16% 的报业从业者认为报社工作压力为一般。① 依据同一作者 2009 年在 24 个省、市、自治区开展的广电从业者调查结果来看,他们对工作压力的评价指数与报业差异不大。近八成广电从业者认为工作压力较大、很大。其中认为很大的占 44%,较大的占 35%,而认为较小和很小的只有 1%。认为很大的人员比例比报业高出 5 个百分点。②

2004 年记者节前夕,东方网与《新闻记者》杂志联合千龙网、北方网、红网、大洋网等全国知名新闻网站,进行了"中国新闻记者公众形象"的网络调查。关于记者的职业压力,调查结果显示:93.3% 的人认同记者的职业压力是比较大的,仅有 6.7% 的公众认为压力较小。③ 看来新闻从业者压力大这一点是被公众认同的。

这种状况可以从新闻从业者超时工作的现象中窥得一斑。2006 年,《青年记者》杂志向全国各大报业集团实施了抽样调查。结果表明,平均每天工作 9—12 小时的新闻从业者占总数的 63%,不到 8 小时的仅占 18%,甚至 16% 的新闻从业者每天工作 11—13 小时。④ 三年后,在陆高峰的调查报告中,这种情况仍在继续,"报业从业者每天工作时间在 8 小时以内的只有 29%,其余 71% 的从业者每天工作时间在 8 小时以上。其中,每天工作在 8—10 小时的占 35%,在 10—12 小时的占 24%,在 12 小时以上的占 12%"⑤。

广电从业者的状况一样糟糕,超时工作程度总体高于报业。"近八成广电从业者每天工作时间在 8 小时以上。其中,在 8—10 小时的占 49%,10—12 小时的占 19%,12 小时以上的占 7%。而每天工作在 8 小时以内的只有 25%。每

---

①⑤ 陆高峰:《报人从业生态急需"绿化"——报业从业者生态调查报告》,《传媒》2010 年第 8 期。
② 陆高峰:《广电从业者生态调查报告》,《传媒》2010 年第 7 期。
③ 陈洁:《公众眼中的记者形象——东方网与本刊联合调查简报》,《新闻记者》2004 年第 12 期。
④ 《新闻从业状况抽样调查数据统计》,《青年记者》2006 年第 21 期。

天工作在 8 小时以内的人员比报业少 4 个百分点,而在 8—10 小时的比报业高出 14 个百分点。"①

2010 年,周红丰在《上海地区记者生存状态调查》中也发现了同样的情况。该文指出:在不少媒体单位中,超时加班成为一种常态。被调查对象中,58.4%的记者每天工作 8—12 小时,甚至还有 15.1%的记者每天工作 12 小时以上,而且 61.8%的记者从未领取过加班工资。

2010 年,《三联生活周刊》主编朱伟在谈到工作压力时的一段话也可以作为这种状况的佐证。"对《三联生活周刊》的许多记者来讲,压力非常之大。我们的运作非常严格,每周二定选题,把一周的工作全部确定下来,就各自为政。记者从星期三开始飞到全国各地去采访,有三天的时间,星期六回来写稿子,星期天开始发稿。对他们来讲,每周的压力都非常大。我们有一个年轻的记者,去年入职的,北大新闻系的硕士,到了今年过春节的时候来找我,说他打算要走了。我说为什么年纪轻轻刚来就走,好不容易办进来解决了户口。他说他实在是受不了压力了,去年一年走遍了整个中国,宁肯去当公务员。这就是《三联生活周刊》的压力。"②

让我们再看几个调查记者的个案。现供职于《瞭望东方周刊》的朱雨晨,常常整月整月地在外出差,"宾馆的标准间都很相似,有时早晨醒来,竟想不起自己是在哪里,在干什么。"他的女友在另一家媒体工作,他们因此时常遭遇"这个在虹桥机场降落,那个在浦东机场起飞"的"巧合"。李玉霄曾在一年里对七宗灾难事件予以调查报道,钱钢评价说:"别的记者的死亡人数是从公文里抄来的,李玉霄的死亡人数是一个一个地偷偷数尸体数出来的。谁能想象,他要承受多么大的心理压力?"③

工作压力之大也可以从媒体从业者的身心疲惫指数中看出,根据学者陆高峰 2009 年的报业从业者调查报告,结果显示:八成以上报业从业者认为自己的身心状态是比较疲惫或很疲惫。报业从业者中,感到充满活力和较有活力的总体只有 8%,分别只有 1% 和 7%,而感到很疲惫和比较疲惫的占到 74%,分别为 26% 和 48%。只有 18% 的从业者对自身疲惫指数的评价为一般。④ 广电从业

---

① 陆高峰:《广电从业者生态调查报告》,《传媒》2010 年第 7 期。
② 朱伟:《周刊遭遇新媒体挑战 培养杂志性格是关键》,http://www.sina.com.cn,2010 年 10 月 13 日,新浪嘉宾访谈。
③ 苏朝伟:《中国调查性报道的现状与前景》,中央民族大学 2005 年硕士论文,第 34 页。
④ 陆高峰:《报人从业生态急需"绿化"——报业从业者生态调查报告》,《传媒》2010 年第 8 期。

人员的身心疲惫指数与报业基本接近。超过七成的广电从业者对自己身心状态的评价是比较疲惫和很疲惫,两者分别占44%和30%。而感到比较有活力和充满活力的分别只有7%和2%。只有17%的感到一般。①

2007年记者节前夕,《青年记者》联合全国20个大中城市的媒体开展了"记者节业内问卷调查"也反映了同样的状况。当问到"用一两个词来描述您今年的工作状态"时,回答不约而同的是"疲劳"。

(二)收入低、社会福利保障差

在如此大的压力下工作的新闻从业者,其薪酬和社会福利保障与其工作压力并不匹配。2003年3月至4月,中国社会保障杂志社同中国传媒网进行了一次媒体从业人员社会保障情况的互联网调查。结果显示:中国目前有近百万新闻工作者或者媒体从业人员,其中43%的人没有任何劳动合同、没有工资、没有工作证、没有记者证、没有社会保障。有的干了半年,也没有人发给他工钱,其生活和工作的窘境不比那些在城市打工的弱势农民工好多少,因此被人称为"新闻民工"。②

这种情况并未随着时间的流逝而得到改善。据学者陆高峰2009年的报业从业者调查报告显示:收入满意度差,其中对当前收入不满意或很不满意的超过一半。感到很满意和较满意的只有16%,分别占到1%和15%。而感到很不满意和不满意的占到53%,分别为16%和37%。只有31%的从业者对收入满意度的评价为一般。③广电从业者对收入的满意度比报业从业者还低,认为很不满意的人数比报业高出5个百分点。超过一半的广电从业者对当前收入不满意或很不满意。不满意和很不满意的分别占33%和21%。而认为较满意和很满意的仅占13%,分别为11%和2%。只有33%的认为一般。④

不仅目前的薪酬水平不能令新闻从业者满意,甚至还有下降的趋势。《财经》杂志主编何刚发现,如果以购买力计算,十年前,以《南方周末》和《财经》杂志为代表的一批新锐市场化报刊,其核心成员月收入在1万元以上,但十年后,这些媒体的核心人员虽然收入也明显增加,但其购买力缩减了近一半。⑤

不仅薪酬相对较低,媒体从业人员的社会福利保障也不尽如人意。据学者

---

① ④ 陆高峰:《广电从业者生态调查报告》,《传媒》2010年第7期。
② 孜骏:《媒体从业人员社会保障状况堪忧》,《新京报》2004年11月15日。
③ 陆高峰:《报人从业生态急需"绿化"——报业从业者生态调查报告》,《传媒》2010年第8期。
⑤ 何刚:《正视媒体人的"薪酬危机"》,《中国记者》2011年第12期。

陆高峰2009年的报业从业者调查显示：(1)近三成从业者不能或基本不能享受到"双休"权利；(2)不能和基本不能享受到法定节假的占近两成；(3)超过四成从业者从没有享受过带薪休假权利；(4)四分之一从业者没有与所供职单位签订劳动合同；(5)近四成从业者所在单位没有为其上缴"三险一金"；(6)近三成从业者所在单位没有为其申领记者证。① 广电从业的情况与此大同小异。

更为可怕的是随时可能遭遇"炒鱿鱼"、"卷铺盖卷走人"，《华西都市报》前总编席文举曾自豪地总结过，每年解雇一定比例的员工会让记者产生不安全感并提高工作效率，并把这一点作为管理经验向整个报界推荐。②

2013年第1期《瞭望东方周刊》在其封面报道中全面解读了一份名为《中国企业员工福利保障指数调研报告》的白皮书，该白皮书是新中国史上第一次对企业员工的福利状况进行的全国性调查。该调查涵盖中国内地七大区域（西北、西南、东北、华中、华东、华北、华南）、64座典型城市、4356家企业。该文指出，2012年中国企业员工福利保障指数为65.37，这是一个相当低的数字。更令人震惊的是在通用的十大行业分类中，按照福利由优至劣的排序是：金融/银行/保险、能源矿产、石油化工、医药生物/医疗保健、IT/互联网/通信/电子、加工制造、仪表设备、房产/建筑建设/物业、管理咨询/教育科研/中介服务、消费零售/贸易、交通物流、酒店旅游、广告/传媒/印刷出版。传媒产业叨陪末座，传媒出版企业对其福利投入所产生的效益评价较低(56.65)，这意味着传媒出版业的企业主认为福利投入"得不偿失"，投入意向较低。

基本社会保障项目方面，各个行业相差不大，只有传媒出版业的生育保险覆盖率最低，统计上低于平均覆盖率(64.1%)。非保险类福利方面，金融行业在体检和员工培训量方面，覆盖率居各行业之首；传媒出版业既不太重视员工体检，又不太重视员工培训，覆盖率分别为60.7%和57.9%。③ 上述调查不同程度地展现了中国媒体人在收入与福利保障上的尴尬状况。

其中，调查记者保障最差，除了那些"寄居"中央大媒体的记者外，大部分还属于"流浪记者"，同"在编记者"比起来，他们没有编制，没有户口，没有职称，甚至也没有新闻出版总署颁发的记者证。他们的权益常常得不到应有的保障，一旦出现闪失，马上会被所服务的单位炒掉，成为媒体原始积累时期的牺牲品。④

---

① 陆高峰：《报人从业生态急需"绿化"——报业从业者生态调查报告》，《传媒》2010年第8期。
② 赵月枝：《传播与社会：政治经济与文化分析》，中国传媒大学出版社2011年版，第172页。
③ 刘耿：《2012：中国企业福利保障指数65.37》，《瞭望东方周刊》2013年第1期。
④ 贾国勇、孙新德：《关注调查式记者生存状况》，《检察风云》2005年第8期。

(三)健康状况堪忧

近年来,针对新闻从业者健康状况的调查屡见不鲜,甚是热闹,既有全国范围的,也有地域范围的,既有实地调查,也有网络调查。本书以这些调查结果为依据分析新闻从业者的健康状况。2000年,上海市新闻从业者健康状况抽样调查报告显示,自认为身体很好或较好的仅为26.5%,而绝大多数(69%)的被调查者认为自己的身体一般或不好,可见新闻从业者的总体健康水平偏低。而且2012年的健康普查也证明了这一点:健康者仅为18.4%,患病者为8.9%,亚健康者则高达47.3%。①

新浪网2003年《媒体从业人员调查》结果显示,超过80%的国内记者认为自己处于亚健康状态。② 学者陆高峰在2009年的调查显示:近六成广电从业者较常和经常为自己的健康状况担心,两者分别占25%和33%,而较少和从不担心的分别仅为2%和0。经常和较常为自己健康状况担心的广电从业者人数比报业少4个百分点,而较少和从不为自己健康状况担心的人数同样也比报业少4个百分点。③ 报业的状况更为严重,六成以上从业者经常或较常为自己的健康状况担心,其中经常和较常为自己的健康状况担心的分别占到32%和30%,总体达到62%。而从不和较少为自己健康状况担心的分别只有2%和4%。④

2011年《法治周末》发起的媒体人身心健康调查结果也不容乐观,超九成的受访者表示对目前的工作感到压力太大,近八成受访者长期处于焦虑状态。新闻从业者的身心健康问题日益凸显,不容忽视,"白发、胃病、颈椎病、失眠、焦虑甚至抑郁"。

以上这些调查的结果无疑都为新闻从业者的健康状况敲响了警钟。

2011年,新闻从业者接连离世的消息,成为圈中热议话题。"累心"、"焦虑"是大家公认的媒体人常态。

> 一位供职于西南某媒体的同行说:"我们这里同城报纸多,竞争非常激烈。跑社会新闻,忙是常态。手机24小时不敢关机。见线上联系人的时间远多于见父母的时间。忙还不怕,不忙更焦虑——没稿子

---

① 贾亦凡:《"无冕之王"安然无恙乎?——上海市新闻从业人员健康状况抽样调查报告》,《新闻记者》2000年第6期。
② 邱慧:《商业化运营条件下坚守新闻职业道德的方式》,《声屏世界》2006年第5期。
③ 陆高峰:《广电从业者生态调查报告》,《传媒》2010年第7期。
④ 陆高峰:《报人从业生态急需"绿化"——报业从业者生态调查报告》,《传媒》2010年第8期。

啊,但每个月考核既有量的压力,又有质的压力,甚至还有独家新闻的压力——这时候特别焦虑,晚上常失眠,做梦也梦见去扒新闻。"

一位曾供职于北京某媒体的陈小姐因为受不了这种压力而选择离职,"那段日子我快疯了。真找不到稿子写的时候,头发还大把大把掉。心情特别不好,逮谁都想吵架。我都觉得我快抑郁了,去看了心理医生。后来听从医生的建议,干脆选择了辞职"。

媒体记者的压力,演员姚晨也很有感慨。她发了微博说:"一位从事社会新闻类工作的记者老友,最近患上严重的抑郁症。我劝他:换个口儿,跑娱乐……他乐:我还是去娱乐那些社会败类吧……挂了电话,心里难过……珍重,朋友。"[1]

(四)自主性不足

新闻专业的毕业生常常怀抱新闻理想,以"铁肩担道义,妙手著文章"为使命,所谓"初生牛犊不畏虎",但进入媒体后,一方面,新闻从业者必然继续受到行政力量的干涉,主管部门依然牢牢决定着新闻从业者最终的话语权,王家岭矿难事故现场严格凭证进入,《南方都市报》采访奥巴马开天窗,宜黄拆迁案新闻媒体后期失声都是极为有力的证明。[2] 同时,记者的新闻报道活动有着很强的官方烙印,他们常常是依靠媒体作为党的部门的威慑力来完成采访的,也就是说,"很多有新闻价值的事件往往是待其盖棺定论之后再采访,而不是新闻记者独立观察的结果,是记者根据有关方面的调查结果进行的再报道"。[3] 比如,1998年,中央电视台《新闻调查》对"建国第一税案"的采访是中组部通知并安排的,《北京青年报》对海南贪官戚火贵的报道事实上是法院判决之后的再报道。20世纪90年代以后的许多贪污腐化大案,如周北方、王宝森、陈希同、邓斌、成克杰等案的报道以及其他高级干部的报道也是比较被动的。以舆论监督著称的中央电视台的两大栏目《新闻调查》与《焦点访谈》,曾将其报道过的有关腐败的23件大案编成《抨击腐败》一书出版,但那23件大案无一是媒体首先开始调查的。2000年7月20日《南方周末》头版刊登的"丽水怪案何时真相大白",标

---

[1] 李珏:《郑州电视台28岁男记者猝死 6天内3位媒体人英年早逝 心理专家教你"解压七步法"》,《钱江晚报》2011年5月26日第A13版。
[2] 龚君楠:《媒介市场化进程中新闻工作者社会责任缺失原因初探》,《现代传播》2011年第3期。
[3] 张威:《比较新闻学:方法与考证》,南方日报出版社2003年版,第449页。

题上已注明"在调查机关的帮助下,本报记者调查'卢氏黑帮'新闻揭露的是浙江丽水一个作恶多端的黑社会性质团伙以及它背后的关系网黑幕"。在文中,记者也多次提到"在检察院的支持和帮助下",并且大量内容是公安机关的调查结论。《南方周末》2001年2月8日的"民权法院有个造假院长"也是"盖棺定论"后的采访。① 2001年《新闻调查》播出的《厦门特大走私案》同样是在相关部门对案件进行了查处以后才进行了报道。②

另一方面,他们又会感觉到"无处不在的经营创收氛围"。在美国,商务刊物编辑协会在2003年对协会会员进行了一项调查,76%的商务刊物编辑承认管理层和广告主曾经尝试干预报道内容,30%的编辑承认屈服于这种干预。美国新闻研究机构Pew Research Center for the People&the Press在2004年的调查中发现,30%的记者承认经济压力和业务压力是面临的最大问题,仅次于对报道的质量担忧。在商业化大潮下,中国媒体也未能幸免,在日常的新闻采编中,新闻专业主义的理想常常受到商业主义的打压,"媒介从业者在媒介机构内相对于经营部门的独立性被削弱,这种削弱集中表现在经营部门插手新闻的选材、新闻的处理及对待与媒介有业务往来的广告主的言论态度上"。③

2002年的上海新闻从业者调查报告显示:在上海新闻从业者中,关于自己在所从事的新闻工作中获得的工作自主性,平均自主程度为5.9④(各项指数1为"最低",10为"最高")。同样的情形在调查记者的身上表现得最为淋漓尽致。2009年,学者陆高峰的调查表明,超过四成从业者认为当前工作的自主性程度较低和很低,而认为较高和很高的不足两成。其中认为较低和很低的分别为28%和16%,认为较高和很高的分别为15%和1%。广电从业者对工作的自主性评价与报业相差不大,总体略低于报业。⑤

与此同时,记者报道的独立性也大大减弱,调查记者群体的表现是更好的试金石。在一次采访中,王克勤是这样描述自己的:"我们的社会就是一条航行在大海中的大船,记者就是站在船头的守望者,要随时发现航行中可能会碰到的暗礁,随时发现船上的哪个螺丝钉可能会坏,把大船随时可能出现的危险及

---

① 张威:《中国调查性报道的困境与挑战》,《青年记者》2006年第3期。
② 郭雪婷:《电视调查性报道在中国的发展与延伸》,四川大学2007年硕士论文,第29页。
③ 黄晓芳:《关于西方媒介市场化的逆向思考》,《国际新闻界》1999年第6期。
④ 陆晔、俞卫东:《社会转型过程中传媒人职业状况——上海新闻从业者调查报告之一》,《新闻记者》2003年第1期。
⑤ 陆高峰:《广电从业者生态调查报告》,《传媒》2010年第7期。

时地向船长汇报。"但王克勤随后的遭遇却是令人非常尴尬的:他发现了暗礁,但船长却没有转动手中的舵轮;他找到了锈蚀的螺丝钉,但检修工却警告他不要多管闲事。① 在中央电视台的《新闻调查》组,比例太高的选题被否决也令他们疑惑:究竟中国目前是否已经具有了真正做"调查报道"的条件?《新闻调查》还能生存多少时间?②

在如此的背景下,新闻从业者怀有的社会责任感和历史使命感,在残酷的现实面前常常被撞击得粉碎,其热情日渐冷却,其锐气日渐消磨,其理想日渐放下,其烦恼日渐呈现,他们逐渐被媒体塑造为生产线上循规蹈矩的"新闻民工"。

二、"新闻民工"的选择

既然沦为"新闻民工",那么,他们中就会有一些人可能将"铁肩担道义"放在一边,而将"妙笔挣金钱"放在首位了。

(一)进行"便宜"的报道

这条规则鼓励简单的、容易出活的、容易获得的新闻,也就是说,一则新闻能否被报道,除了受该题材的精彩程度影响外,还会受到诸如距离、交通、通信以及报道难易程度的影响,可能后面的因素更具有决定性。《洛杉矶时报》记者汤姆·罗森斯蒂尔在《哥伦比亚新闻评论》上发表文章称:"今天的报纸和杂志的采访越来越多地通过电话进行,记者们搜集来的故事差不多和自己采访的一样多。从电子文稿、数据库和电视资料中收集素材,记者们承认,越来越多重要事件的报道他们都不在现场……"③英国记者尼克·戴维斯曾以自己的亲身经历表达了这样一个观念:新闻发生地离舰队街越近,越有可能被报道。他写道,20 世纪 90 年代末,他报道了发生在孤儿院的性侵犯事件。在听证会上,孤儿院的员工、受害者宣誓提供证词,陈述了包括警官、社会工作者在内的犯罪嫌疑人的犯罪事实,诸如如何对小男孩动手动脚、实施强奸等,并指责官方对此置之不理,以至于此类事件持续发生了很多年。当时的场面感人,但听证席最后两排留给记者的座位却空着。并非因为这个故事不够好,而是因为听证会在北威尔

---

① 孤帆:《王克勤的孤独是一种危险》,《公民导刊》2004 年第 12 期。
② 张威:《中国调查性报道的困境与挑战》,《青年记者》2006 年第 12 期。
③ 〔美〕约翰·维维安:《大众传播媒介(第七版)》,顾宜凡等译,北京大学出版社 2010 年版,第 25 页。

士举行,这里离舰队街太远,媒体不想费心来报道。①

著名记者范敬宜的感受与尼克·戴维斯非常相似。他经常对年轻人说,不能老盯着那0.2平方公里——他指的是王府井那一带,而要看到960万平方公里。……不要只看"紫房子",也要看黄土地。"紫房子"是指北京最早的婚纱影楼。很多老百姓的温饱问题都无法解决,要把眼光放到老百姓身上。他曾写了一首打油诗描写一些记者:

> 早辞宾馆彩云间,
> 百里方圆一日还。
> 群众声音听不着,
> 小车已过万重山。②

虽然这首打油诗主要是批评记者工作作风不够扎实、深入,但也在某种程度上展现了记者在进行新闻报道时的选择与取向。

与范敬宜一样,《鲁中晨报》副总编辑刘成广发出了同样的感慨:"让记者深入下去,说起来简单,做起来并不容易。由于有了严格的按工作量考核的制度,年轻记者变得越来越'功利',一个稿子如果10分钟能采访到'足够'的材料,他绝对不会待上20分钟;如果一次能够采访完,他绝对不会去第二次,更不会在稿子见报后给读者一个反馈。"③

一位记者的亲身经历也证明了这件事。"一般来说,现在的节目制作都实行经费包干制度,一期节目制作下来,比如经费是六千元,那么,采访的时间越短,所花的费用越低,落到自己腰包里的钱就越多。这就决定了他们尽可能选择成本低一点的、容易做的题材,于是城市题材占的比重就要大多了。而且,对于外聘的记者来说尤其如此,因为他们制作的节目只有被播出才能报销费用,因此到太远的地方或选择代价和风险太大的题材如舆论监督是不大可能的。这位记者总结归纳他们选材的标准是剔除了距离、交通、通讯、语言、风险等方面的内容,距离、交通、通讯和风险与成本和节目制作难度有关,而语言则除了成本和难度之外,还与内容的吸引力有关。因为太偏僻的地方有语言障碍,采访费时又费力,很难出彩,而且节目不好看。""北京的许多媒体做农村题材偏向

---

① 〔英〕尼克·戴维斯:《媒体潜规则——英国名记揭秘全球新闻业黑幕》,崔莹译,南方日报出版社2010年版,第76页。
② 刘鉴强:《如果有来世,还是做记者——范敬宜谈新闻记者的修养》,《新闻记者》2002年第6期。
③ 刘成广:《记者在居委会上班——〈鲁中晨报〉社区新闻探索》,《青年记者》2004年第8期。

于选择东北农村,是因为除了距离、交通和通讯的原因外,东北方言与普通话最接近,容易懂,易出效果是最重要的原因。他们认为东北农民'很能说','个个都像赵本山',节目好做又好看,所以去那里的多。""如果基于媒介的社会责任感和职业精神,应该对下岗女工、农村贫困女性、失学女童等占中国绝大多数的女性弱势群体给予更多关注,可是'我们做得更多的是白领、女性 CEO 等精英和上层人物,是城市女性',因为城市题材方便报道,我们也了解她们,因而更容易沟通,甚至还有获得赞助的机会,另外观众也爱看。"①

(二)进行自我审查

科学家做过一个有趣的实验:他们把跳蚤放在桌上,一拍桌子,跳蚤迅速跳起,跳起高度均在其身高的 100 倍以上,因此跳蚤被称为世界上跳得最高的动物。然后,科学家在跳蚤的头上罩上一个玻璃罩,然后让跳蚤跳动。跳蚤第一次起跳就碰到了玻璃罩,连续多次以后,跳蚤调整了自己能够跳起的高度来适应新的环境,此后每次跳起的高度总保持在罩顶以下。科学家逐渐降低玻璃罩的高度,跳蚤又经过数次碰壁之后主动调整了高度。最后,玻璃罩接近桌面,跳蚤无法再跳了,只好在桌子上爬行。经过一段时间,科学家把玻璃罩拿走了,再拍桌子,跳蚤仍然不会跳,"跳蚤"变"爬蚤"了。这不是因为跳蚤已经失去了跳跃的能力,而是一次次受到挫折之后学乖了,习惯了,给自我设限了。

犹如"跳蚤"跳高的故事,当新闻从业者在内心深处认同"新闻民工"这样的概念,为了更好地生存,更多地考虑自己的利益,避免因触怒各方面而遭降职或解雇,他们可能会"自我设限"——"记者放弃撰写明知不被编辑采用的新闻事件"②。

"在美国的一份研究中,接受调查的记者和新闻机构总裁中,超过 40% 承认通过进行自我审查来有意回避具有新闻价值或者更广泛受众的报道,市场压力被认为是在列举的十种解释自我审查原因中最重要的一个。在被调查的人员中有 80% 的受访者认为重要的故事常常看起来乏味,因此有些会被回避;同时有超过 50% 的人指出重要却复杂的故事有时候或者常常会遭到忽视。超过 1/3 的回复者表示他们进行自我审查是因为对于个人事业的考虑。"③美国评论家戴安娜·欧文这样看待这一问题:"20 世纪 80 年代,在地方性的媒介市场逐渐

---

① 徐小立:《传媒消费文化景观》,人民出版社 2010 年版,第 165—166 页。
② 〔美〕马丁·李、诺曼·苏罗蒙:《不可靠的新闻来源》,杨月荪译,台湾正中书局 2002 年版,第 114 页。
③ 〔美〕大卫·克罗图、威廉·霍伊尼斯:《运营媒体:在商业媒体与公共利益之间》,董关鹏等译,清华大学出版社 2007 年版,第 152 页。

被垄断式公司经营所排挤后,记者们往往倾向于在报道中采取一种'谨慎行事'的态度,以避免得罪公司的支持者。"①

在英国,在面对一些游说集团制造的令人恐怖的气氛时,BBC 的一位资深记者说:"如果《今天》的节目主编预料到某篇报道会招致大规模的投诉,他会三思而后行。游说集团肯定起作用,我可以列举出无数的例子。"②

在国内也是如此,张洁在 2003 年被任命为《新闻调查》制片人时所面临的危机之一便是新闻从业者在生存压力下的自我审查。下面这段话是新闻从业者的真实生活写照:

> 《新闻调查》这个栏目的从业人员 90% 以上都是来自全国各地的,1996 年招兵买马时,这些平均年龄 30 出头(这个年纪才有足够的阅历、资历和经验,才能应对 45 分钟市场的挑战)的从业人员考虑的可能更多的是借这个平台实现自己的电视理想。但七年之后,对于这批已经奔 40 岁的人来说,生活压力日趋沉重,上养老下养小,他们要在北京生存,以前是租房子,现在是贷款买房子。我们的从业队伍经济上的压力或者经济上的需求,这几年超过了以往任何时候。

他认为,"在这种背景下,对这些新闻从业者来说,很有可能在做节目的时候脑子里首先想的是保播出,什么样的节目最安全,什么样的节目播出系数最高,我就做什么样的节目,而不是选择最难做的、最承载我们的品质和理想方向的选题。"③于是就出现了这样的现象:一个好的调查性报道选题,因为难度和风险比较大,有时候在选题库里放了 3 个月甚至半年都没人去领。④

(三)进行寻租

处于转型期的中国尚未建立完全的市场经济,市场配置资源的能力仍未完全发挥。权力依然在资源配置中起着举足轻重的作用,这种利用权力追求非生产性收益的行为就是寻租活动。最早提出寻租思想的是公共选择理论的开创

---

① 姜江:《无形之网:美国调查性报道的制约性因素简析》,《湖北师范学院学报(哲学社会科学版)》2006 年第 3 期。
② 〔英〕尼克·戴维斯:《媒体潜规则——英国名记揭秘全球新闻业黑幕》,崔莹译,南方日报出版社 2010 年版,第 81 页。
③ 张洁:《市场化压力下的专业主义》,《中国传媒经济(第一辑)》,科学出版社 2004 年版,第 140—141 页。
④ 唐勇林:《公关与反公关——编辑部的故事》,《中国青年报》2006 年 5 月 17 日。

者戈登·塔洛克教授,但其寻租思想在当时并没有引起经济学界的普遍关注,直到1974年安妮·克鲁格(A.Krueger)在《美国经济评论》上发表了《寻租社会的政治经济学》一文以后,才真正开启了寻租理论研究的序幕。所谓"寻租",是指"寻求直接的非生产性利润(Directly Unproductive Profit-seeking),通过从事非生产性活动而获得利润的方法"①。

这种寻租活动运用到新闻报道就成为"新闻寻租"。所谓新闻寻租,是指"新闻界或新闻从业人员利用手中的新闻报道权、舆论话语权和媒体传播权转移财富分配,为团体或个人谋求不正当利益,对其他社会主体利益造成损害的一种非生产性活动"②。这里的新闻寻租特指新闻从业者的行为,而非媒体的行为。

从前文可以看到,一些新闻从业者认为新闻工作辛苦、收入低,于是他们在新闻采访、报道的过程中试图利用手中的新闻报道权、舆论话语权和媒体传播权获取一些经济的补偿。在新闻从业者经济收入的主要来源的调查中,有23%的人认为是"采访对象的馈赠"。有些新闻工作者把"有偿新闻"视为增加自己收入的一个"正当"途径,即使其认识到搞"有偿新闻"是一种违规行为。③ 正如一位曾在《财经》工作过的记者所言,"当前中国记者权力寻租现象已经是制度性的,因为对记者收入的设计里或多或少会考虑到这个因素,也就是说,记者的劳动价值=记者的公开收入+可能获得的红包收入。"④

在这种情况下,新闻从业者的新闻寻租活动就成了家常便饭。一是采编人员采访新闻,被采访的一方要向他们提供"辛苦费"、"劳务费"、"餐费"、"车马费";二是采编人员参加各种新闻发布会(即使有些活动不具备新闻价值),并且接受以任何名义或形式赠送的礼金和有价证券;三是被采访单位以合适的理由邀请记者赴外地或出国旅游、疗养;四是企业不惜重金,邀请新闻记者参观企业,参与各种产品鉴定会、新产品新闻发布会、新企业开业会等,以试吃、试穿、试用为名,赠送各种各样的纪念品;五是采编人员收受费用将批评稿、曝光稿撤下不发,搞"有偿不闻"(如2002年6月22日山西省繁峙县义兴寨发生金矿爆炸事故后,当地负责人和金矿矿主为隐瞒真相,向采访事故的11名新闻记者行

---

① 转引自李政军、贺卫:《寻租理论:一个简要的回顾》,《现代管理科学》2001年第6期。
② 梁君、顾江:《新闻寻租的博弈分析》,《当代传播》2009年第5期。
③ 转引自高崇:《从越轨社会学解读"有偿新闻"》,《当代传播》2008年第4期。
④ 转引自张志安、陆晔:《记者"权力寻租"中的社会资本转换及其伦理边界》,《国际新闻界》2008年第10期。

贿,就是十分典型的案例);六是采编人员向被采访对象索取费用,刊登收费新闻(这种新闻内容有两种:一种是褒扬性的真新闻,或称"广告新闻",一种是杜撰炒作的虚假新闻);七是采编人员以方便工作为由,长期借用或变相接受被采访单位的车辆、房屋、交通工具;八是采编人员以谋利为目的,为企业和单位举办新闻发布会或私自组团采访;九是采编人员顶着新闻记者的头衔,超越记者职权,以自己的特殊身份在采访过程中拉广告;十是采编人员利用新闻工作者身份的特点和便利条件,参与企业的经营活动,收"好处费",数额有时大得惊人。①

(四)不择手段采制新闻

《世界新闻报》"窃听丑闻"闹得沸沸扬扬,天下尽知。上至英国皇室、明星以及社会名流,下至普通民众,都成为其以非法手段获取内幕消息的受害者。伦敦警察局透露,《世界新闻报》窃听行为的受害者可能多达 4000 人。② 英国《每日镜报》等媒体也相继爆出"窃听丑闻"。其实"窃听"只是冰山一角,正如《洛杉矶时报》记者罗伯特·谢尔所说,"记者为了完成采访任务,可以撬开政客的办公室,可以行贿,可以用谎言骗人,总之,可以使用一切手段,以冲破警卫线。"③记者寻找线索和素材,挖掘轰动新闻,可谓不择手段,无所不用。

1.支票簿新闻

香港新闻评论员赵眉在就"《苹果日报》的记者因涉嫌贿赂警务人员,以获取新闻消息,被廉政公署拘捕"这一事件发表评论时指出:"简单来说,'支票簿新闻'是指新闻机构主动或被动地用金钱,向包括政府公职人员,如警察、消防员、海关或医疗人员,商业机构或私人团体的人员,甚至包括竞争对手的人员,购买消息或获得通风报信,有关金钱亦即俗称线人(针)费或'针钱'。这些活动多以台底交易,有时会涉及贿赂与贪污行为。'支票簿新闻'也包括新闻机构用钱向新闻来源,购买独家采访机会、消息或额外新闻信息。"④本书主要指前者。

英国《星期日镜报》《星期日邮报》和《世界新闻报》的记者,通过旺兹沃斯警察局的普通民警保罗·马歇尔(Paul Marshall)购买从警方数据库中搜索的信

---

① 易鸣璇:《我国"有偿新闻"现象研究》,暨南大学 2011 年硕士论文,第 12—13 页。
② 靖鸣:《媒体工作者的"界"与"度"》,《中国新闻出版报》2011 年 7 月 19 日第 7 版。
③ 转引自张隆栋、傅显明:《外国新闻事业史简编》,中国人民大学出版社 1988 年版,第 399 页。
④ 黄顺铭:《论"支票簿新闻"》,《当代传播》2003 年第 3 期。

息就是典型的一例。他们获得的主要是有关受害者、证人甚至犯罪者的信息。涉及的名人包括：原伦敦市长肯·利文斯通（Ken Livingstone）和他的爱人艾玛·波尔（Emma Beal）；连续剧《东伦敦人》的两位女演员；BBC 喜剧《英国王室》演员瑞克·汤姆林森（Ricky Tomlinson）；工会运动领袖、铁路海运工会的鲍勃·克罗（Bob Crow）；英国电视4频道《老大哥》的参与者。因为警方的计算机和其他的组织联网，因此除了犯罪记录，他们还搜索到不在电话号码簿之内的电话号码和包含有车主姓名与私人地址的秘密信息。不仅警官，政府公务员也被拉下水。《每日邮报》的记者披露他们曾收买可以进入社会保障数据库的公务员。因为这个数据库中有7200万英国公民的社会保险号、详细的个人信息，以及在英国工作的外国公民的信息等。一名现在已经离开《每日邮报》的记者回忆，"我们把社会保障数据库当做《每日邮报》图书馆信息的扩展和补充。你给你的联络人打个电话，聊会儿天，告诉他，你在找怎样怎样一个人，什么名字，多大年龄，大概的地址——有可能么？继续聊天。对方突然说：'啊，我们这里有5个人是你说的那个名字。'你回答：'好，给我这5个人的名字。'就这样，你知道了对方的地址、电话号码，可能还有工作单位。他们给你提供了不公开的数据和信息，你给他们的回报是一顿美餐，或者是一个信封。"①

2.借助电脑科技的力量盗取信息

有些记者使用"特洛伊木马"②邮件。先将这个程序以附件的方式发给目标对象，当目标对象不小心点击了这个带恶意代码的邮件附件，它就在用户毫无察觉的情况下，复制目标对象硬盘上的所有信息，并将这些信息转到一个无法查出对方身份的邮件中。2006年夏，《世界新闻报》记者曾利用"特洛伊木马"邮件窃取了英国驻北爱特种部队军官马克·英格拉姆（Mark Ingram）硬盘上的信息。无独有偶，有的记者在目标对象的计算机上安装"镜子墙"——复制对方所有往来邮件，并将其转发到无法找到出处的邮箱。通过这项技术，2003年6月《泰晤士报》和BBC的电台新闻节目《今天》才得以披露英国西敏寺会议主席雪莉·伯特爵士（Dame Shirley Porter）在英属维京尔群岛开有账户，并有上百万英镑的存款。③

---

① 〔英〕尼克·戴维斯：《媒体潜规则》，崔莹译，南方日报出版社2010年版，第173—181页。
② 一种秘密潜伏的能够通过远程网络进行控制的恶意程序。控制者可以控制被秘密植入木马的计算机的一切动作和资源，是恶意攻击者进行窃取信息等的工具。
③ 〔英〕尼克·戴维斯：《媒体潜规则》，崔莹译，南方日报出版社2010年版，第185页。

3. 雇人骗取所需信息

利用具有很高骗术的骗子骗取信息是另一种经典的做法。这些骗子有的擅长获得不被记录在电话号码簿上的名人电话信息,并根据电话信息找到对方的住址,这样,记者就可以突然出现在他要采访的对象的家门口;有的擅长骗取社会保障记录和私人银行记录。最成功的当属来自萨摩赛特的名叫约翰·福特(John Ford)的男子。他曾经当过演员,他运用自己的"职业技巧"和天生的模仿才能,一步步获取机密信息,特别是英国电讯公司、银行的机密信息。他为报纸所做的事是公开的秘密:不同的记者找他办事,他借此得到报酬。①

4. 制造、导演假事件,然后进行报道

自2001年,《新闻记者》杂志每年在年终岁末推出"十大假新闻",引起社会各界的广泛关注,其典型案例如"纸箱馅包子"事件。2007年6月初,北京电视台《透明度》栏目组聘用人员訾北佳化名"胡月",冒充建筑工地负责人,到北京市朝阳区太阳宫乡十字口村13号院内,对制作早餐的陕西省来京人员卫全峰等四人谎称需定购大量包子,要求卫全峰等人为其加工制作。后訾北佳携带偷拍设备、纸箱和自己购买的面粉、肉馅等再次来到十字口村13号院。訾北佳以喂狗为由,要求卫全峰等人将浸泡后的纸箱板剁碎掺入肉馅,制作了20余个"纸箱馅包子"。与此同时,訾北佳秘拍了卫全峰等人制作"纸箱馅包子"的过程。在节目后期制作中,訾北佳采用剪辑画面、虚假配音等方法,编辑制作了虚假电视专题片《纸做的包子》,于2007年7月8日在北京电视台生活频道《透明度》栏目播出。经多家媒体转载、转播,引起国内外舆论的广泛关注。这个报道造成了恶劣的社会影响。

新闻从业者为了能够在激烈的传媒职场与绩效考核中脱颖而出,争取更多的收入,他们的专业伦理、职业操守在与利润的追逐博弈中常常败下阵来。

新闻从业者的上述做法,导致其生产的内容很难是客观、公正、平衡的。对于在如此信息环境中生存的受众来说,其收到的内容就常常是想要(want)的,而非需要(need)的;是满足利益集团的,而非满足公民的;当受众不了解自身的生存环境时,他们难免会处于"盲人骑瞎马,夜半临深池"的状态。

---

① 〔英〕尼克·戴维斯:《媒体潜规则》,崔莹译,南方日报出版社2010年版,第173—182页。

第四章　为谁生产？
——媒介商业化背景下问题内容出现的宏观原因

任何组织都是社会大系统的一部分,本身也是一个自组织的系统。组织是一个"主要相关利益者群体的系统,它确立并管理着与利益相关者的关系"[①],媒体也不例外。虽然媒体在现代社会中无处不在、无孔不入,是影响我们的立场、观念和信仰的重要力量,但是媒体的权力也不是为所欲为的,它们的运行也受到其他力量的控制与影响。从宏观角度来看,媒体利益相关者就是这样的力量,它是指"可以影响媒体战略成果或受其影响的个人和群体,他们可以对媒体的表现施加影响"[②]。媒体利益相关者包括资本市场利益相关者、产品市场利益相关者等,它们利用自身的力量或者通过媒体控制和影响着问题内容的产制。

第一节　为资本市场相关利益者生产

对于媒体来说,资本市场利益相关者主要包括股东、合作经营者、非相关多元化所涉及的组织和个人。

业外资本进入传媒业已有多年,1994 年中共中央宣传部"新闻调研小组"在《中国报业总量结构效益调查》中披露,广东的报纸或明或暗与企业有合作关系的已有 30 多家。调查报告归纳企业与报业合作的形式有四种:一是报社和企业双方出资、出人组成编辑部;二是企业出资、出人只参与广告和印刷发行业

[①②] 迈克尔·A.希特等:《战略管理——竞争与全球化(第 4 版)》,吕巍等译,机械工业出版社 2002 年版,第 26 页。

务,利润分成;三是企业出钱,不参与编辑和经营,也不要求利润分成,但要求在报头注明企业名称和联办的字样,企业提供的稿件要优先刊用;四是多家企业联合投资,共同组成理事会,决定重大事项,但采编工作由报社独立负责。① 比如《中国经济导报》头版的"编辑部时评"栏目由海尔集团长期赞助②即属于第3种情况。这种业外资本的参与大多数是不公开的,学者唐绪军将其经营形式归纳为:股份制经营;委托制经营;合伙制经营;合作制经营。③

一、资本通过媒体版面(或栏目)"外包"与其联姻

随着媒体之间的竞争愈演愈烈,甚至一些市场达到白热化,报纸的版面越来越厚,广播电视的频道、节目越来越多,一个媒体不可能拥有建立持续竞争优势的全部资源,它作为社会大系统的一分子,是社会大家庭的一员。所以,此媒体缺什么就要到社会中去寻找——懂得整合与利用社会资源。尽管社会中的人、财、物不一定属于此媒体,却可以为此媒体所用。"外包"即是这种思想的一种实践。所谓"外包"(Outsourcing),英文一词的直译是"外部寻源",指企业整合利用其外部最优秀的专业化资源,从而达到降低成本、提高效率、充分发挥自身核心竞争力和增强企业对环境的迅速应变能力的一种管理模式。④ 在媒体中,版面(或栏目)"外包"表现为一些媒体以收取提成或版面费为交易条件,将版面、专栏或节目以承包或租赁的形式交给一些企业经营。

以报纸为例,外包表现为包版,"具体形式有承包一些版面的,也有承包一期版面的",操作方式是"每年费用从 20 万到 100 万不等。2002 年左右普遍认可的行情是每周一期,每年 50 万元。承包者除每年将几十万的承包费用交给报社外,其他办报所需费用包括印刷、纸张、人员工资等皆由承包者负担,该期报纸产生的发行和广告收入归承包者"。⑤ 比如与《北京青年报》合作《广厦时代》的北京青衣广告有限公司。又如 2005 年《新民晚报》将其《房产周刊》外包给了主语传媒公司,后者给《新民晚报》缴纳固定的版面费。再如北京静雅天地文化交流有限公司自 2006 年成立以来,先后与《北京娱乐信报》《华夏时报》《新京报》《法制晚报》《竞报》《新华月报》《人物》等京城主流媒体合作,并与书画界

---

① 中宣部新闻调研小组:《中国报业总量结构效益调查》,新华出版社 1996 年版,第 13 页。
② 邹伟:《被金钱奴役的传媒良知》,华中科技大学 2006 年硕士论文,第 10 页。
③ 唐绪军:《报业经济与报业经营》,新华出版社 1999 年版,第 259—261 页。
④ 李布:《"外包":企业经营新模式》,《经济纵横》2000 年第 12 期。
⑤ 孙燕君:《报业中国》,中国三峡出版社 2002 年版,第 349 页。

欧阳中石、老甲、陈大章等近百位艺术名家合作出了专版,对艺术家及其作品进行策划、公关、广告等各种宣传推广活动,为艺术家提供专业一流的服务。①"在大约4年的时间里,以2万元到4万元一版不等的价格,不定期向这些报刊提供书画界艺术家的报道或专访。"②

对于广播电视来说,"外包"即为外部的制播分离。目前,这种制播分离主要有委托制作与合作制作两种方式。

委托制作主要是指在电视台策划、投资并拥有节目版权的前提下,将节目制作业务委托给外部制作机构。比如当年东方卫视旗下的金牌栏目《东方夜谭》就是由派格传媒制作的,他们就采用了委托制作的方式,由派格传媒制作。双方共同参与策划栏目创意,然后由东方卫视出制作费,交由派格传媒的制作班底进行内容生产,东方卫视拥有《东方夜谭》的品牌,该栏目停播以前收视率一直位列同类栏目前列。③

合作制作是指由电视频道和社会制作机构共同策划、投资、联合制作节目并分享节目版权的操作模式。上海电视台生活时尚频道的《超级模特》就采用了这种合作方式。这档栏目由生活时尚频道和欢乐传媒各出资50%,双方共同拥有栏目品牌,共同经营广告和发行,然后按照投资进行收益分配。北京电视台影视频道的《每日文娱播报》也采用这种方式。该节目由北京欢乐传媒文化公司制作,每年向北京电视台上缴一定的节目播出经费,北京电视台将《每日文娱播报》的广告经营权委托给北京欢乐传媒公司经营。北京电视台派制片人、主编、主持人参与节目策划、审查和制作,其他节目制作人员均属于欢乐传媒公司。④一些游戏类节目也尝试进行"外包"。比如《到底是谁》是辽宁电视台与北京留洋新世纪文化传播有限公司共同推出的一档游戏娱乐节目。《百万智多星》是由贵州电视台与创意传媒、孜讯传媒共同制作推出的。⑤

除了国内资本外,境外资本也跃跃欲试。如自1995年以来,美国映佳国际传播机构与中央电视台已3次签署5年合作协议,由映佳传播每天向中央电视台提供1个小时的《每日佳艺》。2004年,其旗下的Reality TV以《真实电视》栏目的形式落户中国旅游卫视。⑥

---

① http://lp.qincai.net/corp—98174.html。
② 对静雅天地文化交流有限公司负责人的深度访谈。
③④ 商建辉等:《微笑曲线视角下的制播分离的运作策略》,《电视研究》2008年第5期。
⑤ 蔡倩:《游戏类节目的快乐模式:大众参与,益智,竞技》,《视听界》2010年第1期。
⑥ http://ent.sina.com.cn 2005年10月13日。

二、资本通过"证券市场"进入媒体

当下,传媒类企业上市如火如荼,已有45家新闻出版企业成功上市[1],全国80多家传媒公司等待上市[2]。资本通过在证券市场投资传媒类股票而间接进入媒体,比如电广传媒(如表4—1所示)。

表4—1 电广传媒主要股东与持股情况

(截止日期:2015年3月31日,单位:万股)

持股数量(万股)	持股数量	持股比例(万股)
湖南广播电视产业中心	23505.35	16.58%
广发证券—民生银行—广发恒定5号集合资产管理计划	4545.00	3.21%
海南首泰融信股权投资基金合伙企业(有限合伙)	4080.15	2.88%
融通资本财富—平安银行—广州农村商业银行股份有限公司	1951.81	1.38%
广发证券—广发银行—广发恒定4号电广传媒定向增发集合资产管理计划	1765.31	1.25%
衡阳市广播电影电视局(衡阳市广播电视中心)	1198.86	0.85%
中国农业银行股份有限公司—景顺长城资源垄断股票型证券投资基金(LOF)	1139.17	0.80%
赵芝虹	1080.00	0.76%
中国工商银行—景顺长城精选蓝筹股票型证券投资基金	1000.00	0.71%
中国农业银行股份有限公司—景顺长城核心竞争力股票型证券投资基金	1000.00	0.71%

又如新华传媒(如表4—2所示)。

表4—2 新华传媒主要股东与持股情况

(截止日期:2015年3月31日,单位:万股)

股东名称	持股数量	持股比例(%)
上海新华发行集团有限公司	304534000	29.15
上海报业集团	245486000	23.49
上海中润广告有限公司	15332900	1.47

---

[1] 张贺:《新闻出版大国地位更加巩固》,《人民日报》2011年1月12日。
[2] 王立纲:《全国80多家传媒公司等待上市》,《青年记者》2011年第10期(下)。

(续表4-2)

股东名称	持股数量	持股比例(%)
王培超	9994580	0.96
上海九百(集团)有限公司	8286480	0.79
中国农业银行－中邮核心优选股票型证券投资基金	7999840	0.77
中国农业银行－中邮核心成长股票型证券投资基金	6008760	0.58
赖宗兴	5800000	0.56
中国农业银行股份有限公司－富国中证国有企业改革指数分级证券投资基金	4753830	0.45
尹全	3838640	0.37

从表4-1和表4-2中可以看出,国有资本、民营资本甚至个人资本都已经通过证券市场进入了媒体。

三、借助直接投资,合作经营进入媒体

媒体与企业合作经营,这是目前两者最为常见的一种合作方式。从媒体角度来说,它是通过转让一定时期的广告经营权或发行权,吸引社会资金的注入,是一种借贷关系。借贷合同期内的广告经营权、报刊发行权由社会公司运作,媒体根据合同占有其中部分收入。[1] 企业以资金的注入换取新闻媒体转让一定时期的广告经营权、发行权等,分享广告和发行的利润。目前进入传媒业的业外资本既有国有资本,也有民营资本,部分曾有业外资本导入的媒体如表4-3所示。

表4-3 曾有业外资本导入的媒体一览表

媒体	业外资本
《京华时报》《青年参考》《青年报》(上海)	北大青鸟
《经济观察报》	山东三联集团、泛海控股
《华夏时报》	山东金锣集团、万达集团
《全球商业经典》《大众电影》	万达集团
《青年时讯》《电脑报》	Tom集团
《21世纪经济报道》《21世纪商业评论》《环球企业家》	上海复星实业
《北京娱乐信报》	昆朋网

---

[1] 岳曼青:《我国传媒行业资本运营趋势探讨》,《甘肃社会科学》2004年第1期。

(续表4-3)

媒体	业外资本
《三联生活周刊》	Tom集团、北京国康实业
《计算机世界》系列	IDG集团
《中国计算机报》系列	赛迪集团
《中华合作新报》(已停刊)	圣象集团
《互联网周刊》	高在郎(自然人)
《科学时报》及子刊网络报、《科技新闻周刊》	联想集团
《新财经》《理财周刊》	上海强生
《新周刊》《焦点》	三九集团
《风采》	杉杉集团
《LOOK世界都市》	中国互动传媒集团
《前程周刊》	无忧工作网
《商务周刊》	厦门信达
《资本市场》	首创集团
《经济导刊》	中信集团
《山东商报》	山东商业集团
《上海商报》	巴士股份
《名牌时报》	湖南投资
《科技新时代》《个人电脑》	富国基金
《希望》《华夏Watch》《华声视点》《舞台与人生》《这一代》《少年文摘》《中国医药导刊》《大众电视》《香港风情》《多媒体世界》	诚成文化
《电脑报》	TOM集团
《浙商》	浙江省私营(民营)企业协会
《上海星期三》(已停刊)	春兰集团
《中国新闻周刊》	成功集团(2000.1—2001.11)
《新闻晚报》	上海交大昂立股份有限公司、上海嘉美盛海文化传播公司
《新民生报》	养生堂有限公司
《今日安报》	河南龙宇能源股份有限公司、北京文华投资管理有限公司
《河南商报》	洛阳龙羽集团有限公司、河南伟业建设投资有限公司、河南省峻山投资有限公司

(续表 4-3)

媒体	业外资本
《东南商报》	雅戈尔
《香港商报》	新世界集团
《假日100天》	天津融创有限公司
《北方经济时报》	天津经济开发区有限公司
《中国汽车画报》	北京正奇红广告公司(1995.12—1999.4)
无锡广电集团	上海方正延中
陕西卫视、内蒙古卫视	新华悦动传媒
旅游卫视	保利华亿传媒
《重庆青年报》《重庆商报》《天津商报》《广西商报》	力帆集团
《重庆经济报》	重庆泰达集团
《时代信报》	重庆大方广告
《渝州服务导报》	现代传播集团
《中国保险报》	中国再保险公司、中国人寿公司、北京畅想传媒投资集团有限公司、福禧投资控股公司、中国人保控股公司
《蜀报》(停刊)、《商务早报》(停刊)、《四川文化报》	托普集团
《城市晚报》	吉林神华集团
《新世纪》《中国改革》《比较》	天津知衡企业管理咨询合伙企业、天津域富企业管理咨询合伙企业、天津汇思企业管理咨询合伙企业、自然人葛倩、腾讯
中央人民广播电台有限付费电视家庭健康频道	航天科技集团
《21世纪经济报道》《华商报》《现代快报》《武汉晨报》《环球企业家》	上海激动集团
郑州电视台、济南电视台、乌鲁木齐电视台、兰州电视台	慧聪集团旗下的华媒盛世有限责任公司
青岛电视台	方正传媒
南京电视台文体频道	江苏欣网视讯公司
南京电视台股市信息频道	深圳金棕榈公司
《东方新报》《南京晨报》和长沙电视台女性频道	南京斯威特集团
贵阳电视台	北京金天地影视文化公司、深圳泉来实业有限公司

资料来源：作者根据公开资料整理。

(一)业外国有资本

国有资本进入传媒业的历史很长,其中大部分是上市公司,如上海强生、三九集团、湖南投资等。最为人们津津乐道的可以算作北大青鸟和山东三联。2001年,北大青鸟与人民日报合资创办《京华时报》,山东三联参与创办《经济观察报》,目前,前者是北京报业市场上表现可圈可点的都市类报纸,后者是国内著名的新锐财经类纸媒。

(二)业外民营资本

民营资本投资媒体的例子更多。在报业中,比较有名的如圣象集团、杉杉集团、联想集团、养生堂等。成功的如上海复星实业,其投资的《21世纪经济报道》曾是国内三大财经类报纸之一。失败的如力帆集团,它曾经先后投资过《重庆商报》《重庆青年报》《天津商报》《广西商报》等四家报纸,均无功而返。①

对于广播电视来说,2004年1月,四川省遂宁市广播电视局面向社会公开招标,将下属电视台、电台、广播电视报所涉及的全部有偿广告、栏目、专题、点歌、公告等节目对外承包经营。1月15日,遂宁市北兴房地产公司以1102万元的价格中标。据有关人士介绍,民营企业"跨行业"介入传媒业并不少见,但由一家房地产企业整体"买断"性承包一个地级市两台一报的广告及创收性栏目,这无疑还是首例。②

四、媒企非竞争性战略联盟

自20世纪80年代中期以来,战略联盟开始大量出现,成为越来越多的企业获取竞争优势的重要手段。所谓战略联盟,是指"企业之间形成一种合作伙伴关系,使它们的资源、能力和核心竞争力都能结合在一起共同使用,从而获得两者在设计、制造、产品或服务上的共同利益"。③ 通常根据联盟内部各成员之间是否存在竞争关系,将战略联盟分为竞争性战略联盟和非竞争性战略联盟。

竞争性战略联盟是指"为了增强企业的竞争实力,由在同一市场上有着相

---

① 吴江文:《民间资本败走"朝天门"》,《传媒》2009年第4期。
② 吴垠:《遂宁广电"买断"事件》,《21世纪经济报道》2004年3月18日。
③ 〔美〕迈克尔·A.希特等:《战略管理:竞争与全球化(第4版)》,吕巍等译,机械工业出版社2002年版,第341页。

同或类似的产品和服务的企业,在生产经营的某一环节上结成战略联盟,通过加强合作来减少企业之间不必要的虚耗,使之更加有效地参与市场竞争,获取额外的收益"①的合作战略。与其相反,非竞争性战略联盟是指"来自不同产业或者同一产业中不同业务领域的企业,为了应对出现的市场机遇,以交换各自拥有的关键性资源为手段,以降低经营成本、获得额外收益为目的而结成的一种网络式动态联盟"。② 一般地说,竞争性战略联盟常常由于联盟双方有竞争关系而造成其与生俱来的缺点——学习竞赛和机会主义行为;而非竞争性战略联盟则由于联盟双方不存在竞争关系,不但能克服竞争性联盟的缺点,而且形成自身的优点——"稳定性、低成本、伙伴选择的多样性以及模式选择的多样性"。③

基于以上分析,我们可以将媒介非竞争性战略联盟定义为:媒介企业与非媒介企业,为了应对出现的市场机遇,以交换各自拥有的关键性资源为手段,以降低经营成本、获得额外收益为目的而结成的一种网络式动态联盟。结合传媒业的实际,媒企非竞争性战略联盟主要有以下四种类型。

(一)研发型

在社会发展的历史中,技术始终具有改写与颠覆的力量。在传媒业亦是如此,当下技术已成为改变传媒市场格局的重要力量。因此,这种为分散投资与风险,共享联盟企业的核心技术,占据有利市场地位的研发型非竞争性战略联盟便应运而生了。例如 2008 年 10 月,中央电视台与英特尔公司建立联合实验室,共同就数字多媒体处理、网络传输、并行计算、数据中心等方面进行联合研发。英特尔公司将为中央电视台提供包括基于全新酷睿™微架构在内的多项创新技术,并将帮助中央电视台全面提升现有系统的视频处理能力及速度,以满足中央电视台对于高清电视节目制作的要求。④ 中央电视台通过开放平台与英特尔进行联合技术开发,而这种应用模式的成功将为英特尔带来巨大的市场资源,助推其进入全国电视制作行业中。

(二)纵向互补型

这种模式是指媒介与企业通过在产业链上的资源、技术与能力的共享而实

---

① 龙勇、杨超:《基于竞争因素的战略联盟性质研究》,《经济与管理研究》2006 年第 5 期。
②③ 魏中龙、金益:《论企业间的非竞争性战略联盟》,《北京工商大学学报(社会科学版)》2008 年第 5 期。
④ 《精诚合作 创新未来——中央电视台与英特尔建立联合实验室》,《广播与电视技术》2008 年第 12 期。

现双方的互利共赢。例如,2007年3月,上海文广集团与海尔集团签署战略合作协议,合作双方将从电视产品、智能家电、媒体电视节目等方面进行深入合作。在高清电视业务推广合作方面,双方将通过上海文广向海尔定制的全球首款高清彩电新品 INNOV 与上海文广新闻传媒集团的高清"新视觉"频道及高清机顶盒捆绑营销。① 上海文广集团作为新媒体内容的集成商,在内容生产方面具有核心竞争力,海尔作为智能家电终端产品的设计制造商,在终端产品的生产上具有核心竞争力,二者的结盟能够促进消费智能家电与媒体内容、娱乐资讯资源的强强联手,同时也实现了高清电视设备、服务提供商与高清内容运营商在品牌推广、营销活动、运营模式和业务模式等方面的产业链接。上海文广集团与康佳集团、英特尔中国、中国电信、清华同方以及苏州日报报业集团与长城电脑的联盟均属于此种类型。

(三)市场拓展型

这种模式是指通过媒体与企业的结盟,让媒体进入新的市场。例如,《浙江日报》和理想国际两大控股集团于2011年2月举行了文化产业合作框架协议签约和浙报理想文化发展有限公司成立仪式。双方将发挥各自优势,在浙江全省、长三角乃至全国开拓文化创意产业园区。浙报集团在转型升级、科学发展中将文化产业作为重点,并确定了"全媒体、全国化"的发展战略。理想国际集团则已在开拓文化产业创意园区方面取得了不俗的成绩。双方将依照国家发展文化产业的政策和导向,运用各种优惠政策和发挥传媒优势,首先通过对旧厂房、旧仓库、旧办公楼等的设计改造利用,聚集中小型文化创意企业,在资金、技术、管理、理念等方面培育和扶持文化创意企业,打造并完善产业链,支持文化创意企业做大做强,促进文化产业群落的形成。②

(四)用户资源共享型

这种模式是指为了降低营销成本,媒体与具有相同目标市场的企业在营销环节进行合作而形成非竞争性战略联盟。比如,1999年4月17日,以共同举办电影《铁血大动脉》和电脑游戏《决战朝鲜》的首发式为标志,金山公司和八一电影制片厂针对共同的目标市场——对战争题材感兴趣的受众,以伙伴关系共同

---

① 李亚馨:《上海文广携手海尔探索高清电视合作模式》,《第一财经日报》2007年3月16日第C01版。
② 祝水兴:《浙报传媒携手理想国际——5年内将在全国创建15个文化创意产业园区》,《中国新闻出版报》2011年3月1日第3版。

进行市场运作。双方在自己的产品和广告中同时介绍对方的产品。在游戏及其宣传手册介绍影片,在影片的加片里介绍游戏,同时游戏将随着电影广告在电影、戏曲类媒体中得到宣传,而电影随着游戏广告在电脑媒体上得到推广。[1]无独有偶,近年来兴起的媒体与银行推出的联名信用卡也属于这种类型。例如,2006年6月,中国建设银行与读者出版集团签署《战略合作协议》,并举行"读者龙卡"发行仪式。"读者龙卡"联名卡将依托《读者》在期刊界的独特地位和品牌影响力、建设银行广泛的营销服务网络推广发行,通过附加一定的文化价值与服务内涵,使读者品牌通过龙卡载体有形化,让持卡人享受《读者》优秀文化的同时也能享受建行龙卡的优质金融理财服务。[2]

五、媒体非相关多元化

一般地说,企业的生存和发展常常面临着两大威胁:来自市场的竞争和环境的变化。通常在这种情况下,企业往往通过多元化战略,即通过扩大经营范围来降低生存的风险。传媒业也是如此。在传媒业发展的历史上,随着信息技术的进步、新媒介形态的多元以及传媒业竞争的白热化,传媒业不得不改变过去过度依赖广告业而向其他行业拓展,于是多元化应运而生。所谓媒体多元化,是指"一家媒体在多种产品市场上为获得竞争优势而对业务组合进行遴选与管理的过程,可以分为相关多元化和非相关多元化。相关多元化是媒介为了获得持续的竞争优势,通过共享活动、技能及核心竞争力的传递而采用的一种战略;非相关多元化是媒介进入与现有业务无关的全新业务领域的战略"。[3]

随着传媒业的发展,其已形成两个支柱体系,即以印务、发行、广告为主的相关多元化体系和以房地产、教育业、金融业等为代表的非相关多元化体系,如表4—4和表4—5所示。

---

[1] 毕小青、彭晓峰:《形形色色的战略联盟》,《企业经济》2000年第5期。
[2] 晋雅芬:《建设银行与"读者"合作发行"读者龙卡"》,《中国新闻出版报》2008年6月26日。
[3] 程曼丽、乔云霞主编:《新闻传播学词典》,新华出版社2012年版,第251页。

表 4—4　中国报业集团非相关多元化体系现状

媒体	酒店业	房地产业	金融业	教育业	会展业	信息咨询	旅游业	其他
广州日报报业集团	√	√						
光明日报报业集团						√		公关业
大众日报报业集团	√	√	√					
浙江日报报业集团		√	√					高科技产业
上海文新报业集团	√			√	√		√	体育场
解放日报报业集团			√	√				电视剧制作、出租车、物业经营
北京日报报业集团								运输业
长春日报报业集团		√			√	√	√	影楼、绿化工程、国际贸易
哈尔滨日报报业集团				√		√		家政服务业、主题公园
成都日报报业集团	√	√			√			传媒投资、医药
天津日报报业集团		√			√			
四川日报报业集团	√							物资公司、净水厂
杭州日报报业集团	√						√	
宁波日报报业集团	√							音乐厅、书城、动漫产业
河北日报报业集团								出租汽车租赁、天益典当行
深圳报业集团	√	√			√		√	

资料来源：作者根据公开资料整理。

表 4—5　中国广电集团非相关多元化体系现状

媒体	房地产业	旅游业	酒店业	信息咨询业	教育业	其他
北京广播电视集团	√	√	√		√	主题公园、体育业
天津广播电视电影集团	√			√		
上海文广新闻集团	√	√	√			会展业
杭州广电集团				√	√	
湖南广播电视集团	√	√	√			餐饮、贸易、电子商务、会展

(续表 4-5)

媒体	房地产业	旅游业	酒店业	信息咨询业	教育业	其他
四川广电集团	√					
南方广播影视集团		√				
淄博广播电视集团			√			天然气、墓地、医院、高档耐火材料、健身、网吧

资料来源：作者根据公开资料整理。

资本以上述种种方式进入媒体，将自己与相关媒体结成利益共同体，一荣俱荣，一损俱损。其好处在于，当资本需要宣传推广时，媒体自然会成为"吹鼓手"，使资本获得更大的利益；当资本出现问题、需要掩盖时，媒体必适时"噤声"，保护资本的利益免受伤害。

第二节 为产品市场利益相关者生产

媒体的生存离不开其他组织和个人。在产品市场层面，这些组织可以分为两类："一类是与媒体的经营有密切关系的组织和个人，另一类是为媒体提供信息的组织和个人。"[①]前者包括广告主和受众，他们影响着媒体经济目标的实现。后者也可以称之为消息来源。

一、广告主

广告主与媒体，历来就是既矛盾又统一的关系：一方面，两者的关系建立在媒体对广告的需要上，广告需要借助媒体加以传播，媒体需要通过广告维持发展，从现实层面上看，二者相互依存；另一方面，新闻专业主义要求媒体保持一定的品质与格调，这就需要媒体在内容产制过程中尽力排除来自广告主的影响，表达独立于广告主力量的意见与观点。

广告经营对于媒体的整体经营发展至关重要。如果把媒体系统比作人体的话，广告经营则是传送血液的动脉。或将媒体整体发展拟作宏观经济发展，广告经营在其中的地位相当于铁路运输在国民经济中的地位。自媒体以广告

---

① 刘海龙：《大众传播理论：范式与流派》，中国人民大学出版社2008年版，第383页。

为主导利润以来,广告主便在这场艰苦卓绝的拉锯战中占了上风。

在美国,"广告主是(媒体)企业收入源泉的提供者。全国性和地方性广告主提供的广告费在广播电视业收入中几乎占100%,在报纸收入中占70%—90%"。① 而对于国内传媒来说,市场化经济体制下的媒体依然对广告费具有相当的依赖。如在电视业中,"电视广告收入已经成为各电视台的主要经济来源,即使在多种经营比较发达的电视台,广告收入在全部经营收入中所占的比重常常高达90%以上,换言之,对于绝大多数电视台来说,其他诸项产业收入之和所占份额还不到10%。可见,今天电视台的经济支柱事实上仍然是电视广告"。② 因此,广告主有形或无形的压力是普遍存在的。美国著名记者和媒体评论员乔治·塞尔德(George Selde)曾经在《新闻记者自由》(*Freedom of the Reporter*)杂志中评论道:"广告主,而非政府,成为了主要的媒体检查者。广告主的压力逐渐威胁着媒体的独立性。在当今社会,媒体越来越难以秉持新闻报道尊重事实的原则,也难以保证公众的知情权。有的编辑说,他们完全尊重新闻从业员的道德准则,但有时也要妥协,因为他们也要做生意。"③在这种经济压力下,媒体就不得不进行一定的妥协。与贝多芬依靠顽强的毅力扼住命运的咽喉不同,广告主通过经济的力量扼住了媒体的咽喉,一定程度上左右着媒体的内容产制,毕竟"关键的消费者——对新闻业来说就是广告主——永远是对的"④。

对于两者的关系,还有这样一段论述:乔姆斯基曾将广告与媒体的关系与西方封建时代文坛出现的庇护人制度做比,广告主向媒体提供津贴,对它们进行庇护,而媒体也要对广告主投其所好,说明它们的节目如何可以满足广告主的需求,从而获得庇护。⑤ 这也正是当前媒体状况的形象描述。那么,广告主的诉求通过怎样的途径得以满足,换言之,广告主究竟怎样影响媒体? 具体来说,广告主目前主要通过资本注入、利益纽带、公共关系三种方式对媒体产生影响。

(一)来自广告资本注入的掣肘

前文已经谈到,资本对媒体有巨大影响,广告作为媒体收入结构中最主要

---

① 〔美〕约翰·H.麦克马那斯:《市场新闻业——公民自行小心?》,张磊译,新华出版社2004年版,第48页。
② 谢耘耕、党芳莉:《中国电视广告竞争新格局(上)》,《新闻界》2005年第1期。
③ 转引自马婷婷:《西方广告商与媒体的关系对中国媒体的启示》,《湖南大众传媒职业技术学院学报》2011年第4期。
④ 〔美〕约翰·H.麦克马那斯:《市场新闻业——公民自行小心?》,张磊译,新华出版社2004年版,第295页。
⑤ 潘知常:《传媒批判理论》,转引自《传媒内容的嬗变——作为影响机制的广告传播》,《北方论丛》2007年第3期。

的部分,自然也在其中起到重要作用。广告主对于媒体的制约主要有以下两种类型:

1. 分账营销

分账营销,又称销售分成,是企业和媒体之间通过协同营销传播,基于合作各方实际营销贡献,对产品销售收入按一定比例进行分配的一种商业模式。在此过程中,媒体和企业紧密合作,各取所需。例如,扬州电视台从 2005 年开始尝试和企业合作进行销售分账,合作对象包括北大富硒康、DHC、古井贡酒、湖南泰尔、三邦蜂胶、汉方药业、捷奥比(锂电池)电动车等众多企业。①

通过分账营销,企业可以实现广告投放的精准可量,从这个层面上看,企业也成为实际上的广告主。表面上是媒体与企业利益共享,风险共担,但究其实质,媒体仍然是这场联姻中的弱势群体。"联姻"的背后意味着媒体只有以企业的立场为出发点才能满足企业的要求,即在广告主利益最大化的前提下才能实现自身效益的最大化。如此看来,市场化条件下孕育的新型的商业模式却也是媒体的"卖身契"。

2. 广告入股

广告入股,是商业实践中的一种利益共享的方式,是媒体出于收益最大化的目的将广告资源作为资产与法人企业展开合作,入股企业的一种商业模式。例如,玄中酒是山西交城酒厂的一个产品,产品和企业均有巨大潜力,但受制于各种因素,酒厂濒临破产。山西日报社在进行准确的市场分析和定位之后,决定以报纸版面入股的形式与酒厂合资成立山西玄中酒业有限公司,负责企业产品广告和企业形象宣传。在一年的时间里,他们发布了资金总额达 200 万元的玄中系列酒的专版广告,并用版面与其他媒体交换,形成了玄中系列酒的立体宣传攻势,市场反响强烈,玄中酒销量突破 100 万吨大关,使原本濒临倒闭的酒厂重新焕发了生机。报社也因此获得了效益,仅广告的版面费就收入 40 万元,同时,还拥有该企业的股份。随后,该报通过这种经营方式与多家企业合作,这种形式的直接广告收入达三百多万元,并拥有了三家企业的股份。②

但将广告渠道本身作为商品、作为资产表现形式进行置换,媒体出于维护

---

① 陆建华:《城市电视媒体广告经营的终端控制策略》,《视听界》2010 年第 6 期。
② 转引自许雄辉:《中小报业营销管理》,复旦大学出版社 2000 年版,第 83 页。

商业利益的目的,自然失去了作为媒体应有的立场与态度。在利益的衡量下,以广告合作为形式的媒企合作本身就是一场周瑜打黄盖的狂欢。试想:作为股权持有者、利益既有者的媒体,一旦入股企业出现问题,那作为社会公器的媒体还能否大义凛然地完成自我监督?答案不言而喻。

(二)来自广告主的威逼与利诱

对于游离在亚欧板块之外的日本而言,资源的贫瘠是一个不得不提的话题,然而,在这个外向型经济极其明显的国家,强大的工业机器靠什么支撑又依附于什么?答案是石油,黑色的石油,黑色的工业血液。扼住了石油的来源渠道,也就扼住了日本经济发展的生命线。与此类似,在现代经济社会,市场化运作的媒体必然需要自己的收入,那么,在目前媒体单一的盈利模式下,广告是其最重要的利润来源,失去了广告也就失去了媒体生存的基石。因此,广告主常常能够在与媒体的博弈中胜出。

1. 来自广告主的威胁

掌握着某种资源,掌握着某种渠道,自然也就有了与对手谈判的资本。理论上讲,谈判的双方应是相互平等的关系,但在筹码多少的掺杂下,事实上的不平等已然存在。在广告主与媒体的对弈中,广告的力量让天平明显向广告主倾斜,这种倾斜也就构成了转换在现实中的威胁。

这种威胁并非空穴来风。1992 年针对美国报纸所做的一项研究显示,93%的报社编辑回答因为新闻报道内容,广告主曾威胁要撤回广告,其中 38% 的编辑回答广告主曾成功地影响报纸的内容。1997 年,对美国商业电视台记者的调查结果也显示,74.2% 的记者回答广告主曾企图影响新闻内容,68.3% 的记者回答因为新闻内容,广告主威胁要取消广告,44.2% 的记者回答新闻真的被迫取消或更改,40% 的记者回答广告主成功地影响了新闻报道的内容,59.2% 的记者回答由于播出不利于广告主的内容而被广告主抗议,55.8% 的记者承认曾制作广告主喜欢的内容,以取悦广告主。例如,美国香烟公司就曾因不满 Mother Jones 刊载的文章指出"香烟是形成肺与心脏疾病的主要因素",而从该杂志撤回广告。[①]

国内的情况也不容乐观。2004 年《中国新闻工作者职业道德调查报告》中,

---

① 胡光夏:《广告的政治经济学分析法初探》,《新闻学研究》2000 年第 64 期。

对于主动淡化不利于重要广告客户的新闻,12.1%的人同意,54.2%的人态度暧昧,这两部分占整体的三分之二。① 在强大的生存压力面前,新闻传播机构及其聘用的人员不得不臣服在广告主的身下。

但在今天的传媒业,对于资金紧缺的媒体来说,记者们承担的绝不仅仅是维护新闻真实、采编新闻的任务,诸如现在的报刊记者站常常把本不该记者从事的经营创收任务交由记者完成,一些报刊社将承揽广告、经营创收的任务摊派下放,记者承受了本不该承受的压力,同时也无可避免地使广告主对内容产生影响,"据辽宁省新闻出版局反映,一些记者站还在违规从事报刊发行、广告业务。个别中央报刊记者站工作人员在从事新闻采访、组稿、通联等新闻业务工作的同时,将大量精力用于在行业内开展报刊发行,记者站的日常工作往往同报刊的发行额挂钩,严重影响记者站宣传报道工作的正常开展"。②

2. 来自广告主的诱惑

没有永远的敌人,只有永恒的利益。在市场经济的环境下,某些新闻工作者即使接受过专业教育,在诱惑面前也逐渐变得现实起来,缺少了一种职业的崇高感与责任感。相对而言,广告主通常一手高举着大棒,一手拿着胡萝卜。胡萝卜就在眼前,选择理想还是选择现实?选择捍卫职业尊严还是选择实实在在的利益?抱着终归已经受制于人,不如索性接受的态度,加之中国自古以来人情社会的传统,且又缺乏强有力的规范措施,某些新闻工作者难以抗拒利益的诱惑。例如,2008年9月前,一些媒体就陆续接到有关三鹿奶粉问题的爆料,但在很长时间里,它们一直对"三鹿"二字遮遮掩掩,未能进行公开的质疑报道。记者在采访时碰到一些同行,他们承认报社正在和三鹿集团谈广告,所以要暂缓进行点名报道。③

在《中国新闻工作者职业道德调查报告》中显示,对于接受被采访方用餐,21.5%同意,62.8%态度暧昧,这两部分占整体的5/6;对于接受被采访方免费旅游,10.7%同意,55.1%态度暧昧,这两部分占整体的近2/3;对于接受被采访方现金馈赠,6.3%同意,40.5%态度暧昧,这两部分占整体的近半数。④

---

① 陈力丹:《2004年新闻传播学研究的十二个新鲜话题》,《新闻界》2005年第1期。
② 晋雅芬:《报刊记者站管理如何加强》,《中国新闻出版报》2011年11月18日。
③ 简光洲、黄杨:《如何处理食品安全个案与行业安全问题——回看三鹿奶粉事件的报道》,《中国记者》2011年第5期。
④ 张殿元、由笛:《传媒内容的嬗变:作为影响机制的广告传播》,《北方论丛》2007年第3期。

广告主不但会直接控制媒体内容,更有甚者,广告主会采取更为隐蔽的做法,例如,要求以下的观点出现在广告周围的节目中:

> 所有的商人都是诚实的,即便有不守规则的,也早已被其他商人所指责。所有的战争都是人道的。现状是美好的。所有的杂货店、烤面包店、制药厂、饭店和洗衣房也都是美好的。宗教人士,尤其是神职人员,是完美的人,所有吸烟者都是英雄。自杀的人从来不用药片。所有的金融机构永远运作正常。美国生活方式无可挑剔。①

1965年,在联邦传播委员会举办的听证会上,宝洁公司广告部主管艾伯特·N.哈维斯特德作证出示宝洁给广告公司的备忘录并表达了这样的观点:"公司对于自己的广告出现的节目有明确的细则规定。"这些备忘录阐述了对电视节目的要求:

> 如果情况适宜,宝洁广告出现的剧作中的人物应该在思想和行为中表现出对世界现状的认同和接受。而在处理战争时,我们的作者应该尽量减少其"恐怖"的一面。作者们应该接受这样的指导,任何影响公众士气的内容都是不可接受的。穿制服的人不能作为反面角色或被描写为进行任何的犯罪活动。

宝洁特别关注商业和商人在电视节目中的形象:

> 在我们支持的节目中,不能出现任何暗示或明示商业是冷漠、不择手段和缺少精神特质的行为的内容。
>
> 如果一个商人被安排为反面角色,节目必须明确指出这只是一个特例,而且他也为其他商人所谴责。
>
> 对节目中任何提到百货店、药店以及其他宝洁客户的内容要特别注意,不管这些内容显得多么无害。这包括宝洁的工业客户,如烤面包厂、饭店和洗衣房。

宝洁的备忘录还对宗教、爱国主义以及"正面的社会力量"(比如主教、牧师等角色)都有明确的规定。备忘录特别指出:"如果关于这些方面有任何疑问,

---

① 〔美〕本·H.贝戈蒂克安:《媒体垄断(第六版)》,吴婧译,河北教育出版社2004年版,第174页。

这部分内容应该被删除。"①

国内某些大公司也受这些做法的影响,采用了相似的手段。2010年8月,网络上流传一则"中国石油天然气集团公司新闻报道公文稿件慎用词汇表",该文称,发布此"词汇表"是为"进一步规范新闻发布和公文稿件用语,正确引导舆论","供新闻发布之用"。该词汇表共有3000多字,对涉及"集团公司领导活动"、"人事劳资和薪酬"、"安全环保、稳定与法律纠纷"等九个部分共35个类别的新闻报道中的慎用词汇和应用词汇进行了归纳总结,涉及上百个词汇。这些词汇主要涉及对一些特定人群、特定活动的用语规范,以及对企业经营状况和实力的描述。其中,报道经营业绩时,不使用"垄断"、"暴利"、"豪门"等词汇;报道薪酬时,慎用"高薪"、"涨工资"、"高福利"、"灰色收入"等词汇;报道资本市场表现时,不使用"圈钱"、"套现"、"敛财"、"破发"、"市值蒸发"、"头筹"、"A股之最"、"第一红筹"、"全球市值第一"、"亚洲最赚钱的公司"等词汇,慎用"走红"、"全线飘红"、"登陆"、"护盘"、"荣登股榜"等词汇的条目。②

虽然中石油有关负责人在接受记者采访时强调这是"内部文件",只对中石油内部媒体新闻报道和公司内部公文稿件适用,实际上我们不得不怀疑中石油会不会利用自己独一无二的广告主地位要求媒体妥协。

(三)利用公共关系

广告主通过选择性地提供新闻、控制负面消息和与媒体领导保持经常性的沟通等途径,实现对媒体的控制或制约。这方面的内容见下文"三、消息来源"。

二、受众

"受众"一词,曾经一度被认为是被动的、缺乏抵抗力的。从汉语的角度,"受"字本身就带有从属的意味。但从传播的角度,"受众"其实只是一个"中性"的概念,它不仅是信息的接受者,也是反馈的发起人,更是媒体的"摇钱树"和"生命线"。中国媒介商业化运作之后,受众的地位可以用"受宠若惊"来形容,从"传者为中心"走向"受者为中心"已成为新闻从业者的共识。

---

① 〔美〕本·H.贝戈蒂克安:《媒体垄断(第六版)》,吴靖译,河北教育出版社2004年版,第176页。
② 安蓓:《中石油回应网上转帖"新闻报道慎用词汇表"》,新华网2010年8月14日。

(一)受众观在中国的确立

我国新闻学界对于受众的研究起于 1956 年,时任复旦大学新闻系主任的王中教授首先提出"读者需求论"。然而,在当时的政治环境下,该理论一直被作为资产阶级"毒草"加以批判。"文革"时期,新闻报道虚假成风,夸大其辞,报纸成了党政机关的机械宣传工具,直到"四人帮"粉碎后,这才告一段落。1976 年 11 月 19 日《人民日报》恢复了"读者来信"专栏,此举引发了全国范围内类似专栏的复出。十一届三中全会后,"读者需求论"被广泛接受,受众的理念也逐渐深入人心。

改革开放后,政府明确了我国新闻事业的双重属性:事业化性质、企业化管理。报纸既要自负盈亏,使利润最大化,又要把握舆论导向,承担社会预警的功能。虽然新闻媒体是党、政府和人民的喉舌,但是把如此庞大的媒体都一视同仁地当作党的喉舌,怎能不七嘴八舌?有学者做了个形象的比喻:中国的传媒业是"计划的脑袋"长在了"市场的肚子上"。一方面,报纸要刊登市民喜欢看的娱乐、时尚、休闲类内容,另一方面还要完成党的宣传任务,以至于落入了"大报小报化,小报大报化"的趋同怪圈。①

20 世纪 80 年代中期,中国传媒业陆续开始转型,"分众"的理念日益渗透。一批有影响力的报纸在这一时期诞生(如表 4—6 所示)。

表 4—6 我国 20 世纪八九十年代创刊的不同领域内的著名报纸

概况＼报名	《中国经营报》	《消费日报》	《体坛周报》	《环球时报》	《申江服务导报》
创刊时间	1985 年 1 月	1988 年 1 月 1 日	1988 年 7 月 1 日	1993 年 1 月 3 日	1998 年 1 月 1 日
内容性质	经济	消费	体育	国际新闻	服务

资料来源:作者根据公开资料整理。

这一时期,体制的转轨和社会的转型促使受众对于新的信息极度渴求。《中国经营报》《环球时报》等一批报纸的崛起无疑借助了社会转型这股"东风"。这一浪潮被不少学者认为是新闻改革的重大标志,即从"雅俗共赏"走向"雅俗分赏"。这段时间的变动包含两个层面的分化,首先是受众的分化,其次是媒体

---

① 李良荣:《关于中国新闻媒体的双轨制——再论中国新闻媒体的双重性》,《新闻大学》1995 年夏季号。

的分化。随后的一个时期,晚报的繁荣获得了超乎寻常的市场收益,报业运作者试图在内地各个城市复制晚报。国家新闻出版总署为了避免同一个城市出现两张晚报,就创造了一个新的名字"都市报"。① 晚报和都市报的出现是受众作为消费者身份的重要体现,受众不仅消费了信息,也实现了媒体及其内容的自我认同。

实证方面,受众调查的广泛运用,推动了我国广播电视业的发展。数据显示,20世纪八九十年代,我国广播电视业共开展了五次较大规模的受众调查,全面地考察了受众的人数、地理分布、心理偏好、信任度等指标。进入90年代,大规模的调查已运用到重大国际赛事中。十一届亚洲运动会期间,首都八家新闻单位联合调查了"广播电视宣传对于受众态度的改变"。1997年12月,央视调查咨询公司与法国 SOFRES 集团合资成立了央视—索福瑞媒介研究有限公司(简称 CSM),标志着我国受众调研正式进入专业化管理阶段。

令人焦虑的是,在经历了"大批判"到"大盛赞"的逆转后,新的问题又浮出了水面。"受众本位"意识原本旨在带来受众地位的改变,以及传播形式、内容偏好和风格定位的改变,一时间,却像是把"双刃剑",在极大地促进传媒业发展的同时,也由于过度补偿,导致娱乐化、媚俗化等一系列问题的产生。各种各样的"门"事件敲开了媒体的大门,五花八门的节目打着"贴近观众"的旗号招摇过市。2011年6月29日,河北省石家庄电视台第三频道《情感密码》栏目播出了一期节目《我给儿子当孙子》。该节目中,一位"不孝子"不仅不赡养老人,还咄咄逼人,强词夺理,他的这一行径引起了石家庄市民的强烈愤慨。经调查,其内容纯属虚构,不过是媒体自娱自乐的一场"闹剧",最终广电总局下令该台停播30天。究其原因,当下各地频道均争先恐后地创办"情感类"节目,该频道也想分一杯羹,却没想到"玩火自焚"。学者李良荣指出:"物质产品在市场竞争中自发地廉价化,而精神产品则是自发地低俗。"过度地以受众为导向,难免会陷入不良竞争,"报格、台格"自然跳水般地下降。

正如亚里士多德所认为的那样:"精神美德就是处于两个极端之间的正确位置",受众既不是"上帝",也不是"仆人",仅仅是影响媒体内容产制的一种力量。

---

① 孙玮:《现代中国的大众书写——都市报的生成、发展与转折》,复旦大学出版社2006年版,前言。

(二)受众制约下的媒体内容产制路径

媒体商业化运作中,广告主、投资者可以运用资本的力量来控制内容生产,政府可以间接地利用行政干预内容,受众虽不能在生产环节起到决定性作用,但在消费环节却具有绝对的掌控力。一旦产制出来的内容无法被消费,整个内容再生产环节就会发生断裂,媒体就会面临灭顶之灾。另外,受众也是法律意义上的公民,享有监督权、表达权、接近权,这些权利的实现确保了受众可以影响媒体内容,使之更加符合受众的需求。

1.受众利用信息反馈的方式对内容产制进行引导

这种信息反馈表现为两种方式:一是受众利用信件、来访、电话、手机短信、电子邮件、网上留言以及参与媒体受众调查等方式直接表达对媒体内容的意见。媒体内容产制是一个循环,上一次的信息反馈将影响下一次媒体内容产制。二是受众利用舆论对内容产制进行导向。

(1)受众信息反馈的利用状况——以2006年观众信息反馈调查为例

刘燕南教授领衔的"中国电视剧观众反馈研究"课题组于2006年春调查走访了华北、华东、华中、华南、西南、西北等六大地区的11家中央级和省级电视台(即中央电视台、北京电视台、陕西电视台、山西电视台、重庆电视台、安徽电视台、湖北电视台、湖南电视台、上海文广集团、浙江电视台和广东电视台)。

调查发现,11家电视台中有7家(即陕西电视台、安徽电视台、湖北电视台、湖南电视台、上海文广集团)以观众的意见反馈作为传播决策的参考,其中有些电视台还不定期邀请观众或专家进行座谈(如湖南台)。不过这7家电视台中,有些台由于缺乏对观众意见的系统归纳、分析和处理,认为其零散、琐细,观众意见反馈的决策参考作用也十分有限,基本上处于从属地位,或者说是聊备一格。

有4家电视台认为受众反馈信息基本无用,除浙江台未说明理由外,其余3家电视台陕西台、重庆台和广东台都表明自己另有替代方式。比如,陕西电视台自办了一份内部刊物《陕西视评》,重点刊登一些专家或资深人士的分析和评论文章,意见信息也以他们的文章为主。

访问中有一些电视台(如湖南台、湖北台)的工作人员认为,观众的意见反馈也比较有意义,虽然这些意见可能零散而多元,但是通过它们能够直接了解一些观众的所思所想,针对性较强,比起收视率数据,可能更直接、可感。然而,有更多的电视台工作人员称,在今天电视台的传播决策中,观众意见反馈的作用充其量只是一种辅助,一种补充参考。虽然各电视台仍在收集和处理观众意见信息,其中的重要意见也会引起相关部门的重视,但是它的地位在逐渐边缘化。① 换句话说,受众利用个人信息反馈的力量来影响媒体内容产制的力度正在逐步下降。

(2)受众利用舆论对内容产制进行导向——以2011年"7.23"动车事故为例

如果将内容产制看作一个过程的话,舆论影响内容产制的结果将体现在下一轮内容产制之中。相比于短消息,连续性报道更能体现舆论引导的作用,在一个较长的时间段内,受众的舆论能够扭转媒体预设的报道轨迹(如图4—1所示)。

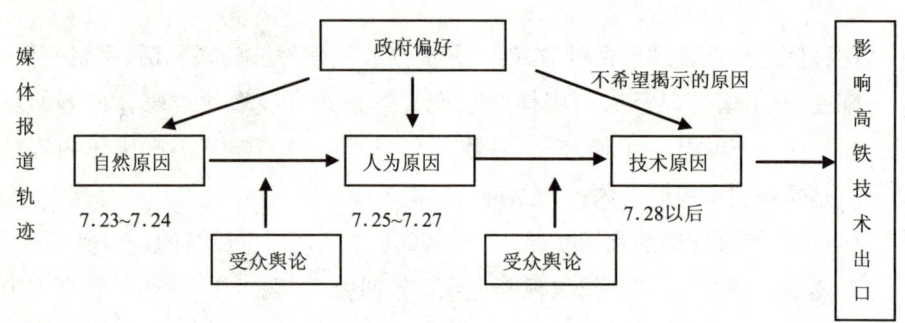

图4—1 受众影响下的"7.23事件"原因剖析

2011年7月23日至24日,包括中国新闻网、新华网在内的全国大部分媒体都将两车相撞归结于自然原因,即动车遭到雷击失去动力,但随即遭到众多网友和专家的质疑。受众认为,如果打几个雷,列车就失去动力,而且没有备用系统替换,说明列车本身就是不合格的。针对社会舆论的疯狂质疑,媒体报道陷入僵局。

7月25日《经济参考报》发文表示:即使系统出问题,补救措施也应该立即跟上,事故可能是司机、调度员玩忽职守造成的。事故由自然原因到人为原因标志着媒体风向的第一次转变,受众的舆论显示出强大的压力。

7月26日,多家媒体发布信息:动车司机因公牺牲,并且尽职尽责。在这期间,又出现了列车掩埋事件、温州市律协风波(温州律管所下发通知,所有律师不得擅自解答有关事故的法律问题)。舆论又沸腾了,猜疑人祸或许并不是事

---

① 刘燕南:《反馈的变奏:"数字受众"vs"意见受众"——中国电视台观众反馈现状调研报告》,《现代传播》2008年第2期。

故最重要的原因,还隐藏着更深层次的问题。

7月28日开始,《南方周末》《东方早报》以及中央电视台等媒体报道了上海市铁路局关于事故原因的初步调查结论:温州南站信号设备在设计上存在缺陷,即事故由人为原因深入至技术原因。这或许是媒体最不愿意揭示的结论(因为这会影响到中国高铁技术的出口),但最终在受众的压力下浮出水面。

新闻心理学家认为:受众对于新闻报道的认知往往受制于已有态度的制约,体现出一种惰性。[①] 而媒体在处理过同种性质事件之后,会形成一个基本的态度判断,当下一个相似的事件再发生,媒体则根据以往的经验作出符合受众心理的报道。"李刚门"、"郭美美事件"的媒体报道就暗暗附和了受众的仇富、仇官心理,既是舆论所致,也反过来加重了这种倾向。在"被消费的舆论"生产中,受众心理既是生产的源泉,也是消费的动力,而媒体则是助推器。

客观性原则要求内容产制不受任何外力介入,实际上既不可能,也做不到。内容要受到来自政治、经济、文化习俗的影响,而受众的观念本身就是文化习俗。舆论影响下的内容产制更加强调人的意志,并且大多数情况下,舆论本身并没有我们所想象的那么理智,而是具有功利性,其目的在于满足受众的意愿与需要。正如黑格尔对于舆论的论述:"公共舆论中真理和无穷错误直接混杂在一起。"[②] 否定学派对舆论抱有的怀疑态度启示我们:"舆论导向是新闻生产流水线上的模具,它塑造了成品的模样。"

2.受众通过结成压力集团(或者成为公民团体),以群体的方式对内容产制施加影响

在美国,由于广播电视有延长许可证的压力,因此这种外界因素在广播电视领域产生了更大的效果。比如,约翰·班扎夫三世领导了一个名为"吸烟与健康行动"的组织,该组织对于说服禁止在广播和电视中播放香烟广告发挥了作用。儿童行动组织则实现了"从儿童节目中去除药品与维生素广告"和"减少星期六早晨节目中的广告数量"等成果。由同性恋组织发起的反对劳拉·施莱辛格博士的电视脱口秀节目开播的抗议活动,使得许多广告客户撤回对该节目的赞助,并且使得几家电视台完全放弃了该节目。劳拉博士最终为他的一些反

---

① 刘京林:《新闻心理学概论》,北京广播学院出版社1999年版,第259页。
② 黑格尔:《法哲学原理》,商务印书馆1961年版,第333页。

同性恋言论道歉。①

3.通过视听率、订阅率等市场指标来制约内容产制

媒体有生产什么的权利,受众也有拒绝购买的权利。凡是那些内容不符合受众要求的媒介产品,受众都会"用手投票"。对于看重广告收入的商业化媒体,报纸发行量缩水,电视收视率猛跌,广播收听率低迷,就是所有老板心中的噩梦。因此,受众对于媒体最直接的影响莫过于"不买媒体制作人的账"。而一种销售不出去的内容,即使再优秀,也跟废品没什么区别;加之媒体信息更新速度很快,今天的信息卖不出去,就会成为明日黄花。

从市场的角度,受众拒绝诸如性质恶劣的、过于严肃的、同质化的媒介产品,当面对这些内容时,受众最简单的办法就是"闭目塞听"——不买、不听、不看。在商业化媒体中,当作为个体的受众转化为媒体监测的数据之时,受众强大的影响便得以充分体现。尽管有学者提出发行率、收视(听)率测量的主体并不能代表真实的受众,因为很多人一边开着电视一边洗衣服做饭(从这个意义上来说,他们并不是有效的受众)。在目前全国数字频道已达一百多个、受众处于买方市场的格局下,他们当然可以要求媒介提供符合其要求的内容。反过来,在注意力经济下,受众的可支配时间有限,媒体内容即使白送,受众也未必愿意接受,更何况是那些收费的媒体? 如果媒体想要完成注意力的二次销售,就必须首先满足受众的要求。

三、消息来源

正如前文所说,消息来源即新闻素材的提供者。这种新闻原料既可以是事实信息,也可以是意见信息。提供这种新闻原料的可以是"政府、政党、团体、企业及其发言人",也可以是"有资格、有权威的人士或当事者本人、事件的目击者"。② 以消息来源是否肩负公共关系的职责可以将其分为政府消息来源、公共关系消息来源和一般消息来源。

有研究者"形象却又比较恰当地将消息来源与媒体之间的关系描述为舞伴关系:起初彼此互相寻找,共舞后,彼此又都试图引领对方;然而,无论哪一方处

---

① 〔美〕约瑟夫·R.多米尼克:《大众传播动力学——数字时代的媒介(第七版)》,蔡骐译,中国人民大学出版社 2009 年版,第 418 页。
② 冯健:《中国新闻实用大辞典》,新华出版社 1996 年版,第 176 页。

于主导地位,基本上双方仍在互利互赖的基础上互动。这种描述比较准确地说明了二者之间既竞争又合作的关系特征"。① 但是,随着公共关系产业的发展和新闻从业人员工作负担的增加,二者之间的关系越来越倾向于前者。

"报社走廊里出现的公关公司的代表,跟记者一样多",② 虽然中国的公共关系业没有达到美国报业史学家艾特·舒尔笔下的美国公共关系业一样发达,但是其确实获得了飞速的发展。"自2000年起,我国公共关系业每年保持着30%以上的增速。中国国际公共关系协会(CIPRA)最新公布2010年我国公关行业发展情况,2010年整个行业营业额约为210亿元,年增长率为25%(如图4—2所示)。汽车、IT、快速消费、医疗保健和金融位居市场份额的前五位,分别为24.3%、16.2%、14.8%、8.3%和4.1%,其他如通信、房地产、制造业、旅游、体育、文化等占32.3%左右。网络公关、事件营销、危机管理、世博公关以及企业社会责任等成为2010年度增长最快的业务。城市营销业务开始受到普遍关注。"③

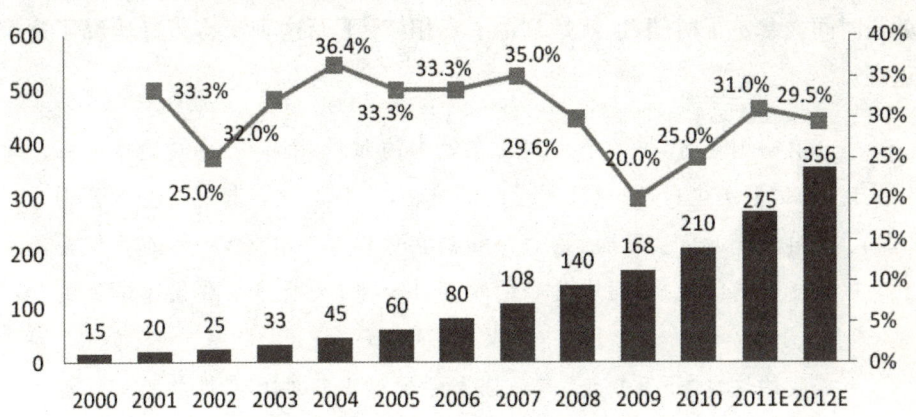

图4—2 2000—2012年国内公关业市场规模④

与公共关系的蓬勃发展相对,新闻生产则受到了日益严重的挤压——来自网络媒体、自媒体、传统媒体之间的白热化竞争。在为赢得更多利润的努力中,报纸

---

① 冯丙奇:《双重守门人之间复杂的共生关系——公共关系从业人员与媒体从业人员之间的关系分析》,《新闻与传播研究》2007年第7期。
② 〔美〕道格·安德梧:《MBA当家:企业化经营下报业的改变》,林添贵译,正中书局2000年版,第72页。
③ 王玉泉:《政策和市场是未来发展主旋律——传媒行业2011年二季度投资策略》,东兴证券股份有限公司半年度证券研究报告,2011年4月19日。
④ 资料来源:CIPRA,东兴证券研究所。

在不断地扩展版面以开拓更多的赢利空间,都市类报纸从最初的 4 开 16 版,扩展到平均 4 开 48 版,甚至更多。传统的广播电视媒体也提升了节目量,以满足多重频道和 24 小时新闻频道的要求。2001 年,全国新闻从业人员大约 75 万人左右。[①] 2007 年,全国新闻从业人员达百万[②],同期新闻从业人员仅增长 1.32 倍。大约 10 年的时间,记者用于找新闻线索、核查新闻的时间减少到原来的约 2/5。新闻业成为从业压力第三大的行业,与飞行员和狱警处于同一水平。[③]

随着记者与所提供的内容之间不成比例的增长,加之媒体对记者的考核体系"重量不重质"的倾向,记者写稿数量的压力与日俱增。记者用于新闻报道的时间大大减少,如央视某中心新闻部每天首播新闻量近 500 分钟,但"现在没有按照实际承担的工作量来设置编制,实际播出节目的数量和工作人员数量不对应,工作人员太少",一线采编人员疲于应付,业务主管压力重重。[④] "这如同利刃一样刺进新闻业——如果事实是目的,核查是基础,对于记者最宝贵的财富就是时间。拿走了时间,也就是拿走了真相。"[⑤]下面这则寓言正好诠释了这个道理。

> 有一则寓言,讲一个小和尚在做粥的时候,看到一片灰尘落入粥锅,赶忙把灰尘舀起,他又不忍浪费粮食,于是就把舀起有灰尘的粥喝了。恰好此时方丈路过,以为小和尚在偷喝粥。你看,一片灰尘就足以改变事情的性质,而在复杂的现实社会里,又有多少我们不知道的"灰尘"呢?

> 我的这种"不可知论"容易让人怀疑追求新闻真实性的意义。但从另一个角度来看,我相信时间的力量。只要有足够的时间关注和研究,不完备的信息也会指引我们拼出正确的答案。

> 如果翻看一下《美国对华情报揭秘档案(1948—1976)》,就会对这个问题有个更直观的了解。"文化大革命"期间,美国情报机关在华的情报网络几乎全部瘫痪,他们的主要情报来源是往来于中国的外交人

---

① 孙正一、柳婷婷:《2002:中国新闻业回望(下)——中国新闻业发展"备忘录"》,《新闻记者》2003 年第 1 期。
② 孙正一、柳婷婷:《2007:中国新闻业回望》,《新闻记者》2008 年第 1 期。
③ Simon Cottle 主编:《新闻、公共关系与权力》,李兆丰、石琳译,复旦大学出版社 2007 年版,第 44 页。
④ 转引自曾晶:《电视新闻生产的"大编辑部"模式——运行中的问题及对策》,《新闻大学》2006 年第 4 期。
⑤ 〔英〕尼克·戴维斯:《媒体潜规则——英国名记揭秘全球新闻业黑幕》,崔莹译,南方日报出版社 2010 年版,第 38 页。

员、游客以及逃到香港的"难民",还有红卫兵的报纸和大字报。

这些信息很散乱,也很难证实。例如,有一则 1966 年 4 月 15 日的情报是这样写的:"一位(不知名的)波兰外交官 4 月 15 日说,毛泽东于 4 月初在上海做了喉癌手术。这位波兰外交官是从一位曾参与会诊的、在上海的波兰医生那里获得这一消息的。"

然而,就是靠着这些散乱而有限的情报,中情局依然可以对中国当时的情况做出比较客观的评述,对中国的未来发表有前瞻性的意见。

例如,在"文化大革命"刚刚开始,对中国造成的破坏还没有完全显现出来的时候,中情局就预言:"一旦毛主席离开了政治舞台,相信他的很多教条和实践都可能随之而亡。这不仅仅因为它们在文化大革命中声名扫地,而且还因为它们不适应社会和经济发展这个日益明显的现实。"

对比一下中情局的操作模式,就基本上可以写出寻找问题答案的方程式:

答案 = 分析思考 + 专业知识 + 足够的时间 + 足够的休息

在当今这个媒体高度发达的环境里,对一个成熟的记者来说,这个公式中的所有条件都是具备的,而唯一的决定因素就是时间。但恰恰是时间,才能让我们不断地去接近事情的真实样子。①

在这种情况下,公共关系的消息来源乘虚而入。2003 年一季度,美国在评选年度客户满意度最高的公关公司时发现:企业使用最多的公关服务项目是媒体关系,高达 86%。② 在中国,有报告显示,2003 年上海公关部门媒体接洽在所有公关服务项目中占的比例最高,达 41%。③

这些组织和个人都试图通过各种路径影响媒体对他们的报道。

(一)消息来源操控新闻的路径

1.控制新闻渠道

消息来源通过控制通向新闻的渠道来控制媒体,比如宣传管理、评估记者

---

① 刘湘明:《时间的力量》,《商业价值》2011 年第 10 期。
② 胡春阳:《论公共关系对大众传媒的影响力》,《新闻大学》2004 年第 4 期。
③ 《上海公关行业调查报告》,《公关世界》2003 年第 5 期。

以及收买记者或媒体等。

(1)对新闻来源的管理

由于媒体的社会角色之一是舆论工具,它具有巨大的社会影响力,直接影响人们的价值观念和价值判断以及人们的思想、态度和行为,因此,在任何社会制度下,国家或政党或多或少都对媒体加以控制和管理。我国在长期的发展中已形成了一套独具特色的社会主义媒体监管体制,与西方国家具有明显的不同,简而言之,即"双轨、统一、分级、分类管理"①。

"双轨"是指党的部门和政府部门同时参与对媒介的管理。在党委方面,有中央及各级党委宣传部,重点对媒体的政治思想进行监管;在政府主管部门方面,则有国家新闻出版广电总局以及各级政府所设的同类监管机构,对报刊和广播电视等媒体实行监管。

"统一"包括两层意思:一是整个传媒业的管理统一在四项基本原则的基础上;二是主要权力集中在中央,如法规的制定、新媒介的审批等。

"分级"是指对报纸日常事务的管理适当下放,中央在基本思想原则上进行把握,具体的日常管理由各级主管部门按权限分级负责。

"分类"是指对不同性质的媒体采取不同的监管模式。在这种模式下,政府可以社会效益的名义直接插手媒体内部事务,有关部门和领导可以直接向媒体"通气"、"吹风",指导报纸该发哪条新闻,不该发哪条新闻。特别是与意识形态和政府相关的新闻,记者必须循规蹈矩,不得越雷池一步。

学者陈力丹、陆晔都曾在这方面做了大量的田野调查,从他们所做的田野日记中摘录几段,可以管窥我国新闻管理体制对新闻来源的管控机制:

> 在台里做新闻记者,每个人都要接触到一个叫索贝的新闻系统,因为所有的稿子,改稿和播出记录都在这个系统里面。而每次打开这个系统,都会先有一个对话方块蹦出来,这个视窗叫做"消息通知视窗",内容都是来自上级对各种新闻选题和内容的宣传和口径限制,不得违反。每天这些通知的内容涉及政治、文化等等,五花八门,用红色字体标示,提醒大家注意。

> 如6月27日,接到领导通知:不得出版、转载、宣传《用新闻影响今天——冰点周刊世纪》,不报道查堵《中国工人阶级状况》等图书。

---

① 唐绪军:《报业经济与报业经营》,新华出版社1999年版,第168页。

如 6 月 29 日,接到领导通知:正在全国人大常委会审议的《中华人民共和国突发事件应对法(草案)》是一部重要的法律,涉及面广,又比较复杂、敏感,社会关注度高,不得擅自报道,听从统一口径。

……

像这样的消息,每个星期出现在系统里很多,这些选题都是不能做的。

类似的有形的宣传管理还有每天通过报/台总编室下发的"宣传通知"或"宣传要求"。在北京某著名的市场化程度很高的报社内部,每天都有这类"宣传要求"下发到各个部门,内容主要是"接中宣部通知"或"市委宣传部通知","XXX 事件请不要报道"或"一律采用新华社通稿"等等。

一位省级电视台晚间新闻责任编辑的办公室,墙上最显眼的地方,张贴着一张宣传部门的文件,上面写着最近的报道重点,以及哪些问题是不能报道的。这位责任编辑说,在审片时只要把握住这张纸,其他问题就很容易解决了。①

企业也会通过一些举措控制某些新闻来源。它们通常通过公关公司来实现对消息源的控制。据黄群在《第一财经日报》的现场观察,"记者经常会在电子邮件里收到来自公关公司的邀请函,或者被电话通知参加某个企业的活动以及安排某位企业老总的专访。总编也承认现在的一些公司报道,基本上还是以企业自己的宣传和公关公司的一些发布为报道的切入点"②。

(2)评估记者

新闻来源为了塑造自身的媒介形象,通过评估记者以找到那些对本组织持"友好"态度的记者或媒体。比如在美国,专门有家公司提供这种服务。"它提供了一份有 400 多个记者简介的名单,供选用者在一年中挑选。一般来说,重点在于记者报道公司消息时的表现好坏。"③

"黑名单"是这种策略的变种,即让那些持批评观点的记者无法接近新闻源。2011 年 6 月 13 日,卫生部新闻宣传中心主任毛群安在"中国食品安全论

---

① 转引自陈力丹:《"党管媒体"的基本体制》,《传播与社会学刊》(总)第六期(2008)。
② 黄群:《媒体公共关系中的财经新闻生产——〈第一财经日报〉个案研究》,安徽大学 2010 年硕士论文,第 23 页。
③ 转引自〔美〕沃纳·赛弗林、小詹姆斯·坦卡德:《传播理论:起源、方法与应用》,郭镇之等译,华夏出版社 2000 年版,第 365 页。

坛"上表示："为了打击或者遏制极个别媒体有意污染传播环境、误导信息，我们要加强检索，建立黑名单制度。……对极个别的媒体记者，也将建立黑名单制度。"此言论引发轩然大波，一时之间，群情激愤。国家新闻出版总署有关负责人随后重申：依照我国的法律和规定，任何组织或者个人不得干扰、阻挠新闻媒体及其新闻记者合法的采访活动，我国政府从来不允许新闻当事部门、机构建立所谓的记者"黑名单"。虽然如此，其实"在资本市场，一些金融机构和上市公司有意无意间建立所谓的记者黑名单，业内人士对此也是屡见不鲜，大有见怪不怪之势。据笔者了解，一些券商或基金公司习惯于私下建立一本记者的'钉子户'名单，哪些媒体经常出现负面报道或记者经常会写负面报道，他们都会记录在心，并加以重点公关"①。

评估记者的另一变种是拒绝某些记者采访。比如，《第一财经日报》前总编辑秦朔曾有这样一段评述：

> 我对某著名房地产公司人员这种说不得、碰不得、只能听好话、老子天下第一、别人都不如我的习惯非常反感。该公司与深圳条线记者的冲突也非一日。而且据我了解，该公司动辄就威胁媒体：不准再让某某记者跑万科等等。②

学者杨茵娟在《广告主与媒体互动过程研究》一文中也提到一家大型通讯公司曾采用同样的策略。这家公司对发布批评其服务报道的记者采取"封杀"政策，这些记者日后很难从这家公司获得新闻消息。看来，这种"封杀"的策略也非独家所有。

（3）对记者进行"公关"

消息来源利用"非正式的关系"游说或收买记者。所谓"非正式的关系"，是指公关人员与媒体人员之间存在的两种关系之一（另一种关系被称为正式媒体关系）。"依据最近的研究，非正式关系大致包括：①非正式电话；②私下会面；③地缘／校缘／血缘关系；④媒体专访；⑤媒体俱乐部旅游；⑥新闻广告；⑦通过新闻部门的管理人员或编辑人员施加影响；⑧会餐或酒会过程中的交往；⑨确立友谊的活动，如高尔夫、爬山等；⑩赠送礼品或免费票；(11)贿赂。非正式

---

① 陈楚：《记者黑名单侵袭资本市场令人忧》，《证券时报》2011年6月30日第A3版。
② 黄群：《媒体公共关系中的财经新闻生产——〈第一财经日报〉个案研究》，安徽大学2010年硕士论文，第37页。

关系的特点是：信息以一种非正式、非官方的方式影响着新闻报道。"①

比如社会关系，在陆晔的田野调查中，有大量的例子。

> 在某个以舆论监督著称的新闻部门，一位实习生问部门某主任，为什么对××地方的批评很少涉及，主任回答这个地方"一是×书记的家乡，二是本媒体×领导的家乡，自然反映得少一点"；实习生再问，难道会有这样的规定吗？主任笑答："这都是心照不宣的事。"②

比如说情。中国是一个人情社会，游说之风盛行。陈力丹在一个关于职业规范所做的课题调查中出现了这样的文字："7月7日，×××主任通知：有关姗拉娜的负面消息一律不许报道。"③可见，生产"姗拉娜"的企业可能将主任公关了。

"中央电视台《新闻调查》栏目制片人张洁接受《中国青年报》记者采访时坦言：几乎每一期舆论监督节目，都有公关行为的出现，《新闻调查》播出的每一期有影响力的舆论监督节目，都是全台上下，甚至还可能是台之外更高层的领导，抵抗公关的结果。中央电视台另一名牌栏目《焦点访谈》主持人敬一丹也曾披露：《焦点访谈》由于难以应付众多的说情者，舆论监督的分量一度由47%降到17%。说情的不光是数量增加了，'重量'也在变化，由以前的老乡、同学变成机构、组织出面说情。"④

比如收买。消息来源利用劳务费、车马费、有价证券、礼品以及各类消费或者餐饮、旅游、子女或亲属上学、解决工作等换取宣传报道或不报道。1993年，震惊全国的沈太福及其北京长城机电科技产业（集团）公司"十亿元大骗局"，不但是一起影响范围巨大、后果恶劣的经济诈骗活动，更以其卷入新闻单位之多、卷入记者之多，成为中国新闻史上一个恶劣的先例。

当年，风头正劲的沈太福曾经不无得意地宣布："从中央到地方，主要的电台、电视台和通讯社，没有宣传、介绍过长城集团的恐怕不多了。"这话毫无疑问是夸大其词了，但多家媒体卷入其中却也是不争的事实。

1992年的《科技日报》上曾刊登过一则千把字的《请告知交款地点和截止日

---

① 冯丙奇：《双重守门人之间复杂的共生关系——公共关系从业人员与媒体从业人员之间的关系分析》，《新闻与传播研究》2007年第7期。
② 陆晔：《权力与新闻生产过程》，《二十一世纪》2003年6月号。
③ 转引自陈力丹："党管媒体"的基本体制，《传播与社会学刊》（总）第六期（2008）。
④ 张剑强：《当媒体遭遇"公关"》，《甘肃法制报》2007年4月11日第1版。

期》。该文以长城公司回答群众来信的口吻,介绍了各地集资地点的地址、邮政编码、电话、联系人姓名等。耐人寻味的是文章的最后是这样一段文字,从中也许我们可以管中窥豹,略见一斑:

> 最近两个月内的有关报纸,集中报道了长城机电科技产业集团公司及"5028 成果",也可供大家参阅。这些报纸主要有:
> 《人民日报》(1992.7.6)、《经济日报》(92.7.8)、《光明日报》(1992.7.3)、《中国财经报》(1992.7.11)、《解放军报》(1992.7.15)、《农民日报》(1992.7.15)、《文摘报》(1992.7.9)、《北京晚报》(1992.7.18)、《中国技术监督报》(1992.7.15)、《中国专利报》(1992.7.22)、《中国物资报》(1992.7.15)、《金融时报》(1992.7.31)、《科技日报》(1992.6.27)。

在此大骗局中,各地的媒体记者起到了推波助澜的作用,"事后据传,沈太福的红包攻势花费了 3000 万"。[①] 其中最活跃的是《科技日报》记者孙树兴。当沈太福在海南开始集资时,孙树兴在报纸的头版头条发表长篇通讯《20 天集资 2000 万》,对长城公司的集资业绩大加鼓吹。在随后的几个月里,孙树兴又相继发表了《用高科技和我们百年不懈的改革开放筑起新的长城》以及《为了千百万父老兄弟》等长篇报道,对长城公司的集资给予高调的追踪报道。正是在数百家媒体的催热下,沈太福跑马圈地,战无不胜。在这期间,沈太福以辛苦费或者"交通费"先后给了孙树兴四万多元、"皮尔·卡丹"西服和日本产"美能达"全自动照相机等物品。[②]

1999 年类似的丑闻发生在澳大利亚。一些银行、航空公司和赌博公司通过公关公司贿赂两位著名的电台主持人,让其在节目中给这些公司予以好评。[③] 英国也不例外,2002 年,一家日本烟草公司贿赂观点保守的专栏作家罗杰·斯克鲁顿,让其在《金融时报》《每日电讯报》《独立报》《泰晤士报》和《华尔街日报(欧洲版)》上发表文章,对吸烟的行为予以肯定。[④]

(4) 与媒体领导保持经常性的沟通

消息来源不仅公关记者,而且他们还利用各种路径建立与媒体领导的联

[①] 王安:《拿人家的手短》,《财经界》2003 年第 11 期。
[②] 吴海民:《金元新闻》,华艺出版社 1995 年版,第 26—37 页。
[③][④] 〔英〕尼克·戴维斯:《媒体潜规则——英国名记揭秘全球新闻业黑幕》,崔莹译,南方日报出版社 2010 年版,第 131 页。

系。例如,2008年10月,由国内知名学者、媒体总编辑、跨国公司市场总监和公关总监共同发起的"全国总编辑俱乐部"即是一例。该俱乐部旨在"搭建一个主流媒体和跨国公司之间交流的平台","通过举行一些不定期的活动让媒体与公司高管在一个轻松的环境下进行面对面的交流,从而创造价值"。

知名学者陈力丹在接受《中国新闻出版报》记者采访时表示,"这是一个非政治甚至非职业化的团体,没有多大的社会意义。从他们的发言和准备做的事情看,商业成分远高于新闻职业本身,例如:高尔夫友谊赛、红酒鉴赏晚会、汽车试驾体验、'如何与跨国公司市场总监沟通'主题座谈、'如何与媒体总编辑沟通'主题座谈等。前三个属于高消费娱乐活动,后两个属于商业活动,企图把作为社会公器的传媒,拉到为他们的商业利益服务的轨道上来。"这样的俱乐部商业味很浓,带有明显的运作媒体和运作新闻的性质,也就是当本企业出现负面新闻时,通过这样一个"俱乐部"的渠道可以将事件的影响化于无形或者降到最低的程度,这就是为什么有许多知名企业的市场总监和公关公司的总监出现在俱乐部活动上的原因。

(5)对媒体进行收买或"公关"

媒体层面,消息来源利用经济利益如广告、发行或赞助等换取宣传报道或不报道,即所谓的"私了"。在广告部分有相关的论述,在此不再赘述。如某党报在报纸征订期就作出了这样一个规定:凡是订阅该报全年1000份报纸的,可以给这家单位提供一个头版头条位置。据说这家报纸用这种办法多征订了一万多份报纸,不仅扩大了征订,而且多收入200万元左右,当然自己也付出了代价。这就是10多个头版头条,这可谓"两全其美"。①

《焦点访谈》节目也曾有过类似遭遇:

"《焦点访谈》门前经常排着两个长队:一个是来自全国各地的群众,向《焦点访谈》节目反映情况的;还有一个是住在北京各宾馆里的来自全国各地的干部,向《焦点访谈》节目公关,不要播批评他们的片子的。经向《焦点访谈》同行确认:至少有70%的片子播出前被"公关",其中少数"公关团"在记者刚到采访地就出发了。……在他们(群众)进京之前或者同时,还会有一些更大的干部往北京打电话,找组织或者熟人疏通。这些打电话的,有一些就不一定比中央电视台台长的官小了。至少,他们所找的,都是他们认为能在某一方面制约着或

---

① 韩文根:《新闻商业化倾向值得注意》,《新闻知识》1998年第7期。

联系着《焦点访谈》的人。……至于那些接电话的人,到底是不是真跟中央台、跟《焦点访谈》有关系,有关系又是不是真的肯给他们打招呼,打了招呼又管不管用,是另外一回事。①

而在《新闻调查》门前公关的队伍可能不比《焦点访谈》短,有一段时间,《新闻调查》的播出率只有 50%,尤其在 2002 年,"有真相被隐藏的地方就应该有《新闻调查》"就变得更为艰难,有 10 多期节目被毙。②

2. 制造新闻

既然新闻生产有自己的惯例(依赖现成消息、以新闻价值判断新闻事件的价值、参考其他媒体的报道等),自然就有专门的机构或个人利用这种惯例来"制造新闻"。所谓制造新闻,是指"专业公共关系人员经过精心策划,有意识地安排某些具有新闻价值的事件在某个选定的时间内发生,由此制造出适合传播媒介报道的新闻事件"③。也有学者称为"新闻事件策划",又称为"策划新闻事件"或"策划媒介事件"。④

暨南大学刘俊的硕士论文《当代中国公共关系与新闻报道的互动研究》对此概念有一番精彩的考证。在新闻学里,早在上世纪初,徐宝璜便把这种策划活动称作"创造新闻"。"编辑每日看国内各地及外国报纸时,如见有某地之事,为本埠所应有而尚未有者,可派访员往访本埠之重要人物与机关征求其意见,并搜罗关于此事之种种材料而登而布之,此曰制造新闻。"⑤过了几十年,有研究者把这类活动与"宣传"相连,并提出这种事件可以称作"宣传性现象",即"为了特定的宣传目的而制造的一种现象",其实质"不是事物日常运转所产生的现象,而是因为同传播联系起来以后才产生的现象"⑥。而在施拉姆看来,将之称为"媒介事件"更合适,即"主要制造来供媒介报道的事件"。⑦ 布尔斯廷则把这种策划活动(的结果)称为"伪事件"(Pseudo-events),即为了得到媒体报道而人为制造的新闻事件。

---

① 倪铭:《被包围的"焦点访谈"》,《领导文萃》1999 年第 2 期。
② 唐勇林:《公关与反公关——编辑部的故事》,《中国青年报》2006 年 5 月 17 日。
③ 周晓虹:《走向社会的名片——公共关系理论与实务》,中国社会出版社 1993 年版,第 181 页。
④ 董天策:《"新闻策划"剖析》,《新闻大学》1998 年第 1 期。
⑤ 徐宝璜:《新闻学》,中国人民大学出版社 1994 年版,第 92—93 页。
⑥ 艾丰:《新闻写作方法论》,人民日报出版社 1996 年版,第 106 页。
⑦ 〔美〕威尔伯·施拉姆、威廉·波特:《传播学概论》,陈亮等译,新华出版社 1984 年版,第 272 页。

布尔斯廷概括的"伪事件"的特征,正好诠释了"制造新闻"的特点:

(1)不是自发产生的,而是事先计划、安排和主动引发的。一般来说,火车事故或地震不是伪事件,而专访、新闻发布会是伪事件。

(2)它的主要目的(但不绝对如此)是为了被立即报道或复制,因此它被安排得便于报道。伪事件成功的主要标准是有多少媒体报道它。

(3)伪事件与现实之间的关系是暧昧多义的。正因为如此,它既可以吸引媒体和公众(具有新闻价值),同时又能被用来实现组织的利益。

(4)伪事件通常是一个自我实现的预言。当省城某个商品销量第一的时候,这一声称本身可能会促进销售,使其真的成为畅销产品。[1]

在当今的企业界,越来越多的企业利用这些特点"制造新闻",通过媒体的报道实现扩大知名度、提升美誉度的目的。正如新闻学者曼切尔所说:"消息来源学会了设计事件,这些事件被设计得像自发的一样。事实上,它受消息来源控制的程度,不亚于有准备的演说和专为报刊发布的消息……它并不反映情况的内在的真实性。"[2]比如利用慈善活动、新闻发布会、剪彩典礼、公益活动、专访、节庆日、开放日活动以及精心安排的"突发事件"等。经典的案例如1985年,广州洁丽日化派人带着灭蟑螂药物,到《羊城晚报》编辑部策划了"死给你看"的新闻。1996年,杭州凯地丝绸股份公司以丝绸为材料印制浙江省内独家旅游服务报《江南邮报》,并向中国丝绸博物馆、中国革命历史博物馆赠送世界首创的丝绸报纸。这一活动被国内20余家报纸、电视台集中报道达30余次,海内外受众人数达2500万人次。2000年,养生堂农夫山泉联合中国青少年科技辅导员协会共同发起"全国青少年争当小小科学家活动",在全国21个大中城市的2700多所小学启动,为"天然水"概念大造其势。

3.信息补贴

所谓信息补贴,即"消息来源主动提供信息,以降低媒介采集和使用该信息所需要的费用"。[3] 具体补贴的方式包括直接提供资料给媒体使用、活动公开

---

[1] 转引自刘海龙:《大众传播理论:范式与流派》,中国人民大学出版社2008年版,第397页。
[2] 〔美〕麦尔文·曼切尔:《新闻报道与写作》,中国广播电视出版社1981年版,第147页。
[3] 潘忠党:《"补偿网络":作为传播社会学研究的概念》,《国际新闻界》1997年第3期。

稿、新闻通稿等。

(1)官方的信息补贴

事实上,政府确实掌握着大量的公共信息,其掌握的信息达到了全社会信息总量的80%。① 与受众切身利益紧密相关的有关公共政策法规、高层官员动向等信息,就掌握在党政权力部门的手中。中国社会累积已久的政治文化也总是左右着人们的观念,公众习惯于认为党政官员、官方机构的话语具有较高的权威性。因此,权力部门通过迎合媒体和受众的需求,以背景吹风会、新闻发布会、新闻通稿的形式对媒体记者予以信息补贴,从另一个角度施展着权力的强大影响力。

学者杨朝娇在研究中发现,官方的新闻发布会和新闻通稿是目前党政机关发布信息的常规方式。政府的官方活动多半是计划性事件,相关部门一般会提前准备好各种背景材料和新闻通稿,不仅会在发布会现场给到场的记者人手一份纸质版,还会在发布会之前将新闻通稿电子版发到保持联系的记者的邮箱中。记者一般都乐于接受这种方式,因为官方活动受关注度高、牵涉面广,往往包含了很多新闻亮点,加之政府对宣传工作的日益重视,新闻通稿的水平日渐提高,记者只需在通稿的基础上稍作修改就能很快形成自己的新闻作品,这不仅给记者的采写工作带来很大的便利,还大大降低了采写的时间成本和体力成本。对于政府部门来说,这不仅保持了与记者的友好关系,还很有效地统一了宣传口径。②

此外,背景吹风会也是信息补贴的一种重要形式。背景吹风会一般指非正规形式的党政部门人员与新闻记者的面谈,氛围较轻松,可以一边闲聊一边喝茶或吃饭。相关部门一般只邀请几个熟悉的记者,透露一些还不方便完全公开但又希望媒体能够适当进行宣传的背景信息或未来计划。这种形式有利于与记者保持良好的关系,加强了日常沟通。但是党政部门往往要求记者在有些消息来源写稿时不可具名,这就促使了"消息人士称"、"知情者透露"之类的大量模糊消息来源的出现。③

(2)公关信息补贴

不仅政府部门不断地为媒介提供信息补贴,经济部门提供信息补贴也越来

---

① 陈绚:《在公民知情权与信息公开中寻找平衡——兼议新闻发布制度的建立》,《国际新闻界》2003年第3期。
②③ 杨朝娇:《财经新闻消息来源偏向研究——〈第一财经日报〉个案分析》,暨南大学2012年硕士论文,第48页。

越频繁。《洛杉矶时报》记者肯特·麦克杜格尔报道：

> 企业向电视台或广播电台提供事先录制好的与企业支持者的访谈资料，这些资料常常会被用于新闻节目却不提及新闻来源。各类小报充斥着企业准备好的包含企业信息的"灌装"社论、专栏和漫画。①

从20世纪80年代起，公关公司开始转向通过卫星传送新闻套餐（信息补贴）。专门为客户制作、发送并追踪音像、网络、印刷以及图片资料的Media Link公司透露，自1994年以来，该公司每年发送1000多部新闻发布片。专门提供商业新闻稿的公关新闻社（PR Newswire）更甚，每天向全美大约6000家新闻机构发出150条新闻稿。三大电视网以及《华盛顿邮报》《纽约时报》等都是它的订户。有关方面估计，每年发送的新闻发布片总量应在5000至1.5万之间。②

尼尔森媒介研究中心于1988年对200家电视台进行调查发现，93%的电视可以做到通过卫星传播新闻发布片，而且将近3/4的电视台表示他们愿意使用这样的发布片。到1999年，这两个数字都达到了100%。③

美国非营利民间监督团体"媒体与民主中心"于2006年4月发布的名为《有偿新闻：泛滥且无来源》的调查报告是又一证据。该报告详细记录了有偿新闻在电视节目中的使用情况。报告显示，10个月内至少77家美国电视台采用人为制作的有偿新闻，即"视频新闻发布"。但没有一家电视台告诉观众，这些并非真实新闻。④

"据估计，美国的媒体每周收到大约240万条由公关部门提供的新闻稿，其中10%被媒体采用。一些研究人员估计，美国媒体新闻的25%到50%的内容受到公共关系的影响。"而媒体学者塞加尔在1973年的研究中发现，《华盛顿邮报》和《纽约时报》中的三分之二内容是通过"例常渠道"，也就是公共关系渠道得来的。另有学者指出：没有一家新闻组织大到可以不依靠一些公共关系消息来源就收集到当天的所有新闻。⑤

最有名的一个例子，就是"1998年3月美国食品医药管理局审批通过法埃

---

①③ 转引自凯瑟琳·霍尔·贾米森、卡林·科洛斯·坎贝尔：《影响力互动——新闻、广告、政治与大众媒介》，洪丽等译，北京广播学院出版社2004年版，第151—152页。
② 吴燕：《商业化带给美国电视新闻业的负面影响》，《现代传播》1999年第2期。
④ 谭年琼：《有偿新闻混淆视听，看美国如何查》，《新华每日电讯》2006年8月17日第3版。
⑤ 转引自邹镇宁：《探析美国媒体角色：商业性与公共性的博弈》，广西大学2007年硕士论文，第45页。

泽公司研制的新药一事。谁都可以猜到像'伟哥'这种治疗阳痿的药物会是电视新闻机构最喜爱的题材——这样的新闻简直就是大众关心的医药健康新闻和性的奇妙组合。在消息发布当天,由匹弗泽公关公司预先录制好的一条新闻——里面有真的医生和病人称赞这一药品——通过卫星传向了全美 800 多个电视台。法埃泽的投入显然收效颇丰。据公关公司的总裁称,全美共有 2.1 亿人看过这条新闻的部分内容"。①

美国如此,中国也不例外。在大部分大众媒体和几乎全部的新媒体中,企业公关稿件已经占到了相当大的比重。单是联想电脑一家每个月的媒体发布量就已经超过了 50 万字;网络业巨头思科公司在中国的媒体发布量是每月 600 篇;深圳华为公司的一个企业网络事业部的发布量也要在 20 万字以上……②

在国外,为了提高新闻发布片被采用的可能性,制作者常常会附带一段长 90 秒钟且只有自然音响的背景说明画面,这样电视台的播音员就可以插入叙述,给人以电视台自制节目的感觉。③ 在中国,企业虽不能做得如此天衣无缝、水乳交融,但也会提供新闻稿以及必要的介绍材料,以此来影响新闻从业者。中国人民大学新闻学院赵赜曾举过这样一个例子:1992 年 4 月 23 日原北京王府井麦当劳开业时,他们就向记者提供了 6 份相关材料:

① 麦当劳公司介绍(因为这是麦当劳在北京开的第一家连锁店,故需介绍);

② 麦当劳哲学:质量高、服务好、整齐清洁、物有所值;

③ 北京麦当劳资料;

④ 北京市农工商联合总公司介绍(因北京麦当劳是与北京市农工商联合总公司合资建立的公司,故有介绍之必要);

⑤ 食品生产;

⑥ 麦当劳叔叔儿童慈善基金帮助儿童改善生活,捐助北京市儿童福利院与北京特殊奥运会。

在随后的媒体上,有的记者写了《麦当劳善待"上帝"》《麦当劳经营有方》《麦当劳带动了中国的养殖业》等,还有的写了《在麦当劳吃什么》……从这些报

---

① 陈晓薇:《美国"新闻自由"评析》,《我看美国媒体》,新华出版社 2000 年版,第 106—107 页。
② 张亚辉:《企业公关与新闻伦理的冲突》,《新闻爱好者》2002 年第 2 期。
③ 凯瑟琳·霍尔·贾米森·卡林·科洛斯·坎贝尔:《影响力互动——新闻、广告、政治与大众媒介》,洪丽等译,北京广播学院出版社 2004 年版,第 152 页。

道的题目来看,毫无疑问与麦当劳公关部门所提供的材料有密切的关联。①

4.官司的威胁

新闻来源可以进行报道前控制,如控制新闻渠道、信息补贴等,还可以进行报道后控制,如下文的恶意收购。还有一种方式介于二者之间,既可以进行报道前控制,又可以进行报道后控制,这种方式即为官司的威胁。

一旦遭遇官司,媒体往往付出很大的代价。耶鲁大学管理学院教授陈志武在《从诉讼案例看媒体言论的法律困境》一文中研究了自 1987 年 1 月 1 日《民法通则》实施以来至 2003 年上半年所能搜集到的 210 个媒体名誉侵权案例,他的研究发现:"(1)自 1990 年代中期以来,媒体被诉名誉侵权的数量急剧上升;(2)媒体名誉侵权诉讼从个人原告为主转向以公司为主;(3)每年赔偿金额的均值也在逐年增长;(4)被告媒体败诉的频率(即概率)为 63%,而在美国这一数字为 9%。"②2007 年 6 月 21 日,《羊城晚报》据北京法院的资料报道,在 2008 年的 15 件媒体被诉案中,有 14 件媒体败诉。在媒体应诉的案件中,媒体胜诉比例不超过 20%。在这种情况下,当媒体报道某个符合公共利益的新闻但又要面对官司的威胁时,媒体很可能会瞻前顾后,犹豫不前。

(1)报道前的官司威胁能够让媒体放弃报道

例如 1998 年,福克斯坦帕湾附属的 WTVT 电视台的调查记者发现,超市中所售的牛奶中含有孟山都农业公司研发的一种人造生长激素——rBGH(骨质生长素),这种激素有可能增加人类患癌症的可能。调查正在深入之时,孟山都农业公司给福克斯新闻主管发来一封信。随后,记者的报道被一再延期,一系列修订、删减以及律师协商的要求继而发生。不仅如此,电视台甚至愿意付给记者 12 万 5000 美元,只要他们不再报道此事并且保守秘密。最后的结果更加出人意料,在没有任何集体决议的情况下,记者们被解雇。③ 也就是说,当媒体面对保护自身利益和服务公共利益的选择时,媒体常常选择前者。

(2)报道后的官司能够让媒体和记者在未来的报道中自我审查

这种官司或者指向媒体,或者直接指向记者。例如 1995 年 8 月,美国广播公司在《第一日》中报道了菲利普·莫里斯(Philip Morris)和 R.J.雷霍尔兹(R.

---

① 赵鹮:《公关广告部门对新闻媒介的心理影响》,《国际新闻界》2000 年第 2 期。
② 陈志武:《从诉讼案例看媒体言论的法律困境》,《中国法律人》2004 年第 2 期。
③ 〔美〕大卫·克罗图、威廉·霍伊尼斯:《运营媒体:在商业媒体与公共利益之间》,董关鹏等译,清华大学出版社 2007 年版,第 154 页。

J. Reynolds)在香烟的尼古丁上做了手脚导致烟民成瘾。烟草公司两次起诉指控美国广播公司,最后以美国广播公司对菲利普·莫里斯公司公开道歉结束了这桩诉讼。随后,菲利普·莫里斯公司在《华盛顿邮报》《纽约时报》和《明尼阿波利斯明星报》等多家报纸上刊登整版广告宣告战胜 ABC 并使对方道歉的胜利。①

指向记者的案例也很多。例如,2006 年引发全国沸沸扬扬的"富士康天价索赔案"就是一个典型案例。6 月 15 日,《第一财经日报》在 C5 版头条发表了记者王佑的报道《富士康员工:机器罚你站 12 小时》,该文揭露了"富士康工厂员工超时加班及相关内部管理等问题"。6 月 22 日,《第一财经日报》刊发了王佑采写的另一篇报道《富士康离职员工:底薪很低,福利很好》。在随后的 7 月 10 日,台湾鸿海精密工业股份有限公司(鸿海)旗下公司——鸿富锦精密工业(深圳)有限公司以名誉侵权纠纷为由,向《第一财经日报》编委翁宝、报社记者王佑提出总额人民币 3000 万元索赔,据《第一财经日报》透露,该公司向翁宝索赔人民币 1000 万元,向王佑索赔人民币 2000 万元,并将两人位于广州和上海的房产、一辆汽车和两个银行账户全部查封、冻结。

事实上,最高人民法院 1993 年发出的《关于审理名誉权案件若干问题的解答》明确指出:"因新闻报道或其他作品发生的名誉权纠纷,应根据原告的起诉确定被告。只诉作者的,列作者为被告;只诉新闻出版单位的,列新闻出版单位为被告;对作者和新闻出版单位都提起诉讼的,将作者和新闻出版单位均列为被告。但作者与新闻出版单位为隶属关系,作品系作者履行职务所形成的,只列单位为被告。"

对于富士康这样具有实力、拥有众多律师的公司来说,其对中国大陆法律应该是了然于胸的,但它为何还要这样做呢?正如杨涛在《中国青年报》上发表的评论文章《起诉记者是一个危险的信号》所说:"显然,这起诉讼的目的不在于维护自身的名誉权,而是要通过诉讼来打压记者,用经费巨大和旷日持久的诉讼拖垮记者,让记者经受不起诉讼的高成本,从而作出有利于他们的让步。"法律专家贺卫方也指出:"这完全是一种威慑性的诉讼!因为 3000 万元是记者个人没有能力赔偿的,即使胜诉了也没有意义。所以,这样的诉讼,给人一种明显的感觉就是报复,特别是查封、冻结个人财产,是更加严厉的行为,不仅使记者

---

① 转引自〔美〕凯瑟琳·霍尔·贾米森·卡林·科洛斯·坎贝尔:《影响力互动——新闻、广告、政治与大众媒介》,洪丽等译,北京广播学院出版社 2004 年版,158—159 页。

的正常工作和生活受到严重困扰,而且处在极度的压力之中。"①事实上也确实做到了这点,翁宝在接受专访时也表示:"目前我和王佑都承受着巨大的压力,这是我近10年媒体职业生涯中最艰难的时刻。"②

更有深意的是富士康已不是第一次使用这种策略。2004年,富士康台湾母公司鸿海也曾因台湾《工商时报》刊登的《英特尔新平台——嘉惠鸿海》一文中提及"鸿海连接器报价达七美元,暗指产品价高质量有问题,损害公司营销,使对手得以借机发动打击,让鸿海损害商业利益达3000万台币",而向台北地方法院申请"假扣押"了该记者旷文琪的个人财产,同时向其个人索赔3000万元新台币。在长达8个月中,旷文琪名下财产遭冻结,每个月只能领取三分之一薪水,连结婚都被迫延期。虽在多方力量的斡旋下,最终迫使该集团与台湾《工商时报》及记者达成和解,但鸿海老板郭台铭事后的一句话被广为转载,他说告记者是个创新,"虽然是第一次,但绝对不会是最后一次"。

虽然双方在"互相尊重的前提下,本着'和谐发展,善意解决'的精神,富士康科技集团同意就《第一财经日报》相关诉讼案自本声明发布日即撤销",似乎解决得很圆满,但是留给人们的反思将是深远的。

无论报道前的威胁,还是报道后的诉讼,消息来源的目的都是一样的:限制对自己不利的报道出现或者限制对自己不利的报道的下次出现。

5.恶意收购

恶意收购本是资本市场领域的术语,指利用对方经营不善、出现问题、股市下跌的机会,在市场上进行操作,实现对其收购或控制,并最终对其进行改组。近些年,各地频频发生别有用心之人大肆购买报纸、封杀新闻信息的事件,"恶意收购"便被引用过来,成了此类事件的代名词。

表4—7 恶意收购事件一览

时间	遭恶意收购的报刊	原因
2001年2月22日	《南方周末》	刊登了美国、瑞士3位诺贝尔奖科学家指斥中国核酸非营养品的文章
2001年3月16日	《济南时报》	刊登了一则消费者在"3.15"咨询现场投诉某空调的报道

---

① 郭国松:《法律专家谈鸿富锦诉记者案:"这完全是一种威慑性的诉讼"》,《21世纪经济报道》2006年9月1日第7版。
② 王梦郡:《富士康VS两记者:直击3000万新闻索赔案》,《民营经济报》2006年8月30日第A5版。

(续表 4-7)

时间	遭恶意收购的报刊	原因
2001年7月20日	《南方都市报》	报道宝安西乡万威电子公司上百名员工疑食物中毒事件
2001年7月30日	《南方都市报》	刊登了《致癌大米惊现羊城》一文
2002年3月14日	《新经济报》	刊登了"麦当劳毒油事件"追踪报道
2002年4月3日	《华商报》	披露了陕西安塞县副县长刘志坚为亡父大办丧事13天借机敛财的消息
2002年5月15日	《京华时报》	刊登了《有人把海尔问题彩电翻新上柜》一文
2002年5月30日	《南方周末》	刊登了《还要坑多少人?〈南方周末〉揭穿"中华灵芝宝"四大骗招》一文
2002年6月21日	《羊城晚报》	刊登了《工厂私设黑名单断人后路》一文
2003年1月3日	《济南时报》	刊登了《剥掉保健品的伪装——写给"药健字"保健品的祭文》一文
2003年4月14日	《华商报》	报道了蒲城县15岁女学生马某被白水警方戴上手铐来投诉一事
2003年9月28日	《信息时报》	报道了广东某超市关闭事件
2003年12月21日	《济南时报》	刊登了苏宁电器开业引发混乱的报道
2004年1月18日	《燕赵都市报》	报道了河北雄县上千民工被恶意欠薪近百万元一事
2004年2月28日	《信息日报》	刊登了《地下超市"生路"何在?》一文
2004年4月14—17日	《华商报》	报道了陕西省绥德县立碑事件
2004年5月16日	《京华时报》	报道了海尔宏磊维修站问题彩电
2005年1月18日	《江南时报》	刊登了《医生举报院长收"红包"》一文
2005年5月16日	《成都晚报》	可能的文章:第17版和18版报道了唐蓉夫妇在青羊区第六人民医院治疗"性病"的遭遇;第19版《尖刀捅进道歉者腹部》报道了一起恶性案件;第8版《奥赛漏题? 成绩无效?》报道了记者对今年奥赛成绩迟迟未予公布的调查
2005年7月3日	《华商报》	刊登了《与副县长打骂农妇被处拘留》一文
2005年9月8日	《经济晚报》	刊登了《化妆品摇身一变,成了"壮阳药"?》一文
2006年7月26日	《晶报》	刊登了《感冒打点滴 准女大学生猝死》一文
2006年12月28日	《法制晚报》	报道食客在大鸭梨马家堡店食用牛肝菌后食物中毒
2008年3月14日	《华商晨报》	报道了抚顺娃哈哈经销商
2008年5月3日	《东莞时报》	报道了晶城70名业主退房
2009年3月17—18日	《晶报》	报道了龙华黑职介假冒富士康招工诈骗
2009年6月22日	《海南特区报》	刊登了《40多养猪户"母猪补贴"被人冒领?》一文

(续表 4-7)

时间	遭恶意收购的报刊	原因
2009年7月2日	《南国都市报》	刊登了《三亚协和门诊部原来这么黑》一文
2010年6月9日	《晶报》	刊登了沙井汉玉义乌商贸城报道
2010年10月3日	《南国都市报》	报道了东方市原市长谭灯耀在海口受审的新闻
2010年10月20日	《扬子晚报》	刊登了《盐城城管局长打人事件调查》的相关报道
2010年11月24日	《新京报》	刊发了《北京一女子整形手术后窒息身亡 主刀医生走穴》一文
2010年11月27日	《都市便民报》	报道了山东青岛曙光医院院长打砸青岛《都市便民报》一事
2011年3月11日	《晶报》	刊登了面点王问题菜包的报道
2011年第11期（2011年5月9日）	《财经》	《隐庄肖时庆》一文报道证监会前官员受贿1546万元、内幕交易获利约1亿元，涉及7家上市公司——青岛金王、九芝堂、千金药业、亿城股份、太平洋证券、国元证券和国金证券
2011年5月17日	《楚天时报》	刊登了大冶真爱妇科医院打着"全国妇联"幌子、发放所谓"医疗援助基金"的报道
2011年9月17日	《法制周报》	刊登了《十年槟榔食用客户状告"胖哥"槟榔》一文

资料来源：作者根据公开资料整理。

(二) 消息来源操控新闻的目的

当今世界，知名度与美誉度已成为组织发展的重要抓手，而媒体已成为塑造与改变组织形象的重要力量。于是乎，"各种利益集团运用公共关系来影响媒体发出自己的声音、展示自己的形象、争取自身的利益"。[①] 在巨大的生存压力下，媒体为了经济利益有时可能放弃其肩负的职责，被其他组织所收买，作出不利于受众知情权的报道。诚如哥伦比亚公司《60分钟》杂志辩论访谈总结的内容：

> 电视网络新闻部门的总监们表示愿意播出任何关于公共利益的故事而全无偏爱或延误的意思，并且不考虑可能的商业后果。他们如此袒露，却并非如此运作。从那些故事开始，报道什么企业和不报道什么企业完全是根据电视网络的商业利益来决定的。利用自身所有的资源为公共利益报道的观念完全遭到废弃。

---

① Simon Cottle 主编：《新闻、公共关系与权力》，李兆丰、石琳译，复旦大学出版社2007年版，总序，第9页。

第五章　平衡利润与公益的媒介内容产制方案

美国传播学家威尔伯·施拉姆认为："新闻事业是一种双重性格的事业。站在为公众提供普及教育的立场来说，大众传播媒介是一个学校；站在为投资者赚钱的目的而言，大众传播媒介是一个企业。任何传播媒介的负责人，受这种双重性格的影响，一方面要尽校长之职，另一方面要尽经理之职，这两种职务有很多时候是互相矛盾的。"[1]

随着媒介商业化的进一步深入，中国媒体也面临着这个矛盾。与一般产业的评价标准相似，评价媒体经营好坏的标准常常与公共利益所要求的信息品质、多元化和普遍服务相悖而行，更令人忧虑的是，它常常与销售业绩、广告收入和利润相伴而行。如此下去，新闻原则可能遭到商业逻辑的践踏，公众利益可能受到市场规则的侵袭。

但是我们又知道，如果没有一个健康的媒体，就没有一个健康的社会。我们该运用哪一种标准——利润还是公共利益？或是如《南方周末》的向熹所说，解一道"三元方程"，这三个"元"是否符合政策环境？是否符合市场需求？是否符合新闻人的理想且对得起大历史？如何实现多种任务同时完成？能不能鱼与熊掌兼得？本书试图努力在一定程度上实现一个目标的同时保证另一个目标得到落实。

---

[1] 转引自展江：《对企业的舆论监督更难》，《中国改革报》2006年10月13日第4版。

第一节 从媒体自身出发的策略

媒体作为媒介商业化的落实者,在利润与公共利益的博弈间前行,市场的压力、资本的要求、广告的诱惑,常常使媒体的脚步朝向利润的企图大于朝向公共利益的力量。如何抑制利润的拉力,增强公共利益的砝码?我们认为,增强媒体的社会责任,采编与经营"两分开",重塑新闻伦理,坚守新闻专业主义,塑造优秀的企业文化,设立媒体意见调查员,一个都不能少!

一、增强媒体的社会责任

大众传媒不仅是大众施展自我、表现自我的平台,还肩负着维护社会共同体的责任,是公共信息和讨论平台,还是社会教育平台。大众传媒是不可或缺的社会公器,是公共利益的守护者,还是社会发展进步的助推器。普利策新闻奖得主迈克尔·帕克斯接受采访时说,"我认为健全的新闻业总是致力于服务公共利益的。"[1]所以,大众传媒应该承担社会责任,其本质属性决定了这是它的义务和责任。社会责任对于新闻媒介和新闻从业者来说,是指新闻媒介和新闻从业者在新闻活动中,对社会安定、国家安全和公众身心健康所承担的法律、道德责任和社会义务。[2]

1947年3月,哈钦斯委员会发表名为《一个自由而负责的新闻界》的总报告,社会责任理论逐步取代了自由主义理论,这源于媒体在发展过程中出现了一系列问题:首先,政党报纸由于经济上被各党派控制,其日常的主要任务就是宣传政党思想、刊登政党言论,报刊还成为政党之间相互攻击的阵地,内容带有很强的利益性,极其主观。其次,美国的便士报最大的弊病就是煽情报道,为了扩大发行量以获得广告收益,大量刊登犯罪新闻和黄色新闻,降低报刊水准。这些煽情报道对美国新闻界及美国社会产生了很深的危害。最后,美国传媒业快速发展并走向垄断,竞争和兼并持续上演,传媒业被以盈利为目的的私企控制,已经不能较好地满足公众对信息的需求。

---

[1] 洪兵、俞璇:《"健全的新闻业总是致力于服务公共利益"——普利策新闻奖得主迈克尔·帕克斯访谈录》,《新闻记者》2010年第2期。
[2] 童兵:《比较新闻传播学》,中国人民大学出版社2002年版,第131页。

哈钦斯委员会要求报刊对社会负责,并提出五项理想化的需要:第一,一种就当日事件在赋予其意义的情境中的真实、全面和智慧的报道;第二,一个交流评论和批评的论坛;第三,一个供社会各个群体互相传递意见和态度的工具;第四,一种呈现与阐明社会目标与价值观的方法;第五,一个将新闻界提供的信息流、思想流和感情流送达每一个社会成员的途径。[①] 这五项需要在今天仍具有较强的现实意义。

社会责任论者提倡报刊在新闻报道时要做到求真、客观、公正、全面、深刻、系统六个方面,他们从社会责任角度出发,提出了一种职业精神和职业价值观。哈钦斯委员会在新闻界已有的"新闻专业主义"的基础上,号召新闻工作者全身心地投入到新闻事业中。

哈钦斯委员会认为,现代社会,人们在新闻服务的数量和质量上都有一定的要求,委员会立足美国,放眼世界,认为在这两方面,新闻界还未达到社会的需求。尤其是对新闻服务的质量方面,哈钦斯委员会提出了系统要求:其一,在人们对国内和国际信息不断需求的时代背景下,新闻界提供的报道,应该是准确、及时、真实、全面、深入和系统的报道;其二,委员会强调大众传媒在新闻报道中要区分事实和意见,在报道意见的时候,要报道与己相左的意见,以求在报道过程中保持客观和公正;其三,在涉及消息源的问题时,大众传媒既要注重其权威性、可靠性,又有义务向社会公开其来源;其四,在大众传媒从业人员面临"义"与"利"的抉择时,委员会坚决主张从业人员必须"义"字当头;其五,在大众传媒的道德实践方面,委员会提出的中心概念就是自律。自律的道德实践是以社会责任感的道德觉悟为前提的。[②]

关于这个问题,学者们有着广泛而深刻的共识。中国人民大学郑保卫教授指出,任何媒体,不管是传统媒体还是新兴的网络媒体都必须讲究社会责任,这是媒介作为社会公共资源必须承担的义务。因为媒体传播直接关系到国家的经济发展、政治稳定和社会进步,对受众的思想和行动会产生直接或间接的影响作用。[③]

中国广播网总裁赵连军谈到媒体的社会责任时说:"近几年来,传媒业发展

---

① 〔美〕新闻自由委员会:《一个自由而负责的新闻界》,展江、王征、王涛译,中国人民大学出版社2004年版,第11—12页。
② 黄建新:《传媒:自由与责任——西方"报刊的社会责任理论"解读》,上海交通大学出版社2010年版,第152—153页。
③ 颜家水:《传媒产品的社会责任研究评述》,《湖南大众传媒职业技术学院学报》2007年第3期。

迅速,特别是新媒体的出现,媒体对国际政治、经济、军事等各方面的催化作用日益突出,主要表现在媒体传播的放大、叠加效应明显,有时甚至是炒作成风;新闻发布渠道多样、分散,鱼龙混杂,使一些失实、低俗的新闻得以广泛传播,并造成恶劣影响。这种恶劣影响促使人们包括媒体从业人员开始重视、思考媒体的社会责任问题。"①

在传媒业,各媒体及新闻从业者只有时刻牢记身上肩负的社会责任,才能获得公信力,获得受众的青睐,从而增强媒体的实力与竞争力。

二、采编与经营"两分开"

"两分开"是指新闻报道与广告分开,新闻报道活动与经营活动分开。不论在国内还是国外的新闻界,"两分开"原则一直被强调的原因在于媒介商业化之后,经营部门对新闻部门进行渗透,新闻原则容易受到商业逻辑的控制甚至主导。

西方新闻媒体一贯的理念是:媒体是社会公器,是公众利益的代言人,必须坚持客观、公正、独立的原则进行新闻报道,不应受到任何利益的影响与干扰,更不能受到媒体自身报纸经营利益的干涉。美国第一大报业集团甘尼特公司公关部副总裁塔娜·康尼尔(Taro Connell)女士介绍说,除《今日美国》外,甘尼特公司在全美国还有100多家媒体。所有的媒体都有两拨人在做事,一拨是搞经营的,主要负责发行和广告市场的拓展,另一拨人是做新闻的,属编辑记者这个序列。一般来说,搞经营的人不干涉新闻事务,做新闻的人也不过问经营事务,都是各干各的。虽然报纸的总编辑多数是由发行人提名的,但发行人也不能介入总编辑的办报事务。新闻人都拿固定薪水,不管报纸是赚还是亏,该给多少就得给多少。当然如果亏损严重可能会裁员,但你不能克扣他们的工资。所以新闻人也用不着去为广告操心。②

香港新闻业在执行"两分开"原则时,采取了一些较为有效的解决措施,如在经营与采编间建立一道无法逾越"墙"。香港南华早报集团的措施值得借鉴,它的管理结构由出版部门、音像制品部门和投资部门三个部分组成,出版部门下设编辑部、广告部、发行部、印刷部。为了确保其新闻报道的客观性、公正性和独立性,防止报道内容过度商业化,在经营与采编之间建立一道无形的"墙",

---

① 《传媒界人士谈媒体社会责任》,http://www.qianlong.com。
② 廉振孝:《美国报业的办报经营两分开》,《新闻战线》2007年第11期。

将编辑部与其他部门隔离开来,分别由决策分离、办公空间隔离、人事制度独立和部门间限制交流四方面措施保证:

(1)决策分离,集团总裁和编辑部总编聘用不同的人来担任,总编有权靠自己的新闻认知独立处理新闻报道,而总裁对具体操作不得过问和干涉。

(2)办公空间隔离,《南华早报》的编辑部和广告部设在港岛总部,发行部和印刷部位于新界。编辑部和广告部有各自的办公区,完全隔离,把相互影响的几率降到最低。

(3)人事制度独立,各部门人事变动、人员薪酬等都是独立操作,各部门人员不会出现交叉现象,还有一项更有效的措施,编辑部职员的工资是几个部门中最高的,从而促使了记者编辑坚持专业主义原则,一心投入采编工作。

(4)部门间限制交流,其他部门职员先向本部门上级领导请示并得到批准后才可联系编辑部职员。此过程严格把关,以保证编辑部的独立性。

媒体作为"社会公器"表现在它不仅是公共信息和讨论平台,也是社会教育平台。媒体为大众提供公共服务,其使命和责任是做公共利益的守护者和代言人,因此在任何情况下都必须以社会效益为重,切不可将经济效益凌驾于社会效益之上。公信力是媒体的基石,是衡量、评判舆论影响力最重要、最根本的标准之一,它不仅来自对新闻事实客观、真实的报道,更来自对公众利益的保护与坚持。在媒体竞争日益激烈的今天,公信力始终是媒体核心竞争力的重要组成部分,媒体经济就是公信力经济。只有具有公信力,媒体才能获得大众的信赖,从而吸引广告主,获得经济利益,反过来又能更好地为公众服务,形成媒体运营的良性循环。

三、重塑新闻伦理

在媒介商业化进程中,媒体由于自身发展、现实利益和市场竞争的驱动,使新闻业中的新闻伦理问题日益凸显。近年来,一些新闻界的丑闻严重败坏了新闻工作者的职业形象,损害了媒体的公信力。

为了遏制媒体及新闻工作者在媒介商业化运行中出现的新闻失范现象,必须重塑新闻伦理。就媒体而言,有加强新闻职业道德教育和加大对新闻工作者越轨行为的规范两个途径。

(一)加强对新闻工作者的职业道德教育

媒体在聘用采编人员之前,必须对其进行全面了解,审查其从业经历,提高准入门槛。为了保证新闻工作的质量,聘用的编辑记者尤其是非新闻专业人员,要进行岗前系统的新闻职业道德教育。

对新闻从业人员必须定期进行职业道德教育。组织编辑记者定期学习新闻法规、政策条例、行业准则,同时利用已发生的违反职业道德的事件进行教育,这对于提高编辑记者的新闻职业道德修养具有警示作用。作为新闻从业人员必须坚守职业操守,坚决做到新闻报道的真实、客观、公正与独立。同时应加强对媒体经营人员的职业道德教育,因为他们有时会试图影响新闻报道,对经营人员也要进行新闻伦理观念的渗透,用同样严格的职业准则规范他们的行为。

1.强化媒体负责人的新闻职业意识

一些媒介负责人将经济效益凌驾于社会效益之上,秉承"一切以利益优先,广告客户是上帝"的观念,给编辑部施加压力,强行给编辑记者定任务,让编辑记者拉广告,造成某些编辑记者大张旗鼓地搞有偿新闻、有偿不闻等,编辑记者丧失职业操守,新闻伦理遭到践踏。美国传播学者詹姆士·嘉理对此一针见血地指出:"归根究底,传媒道德问题来自最高层的传媒老板,但现时却要求将问题放在记者和编辑层次上解决。在实际运作中,记者按其专业身份是受到专业道德所规范,但传媒老板却不接受这一套。"所以媒体负责人提高自身的新闻职业意识,是解决新闻界丑闻层出不穷的首要任务。

2.编辑记者要主动学习并遵守职业道德准则

采编人员要坚持廉洁自律的良好作风,摒弃急功近利的思想,坚决抵制有偿新闻和有偿不闻等行为。培养和树立新闻职业精神,遵守新闻职业道德,离不开学习。学习的深度决定着新闻工作的成效,活到老、学到老,是新闻从业人员的职业要求。新闻从业人员要认真学习、深刻领会《中国新闻工作者职业道德准则》(简称《准则》)。《准则》有全心全意为人民服务、以社会效益为最高准则、遵守法律和纪律、维护新闻的真实性、坚持客观公正的原则、保持廉洁奉公的作风等八个部分,涵盖了新闻工作的方方面面,是中国新闻工作者应当遵循的职业道德基本准则。深刻领会、牢记于心、严格遵守,从而提升职业道德修养。强化学习培训并持之以恒。通过深入持久的学习,建立起正确的思想防线,筑起道德的"防火墙"。①

范长江在《怎样学做新闻记者》中针对新闻工作者职业道德的问题谈到:"我想世界上很少人有像新闻记者这样有更多诱惑与压迫的。一个稍稍有能力的记者,在他的旁边一方面摆着:优越的现实政治地位,社会的虚荣,金钱与物质的享受,温柔美丽的女人,这些力量诱惑他出卖贞操,放弃认识,歪曲真理。另一方面摆着:诽谤、诬蔑、冷眼、贫困、软禁、杀头,这些力量强迫他颠倒是非,出卖灵魂。新闻记者要能坚持真理的火炬,在夹攻中奋斗,特别是在时局艰难的时候,新闻记者要能坚持真理,本着富贵不能淫,贫贱不能移,威武不能屈的精神,实在非常重要。"②

(二)加大力度惩处新闻媒体及新闻工作者的违规行为

加强新闻从业人员的职业道德修养,将新闻职业准则落到实处,对新闻界存在的无良新闻从业者绝不能姑息放纵。例如,四川媒体对搞有偿新闻的记者实行"禁入制"。四川《华西都市报》记者胡某利用新闻采访搞有偿新闻被举报,胡某被开除。按照《四川新闻工作者自律公约》的有关规定,省委宣传部决定胡某禁入全省新闻界,省内各新闻单位不得录用,成为四川"禁入制"实行以来的第一人。③

四、坚守新闻专业主义

记者作为一种职业,拥有其自身职业运行的独立标准,"新闻专业主义"作为西方新闻学的重要理念和规范价值体系,一直是西方媒体和新闻从业者最为看重的职业原则和行为标准。在西方,"新闻专业主义"的理念深入人心,成为新闻从业者的最高信仰。

"新闻专业主义"是美国政党报纸解体和商业主义盛行之后发展起来的一种"公共服务"理念,其精神的核心是报道的客观、真实、全面、公正、自由。"新闻专业主义"的目标是服务于全体人民,而不是某一种团体。它最突出的特点是对新闻客观性的信念,相信可以从非党派、非团体的立场客观准确地报道新

---

① 刘发丁:《加强职业道德修养是新闻战线的重要课题》,《中国广播电视学刊》2009年第7期。
② 范长江:《怎样学做新闻记者》,《青年记者》2004年第11月号,第15页。
③ 孙正一、柳婷婷:《2000:中国新闻业回望》,《新闻记者》2001年第1期。

闻事实。"新闻专业主义"的最高理想是传播真实、真相或真理。① 其理念的核心是新闻报道的客观性和新闻运作的独立性,这两方面也是"新闻专业主义"两个最主要的特征。

新闻报道的客观性可以理解为在新闻写作中追求的是真实、客观、公正,即事实的真相,这是"新闻专业主义"最突出的特点。客观性要求新闻工作者尽量避免任何观点、偏见、外界人物以及媒体利益等方面的影响,以中立的姿态、客观的方法进行事实陈述和观点反映。在新闻选择的实际操作中,新闻价值应该作为中立的新闻选择标准对众多事实进行甄别和把关,而不是依照编辑记者个人或媒体的好恶进行选择和取舍。伴随着媒介商业化进程,经济来源的改变导致新闻报道的方向和内容也在发生改变。偏激、不够理性的报道内容已经失去了市场,真实、客观、公正的采编标准得到了媒体从业者的普遍认同与执行。

新闻专业化的过程就是新闻专业取得相对独立地位或自治权的过程,而这一过程涉及媒体与外部权力之间的关系。在西方国家,政府与传媒之间是一种既斗争又合作的关系:一方面,政府总是意图操控传媒业,常规方式包括制定法律和颁布法规、行政规章,间接控制体现在操纵新闻发布、控制消息来源;另一方面,媒体也一直在极力地追求新闻自由和独立的新闻运作权利。

在中国过往的历史中,"新闻专业主义"曾被实践过。《大公报》就是一个典型的例子。它是我国报刊实践"新闻专业主义"的先行者,1902年创刊后,其办报宗旨被概括为"忘己之为大,无私之为公"。1926年,新记《大公报》创办,从那时起《大公报》开始创造和秉承了自由主义之精神。张季鸾提出了著名的"四不"方针,即"不党、不卖、不私、不盲",主张新闻报道时应做到中立和客观。《大公报》的管理者认为报刊是独立的公共舆论机关,主张经济独立,要求言论自由,力图把报刊办成社会向导,舆论权威。其管理理念和办报宗旨与西方的"新闻专业主义"理念不谋而合。

1978年以来,西方新闻专业领域一些有价值的理念,尤其是对我国新闻业影响深远的"新闻专业主义",随着中国新闻改革的推进而不断被引入,并逐渐内化为中国新闻工作者的专业行为。作为模式和意识形态的"专业主义"不是中国土生土长的,但新闻改革已经涉及了很多符合专业主义的内容,其中包括反对"假、大、空",以事实说话;强调贴近生活,提高媒体的服务性;反对"有偿新

---

① 陆晔、潘忠党:《成名的想象:社会转型过程中新闻从业者的专业主义话语建构》,(中国台湾)《新闻学研究》2002年第71期,第20页。

闻",提倡新闻业的职业伦理;呼唤"舆论监督"以及内容采编和媒体经营的分别管理等。可以说,经过20年的新闻改革,建立新闻专业的信念、伦理和规范,已成为新闻改革过程中新闻实践的重要内容,新闻工作的"专业主义"已经呼之欲出。在中国新闻改革过程中,"专业主义"的理念和实践,却成为重构媒介和新闻从业者的社会角色与功能、改变新闻从业者群体结构的重要象征资源,具有"解放"的作用。①

"新闻专业主义"在我国的建构将是一个长期而艰难的过程。在这个过程中,我们应该充分结合我国的基本国情、媒介制度、"新闻专业主义"的新闻实践等一系列中国元素,把社会效益放在第一的位置,把为人民服务当做终极目标;同时参考西方"新闻专业主义"理念中的合理内涵和西方新闻实践中值得借鉴的地方,构建一套有中国特色的"新闻专业主义"理论体系和完善的运营机制。

在现阶段,我们可以从以下两个方面加以努力:

1. 提倡客观、公正的新闻报道,提高新闻运作的透明度和开放度,满足受众的知情权、表达权和传播权,使媒体真正成为大众表达交流的平台。

2. 强调媒体自律机制,包括媒体和新闻工作者个人的自律。定期进行新闻职业道德教育,清除不正之风,新闻工作者加强自律意识,时刻进行自我监督。

五、塑造优秀的企业文化

企业文化最早出现在20世纪80年代初期。10年后,企业文化在全世界范围内得到广泛认可,越来越多的企业开始意识到企业的成长壮大需要优秀的企业文化的支撑,也意识到一个企业要想取得长足的发展离不开良好的企业形象,而企业形象的塑造更是依赖于企业文化。

企业文化,或称组织文化(corporate culture 或 organizational culture),是标识组织目标、理念、精神、信仰、价值、观念等组织属性的一套符号和观念体系。一般来说,组织文化包括器物性文化、制度性文化和观念性文化三个部分,其中,观念性文化是组织文化的核心,这三个层次在组织实践上得到充分的体现。组织文化还包括五个要素:支持性的企业环境、致力于共享视觉和价值观、著名的公司英雄、有效的典礼和仪式、正式和非正式的传播网络。②

---

① 陆晔、潘忠党:《成名的想象:社会转型过程中新闻从业者的专业主义话语建构》,(中国台湾)《新闻学研究》2002年第71期,第20页。
② 陈力丹、闫伊默:《传播学纲要》,中国人民大学出版社2007年版,第94页。

决定一个企业是否能够获得成功的因素有资金、技术、领导团队、组织架构等,其中,企业自身的精神、价值观、共同追求、制度规范和文化标志,如果能在企业各层员工的思维意识中生根发芽,与资金、技术等外界因素的支持相比,能让企业发展得更好、更长久。企业文化作为一个企业赖以生存和发展的基石,是使一个企业永葆活力、始终具有竞争力的重要因素。每个企业都拥有自己独特的企业文化,但并不是每种企业文化都会促进企业的发展,只有有活力的企业文化才会胜出。正如《财富》杂志所说,世界500强胜出其他公司的根本原因就在于这些公司善于给他们的企业文化注入活力。

企业文化除了有活力,还要有自己独特的理念。当前,我国的企业要完成企业文化在管理中的角色转化和必要的适应,才能更好地参与竞争和合作。因此,企业就需要构建适合自己的企业文化理念和实践方法。任何一个国家和民族的企业文化的底蕴首先来自本民族的传统文化,同时兼收世界各国的优秀文化。国际化、本土化、多元化、人性化是企业文化发展的总趋势。①

塑造企业文化是一项长期而艰巨的任务。中国企业不仅要汲取中国传统文化的精髓,采各家之长,提炼融合,还应该拓展思路,开阔眼界,在实践中建立起最适应本企业和当前外部环境的企业文化。企业只有持之以恒地践行,才能形成独具中国特色的企业文化。

我国很多物质产品领域的企业已经非常重视企业文化的塑造,而传媒业作为精神文化产品领域的产业,更需要深厚的文化底蕴作为支撑,需要企业文化的熏陶和滋养,更应把企业文化放在运营的中心位置。

媒体的企业文化是指媒体及新闻工作者在进行新闻报道、媒体经营时所拥有的共同的立场、价值观念、经营理念、行为规范等。其独特之处在于,它代表着整个社会的主流价值观,极大地影响着社会的风气,发挥着为社会大众指引导向的作用;它必须具有一种高度的社会责任感,为媒体的一言一行负责,更要为广大的受众负责;它要始终秉承客观、真实的态度,探求事情的真相,还原事件的本来面貌;它还要坚持公正、独立的原则,不添加个人因素、功利因素,保证媒体立场的公正、透明;它需要坚守自己的职业伦理道德,无论是组织还是个人,都要用最高标准的道德规范来严格约束;它应该致力于维护和发展本民族的文化精髓和精神意志,使得本民族的传统文化在世界范围内绽放最夺目的光彩。

---

① 转引自杨雨诚、唐欢庆:《企业文化理论综述》,《中外企业家》2006年第8期。

品牌形象是企业文化的外在部分,是最容易被社会大众感知的东西。除了不同程度地影响着企业领导和员工的价值观念和行为举止,更重要的是,企业文化对企业品牌形象的建立也起到决定性的作用,良好的企业文化可以提升品牌形象。在这一点上,媒体也不例外。体现在新闻作品中的新闻工作者的立场、价值观念、文化修养以及专业主义精神等,无一不代表着媒体的品牌,而媒体品牌又与其内部的企业文化有着密切的联系。

面对2007年以来席卷全球的金融风暴,大多数企业均受到不同程度的影响。但《中国企业家》杂志2009年的经营状况不但没有受到什么影响,而且每年的盈利仍有千万元级别的增长。这种状况在记者对《中国企业家》前社长刘东华的采访中找到了答案。他认为杂志影响力的形成,首先是价值观的确立。他们坚信只有客观、独立,具备公信力,杂志才能立于不败之地。其次,把这种公信力最大限度地放大为影响力。这是一个必然的逻辑:打造公信力,凭借公信力扩大影响力,把基于公信力的影响力变成经济效益,之后进一步巩固公信力,提升影响力,从而取得更大的经济效益。在这个过程中千万不要急功近利。[①] 刘东华还认为做媒体要有点清高劲儿,强调《中国企业家》杂志挣钱有四种姿态:高贵地挣钱,辛苦地挣钱,智慧地挣钱,诚实地挣钱。我们绝不拿原则、价值观做交易。有的媒体只要有人出钱就很高兴,什么交易都做,我们绝不可能这样。因为站在未来的角度看,你牺牲了今天的某些利益,但创造的是明天更大的利益。你拒绝用不合适的方式为你带来利益的人,但赢得的往往是对你的更大尊重,表现得越自尊,别人越尊重你。[②] 正是因为《中国企业家》杂志有着高贵的格调、优秀的企业文化,才使得它在众多杂志中脱颖而出,创造出良好的社会效益和经济效益。

受众对媒体企业文化的追逐就像企业对利益的追逐。受众选择一家媒体,与其说看重其内容及接收方式,不如说他们更看重的是通过内容体会到的价值观念、运营理念和行为态度。良好的媒体企业文化应该包括高度的社会责任感、坚守新闻职业道德和崇尚新闻专业主义精神。只有塑造这样的企业文化才能使媒体基业长青。

既然企业文化在媒体运营中发挥着举足轻重的作用,那么,媒体应该更加积极、慎重地塑造企业文化。

首先,确立媒体的价值观和经营理念。这是一个媒体的灵魂,是最根本的

[①②] 杨芳秀:《用建设性连通未来——刘东华访谈录》,《新闻战线》2010年第8期,第59—60页。

东西,不应该因任何人的意志或任何外界权力的介入而发生改变。一个媒体,上至领导,下至普通记者编辑,都要将其内化成自身品质。当然,也要充分考虑多重因素:其一,重视并发扬本民族的传统文化,对外来文化采取批判与继承的客观态度,善于吸取其优秀的部分;其二,了解各媒体共性的同时,形成自身独特的企业文化,在众多竞争者中才容易被大众铭记;其三,重视媒体精神的培养,这是企业文化的重中之重,也是核心所在。

其次,强化对新闻工作者企业文化的灌输。良好的企业文化是有意识地主动培植和孕育形成的。记者编辑的价值观、立场、行为等也需要媒体进行日积月累的强化,这是一个长期的行为。企业文化传播到每一个新闻工作者那里并变成他们内在的品质,是需要媒体经过长时间不间断地反复宣传倡导才得以形成的。所以塑造企业文化需要持之以恒地努力。

再次,制定完善的内部规章制度。精神是基础,制度是保障。在灌输、培育新闻从业者的企业价值观和企业精神的同时,需要完善、可操作性强的规章制度加以保障,使员工既有价值观的导向,又有制度的规范。这种内外兼施的做法是塑造企业文化最有效的措施。制定规章制度时要注意媒体内部环境和外部环境的结合,国内文化和国外文化的结合,保证制度的先进性、独特性和针对性。

最后,媒体的领导者带头示范,树立先进典型。媒体的领导者负责媒体企业文化的塑造、传播和维护,他们自身的价值观、道德素质决定了媒体的核心价值观和经营理念。领导者的示范行为会作为无形的力量带领着全体新闻工作者接受并内化为企业共同的价值观。塑造企业文化还有一种有效的办法就是树立先进典型,在媒体中选取最能契合企业精神和价值观的新闻工作者树立为典型模范,并进行大量的宣传和鼓励,使其他工作者受到鼓舞,进而促进企业文化的塑造。

六、设立媒体意见调查员

"媒介责任"(media accountability)的概念包含内、外两层意思。其一是指媒介的外部责任,它意味着新闻从业者或媒体有义务向媒体之外的民众,如受众、广告客户及新闻消息来源等,就有关的媒体行为做出说明、解释,提出正当的理由。其二是指媒介的内部责任,根据这种内部责任,新闻工作者在必要的时候应当向新闻机构的内部成员,如编辑、发行人和意见调查员等,汇报或检讨自己的工作。数十年来，已经出现并不断发展的几种增进媒体责任的机制，主要包括新闻评议会、媒介伦理准则和新闻意见调查员。其中，新闻意见调查员尤为令人关注，因为他们具有强化媒介外部责任与内部责任的双重潜能。

北美洲首家聘用意见调查员的新闻机构是美国路易斯维尔的《信使报》(Courier Journal)，该报于 1967 年任命了第一位意见调查员。当时纽约《时代》周刊曾发表了一篇文章，对美国新闻界的表现提出了尖锐的批评。文章的作者、《泰晤士报》的瑞斯金（A. H. Raskin）建议，应当在报社内创设"内部批评科"，这一科室的负责人"作为读者意见的调查员，应该在报社里享有充分的自主权力"。瑞斯金的文章发表不到两周，《信使报》便指定该报的一位编辑出任专职的意见调查员。自此以后，美国和加拿大的 30 多家报纸，包括《波士顿环球报》(Boston Globe)、《底特律自由新闻》(Detroit Free Press)、《费城访察报》(Philadelphia Inquirer)、《多伦多星报》(Toronto Star) 和《华盛顿邮报》(Washington Post) 等大报，也先后设立了自己的意见调查员。①

公共编辑可以算作意见调查员的变种。2003 年底，《纽约时报》设置了一个具有监督职能的委员会，聘请专门的公共编辑扮演"督导员"(ombudsman) 的角色。公共编辑是报社聘用的读者利益的代表，虽然办公室也设在时报大楼内，但其独立于采编队伍之外，做《纽约时报》的"一个读者"。此外，公共编辑在《纽约时报》星期日刊上新开了一个专栏，专栏可以代表读者对报社的新闻采编工作加以批评和批判。②

第二节　从政府出发的策略

改革开放后中国传媒商业化发展的三十余年，市场在媒介的资源配置中发挥了越来越重要的作用，推动着中国传媒一步步走向繁荣，可以说，中国传媒业有今天的成绩，市场可谓居功至伟。但市场也并非是万能的，它在繁荣中国传媒业的同时也产生了一些问题。当市场失灵时，它无法自己解决问题，而且，即使市场可以保证实现经济效益，也并不能保证"多元化、普遍服务、信息品质"等社会所追求的公共利益的实现。所以，尽管市场为传媒业带来很高的效率和巨

---

① 〔美〕大卫·普里特查德撰、宋小卫摘译：《报纸意见调查员对新闻工作者态度的影响》，《国际新闻界》1999 年第 3 期。
② 王佳航：《〈纽约时报〉的内容生产管理》，《新闻爱好者》2008 年第 11 期（下）。

大的成绩,但是它并不是完美的,在市场失灵时就要用非市场的手段来弥补,政府规制和财政手段即是可以选择的措施。

一、建立政府规制

所谓政府规制,也称"政府管制"。日本经济学家植草益教授认为,"通常意义上的管制,是指依据一定的规则对构成特定社会的个人和构成特定经济的经济主体的活动进行限制。"[①]美国经济学家丹尼尔·F.史普博则给出了这样的定义:"管制是由行政机构制定并执行的直接干预市场配置机制,或者间接改变企业和消费者的供求决策的一般规则或特殊行为。"[②]简单来说就是"为了弥补市场失灵,政府的行政机构依据一定的法规、标准对企业行为的约束与规范"。[③]

从实施的手段来看,政府规制可以分为直接规制和间接规制两类。直接规制主要是着眼于保持市场机制的灵性运转,消除市场机制正常运行的阻碍。间接规制是对不公平竞争的规制,主要是针对垄断造成的市场失灵,通过政府的反垄断法、民法、商法等法律对垄断等不公平竞争行为进行制约。

直接规制可以分为经济性规制和社会性规制。经济性规制是"通过对企业的进入、退出、价格、服务的质量以及投资、财务、会计等方面的活动所进行的规制"。社会性规制是指"以保障劳动者和消费者的安全、健康,禁止或者对特定的有可能危害公共利益、损害社会道德或者危害社会秩序的行为的规制"[④]。

政府规制的目的在于让媒体能够充分利用其所拥有的稀缺公共资源、传播范围广等优势,通过新闻报道给社会及大众带来正面的、向上的影响,使媒体既可以作为文化产业通过正常的市场经营和竞争获得利润,又可以为国民经济发展、社会安定团结、文化多样性做出较大的贡献。面对媒体企业化运作后,过分强调追求经济利益,出现信息品质下降、普遍服务消失和内容同质化的现象,在保证媒体自主经营的同时要通过政府规制来加以管控。

(一)构建完备的媒体法制体系

当前,中国对媒体的规制主要是通过政府行业管理部门制定的法规、规章

---

① 〔日〕植草益:《微观规制经济学》,中国发展出版社1992年版,第1页。
② 〔美〕丹尼尔·F.史普博:《管制与市场》,余晖等译,上海三联书店/上海人民出版社1999年版,第45页。
③ 喻国明等:《传媒经济学教程》,中国人民大学出版社2009年版,第228页。
④ 〔日〕植草益:《微观规制经济学》,中国发展出版社1992年版,第22页。

和规范性文件进行约束(行政法规也是由部门起草、以国务院的名义颁布的),《新闻法》起草工作已经进行了近三十年仍迟迟未能出台,而位阶较低的行政法规、规章的权威性不足。许多规章和规范性文件往往因事而设,与现实存在着脱节的状况,缺乏应有的科学性、稳定性和前瞻性。已有的法规与规章也不完善、不配套、不协调,距离形成完备的法规体系有很大的差距,甚至不少领域还是法规的空白点。因此,应借鉴国外的成功经验,根据中国的具体国情,建立和健全媒体的法律法规体系,使媒体、受众、经营者、管理者都能明确自己的权利和义务,通过法律的权威性和法规的透明度,形成对媒体及新闻从业者行为良好的规范和有力的制约。

(二)内容规制

世界各国政府常常通过对媒体内容方面的管制实现其公共利益,一般基于两种方法。一种是禁止或限制某些特定的内容,比如禁止媒体刊播色情、暴力等这种不健康、对公众有害的内容,既是出于净化未成年人的成长环境的目的,也是为了维护良好的社会风气。2000年英国政府发布的《通信白皮书》值得借鉴。《通信白皮书》建议成立通信办公室,其承担的内容监管目标是:"保持内容的高品质、节目的多样性以及使公众的多种声音得到反映;通过保持公认的内容方面的事业标准,在言论自由和防范潜在的暴力和有害内容之间取得平衡,确保公平和隐私的适当保护,来保护公民的利益。在所有的管理行为中,尤其要注意的是:(1)保护儿童和易受伤害的群体;(2)预防犯罪和公共秩序的混乱;(3)残疾人、老年人、低收入人群的特殊要求。"[①]另一种是要求媒体必须包含某些特定的内容。比如,我国政府要求电视台开办农业频道、少儿频道等,尽管这些频道并不能带来良好的收益。

针对某些媒体刊播不利于公众身心健康与社会和谐稳定的内容,或是法规条例中明令禁止的内容,政府除了取缔或令其停播、停刊整顿外,有些还处以高额罚款以示警告。比如,香港广播事务管理局作为香港地区负责监督管制媒体的独立机构,制定详细的电视节目守则,处罚方式中罚款这一项的制约效果很好,没有一家电视台敢贸然采取低俗、出位的方式提高收视率,因为设定的罚金极高,远远高于提高收视率带来的经济效益。

---

① 英国贸易工业部、英国文化媒介体育部颁布:《英国政府通信白皮书》,中国法制出版社2002年版,第117页。

国内也通过一系列法规和"条例"、"意见"等行政规定以及主管部门下发的红头文件来进行内容规制。比如 2012 年 1 月 1 日,由国家广播电影电视总局颁布的"限娱令"实施后,与 2011 年相比,电视节目过度娱乐化趋势已经得到有效的改善,娱乐类节目只保留了大约三分之一,新闻类节目增加了三分之一。中国传媒大学郎劲松教授认为,"限娱令"明确提出对形态雷同、过多过滥的节目进行总量控制,一方面保护了节目原创团队的知识产权,另一方面也促使省级卫视探索新的创新机制。"限娱令"从整体来看,并非简单的"限娱",而是对电视内容进行调控,为目前电视文化中主流文化话语和精英文化话语式微趋向的转变做出了引导,促使省级卫视建立新的内容坐标系。在她看来,省级卫视的发展要明确四项标准,即:价值导向问题是核心所在;要在电视传播中实现文化多样性的保护,必须确保省级电视台内容结构的多样性;确定"三不"原则,即"不得搞节目收视率排名,不得单纯以收视率搞末位淘汰制,不得单纯以收视率排名衡量播出机构和电视节目的优劣";鼓励创新、保护原创、维护品牌、避免跟风。①

为切实维护新闻传播公信力,从源头上防止新闻造假,2011 年 10 月 14 日,我国新闻出版总署依据国家有关法规和行政规章,制定了《关于严防虚假新闻报道的若干规定》,从新闻记者采访基本规范、新闻机构内部管理规范、虚假失实报道的防范及处理规则以及相关责任追究等方面提出明确要求,要求新闻机构建立健全内部防范虚假新闻的管理制度、纠错和更正制度,完善虚假失实报道的责任追究制度。要建立媒体责任追究制度,首先要追究媒体单位、媒体管理者、事件相关负责人、直接负责人及当事人的责任;其次要满足受众知情权,第一时间公布事实真相,并公开道歉;此外还要接受社会大众的监督与批评。

国家广电总局于 2012 年 6 月再次下发通知,要求全国广电系统切实采取有力措施坚决抵制有偿新闻、有偿不闻等违法、违规行为。广播电视新闻类节目的采访、编辑、播出等任何环节,广播电视机构及其工作人员不得以任何方式向节目涉及任何方面、个人收取任何费用。要求全国广电系统要认真贯彻落实专项行动的有关部署要求,并结合自身的行业特点,积极做好宣传报道、制度建设、内部管理等工作,严格执行各项管理规定,严肃查处违法、违规行为。同时,要根据新形势和新问题,不断完善内部管理机制,建立打击新闻敲诈、治理有偿新闻的长效机制。

---

① 郑娜、强德华、董晓伟:《限娱令执行半年 卫视大洗牌》,《人民日报(海外版)》2012 年 6 月 15 日。

(三) 广告规制

在规范广告刊播方面,国家发布了一系列"规定"或"通知"以纠正广告界的不正之风。2012 年 6 月 29 日,国家工商总局、中宣部、国家互联网信息办公室、国家广电总局、新闻出版总署等五部门联合召开贯彻实施《大众传播媒介广告发布审查规定》电视电话会议,强化广告审查把关意识,建立健全广告审查制度,未经审查核实的广告不得发布,从源头上预防和减少违法广告发布。

2012 年,重庆市万州区广播电视台被指控构成虚假广告罪,成为全国首例获该罪的电视台,原因在于其多次刊播虚假药品广告,受到工商部门两次处罚后仍顶风作案。现在"虚假广告罪"已经被纳入刑法的范畴:自然人触犯该罪,处两年以下有期徒刑或者拘役,并处或者单处罚金;单位触犯该罪,对单位判处罚金,对其直接负责的主管人员和其他直接责任人员依上述规定追究刑事责任。重庆市万州区人民检察院指控重庆万州区广播电视台、该台广告中心主任向裕新、该台广告业务员王勇、广告主徐文的行为构成虚假广告罪。重庆万州区广播电视台明知该药品广告是虚假广告,全然不顾公共利益仍然刊播,必须被追究责任,而工商部门应责令电视台立即停止刊播该虚假广告,没收广告费,并处广告费用一倍以上五倍以下罚款,如若处罚无效,将此案移交司法机关处理。

(四) 反垄断行为

从一般意义上来说,"传媒产业反垄断的内容是对同一媒体控制整个市场或者同一经济实体控制多家媒体进行限制以及打破报业发行市场的垄断等"。[①] 对于中国媒体来说,应注意要通过《反垄断法》和《反不正当竞争法》等法规和相应的制度监管垄断媒介的行为,避免垄断行为对竞争的损害,减少垄断市场结构的弊端。

反垄断在国外已有几百年的历史,但到底是反垄断的市场结构还是反垄断的市场行为,在理论和实践中曾有不同的主张和做法。以美国为例,在 20 世纪 80 年代以前,美国政府主要以哈佛学派的反垄断理论为根据,依靠行政手段,以降低市场集中度、改变高度垄断类型市场结构为目标,对大型寡头企业采取"肢解"的方法进行拆分,如美国铝公司案、美国电话电报公司拆分案等。但因为很

---

① 金碚:《报业经济学》,经济管理出版社 2002 年版,第 286 页。

多寡头垄断市场结构的形成是企业追求竞争力的一个必然结果,即寡占和垄断是竞争的必然结果,强行拆分寡头大企业、降低市场集中度,可能有损一国大企业和其所在产业的国际竞争力。因此美国自20世纪80年代以来,以芝加哥学派减少人为干预、放松管制、让市场自发作用的理论为依据,将反垄断行为作为政策的重点。政府政策管制的垄断行为主要有:价格水平协议;信息协议;协议投标;结构调整协议;中小企业合作协议;出口协议;技术进步协议;拒绝交易协议;歧视价格协议;拒绝销售行为;搭售行为;排他性交易协议;其他垄断行为等。

而在我国,都市类报业是典型的接近垄断型的市场结构,反垄断不应强行拆分大的媒介集团,否则会影响我国媒介在国际上的竞争力,而应该反垄断行为,对大的寡头媒介的垄断行为进行监管。

二、实施必要的财政手段

财政手段是通过国家预算、税收、财政投资、财政补贴、财政信用、财政立法和执法、财政监察来实现经济持续协调发展和社会安定,促进社会公平分配。政府针对传媒业的财政手段,主要体现为税收和财政补贴两种调节方法。当然,对待传媒业不同组成部分有不同的标准和措施,其中经营性的部分,基本上完全参与市场竞争,收入支出自行负责,国家较少进行经济支持;对公益性的部分,无论是税收、财政补贴还是经济政策,国家都给予相应的支持。

西方国家为了配合国家的公共政策,政府会拨款或者依靠收视费用建立公共广播,以制作和播放公共政策的讨论、文教艺术或知识性节目为主,为了能更好地促进民主,提供一个独立的公众交流和讨论的平台。

对于那些不以盈利为目的的公益性报刊、节目,政府应当给予适当的财政补贴,以保证它们的正常运行,完成商业性质的新闻产品无法完成的宣传和教育任务。比如,"对无法直接从市场上收回成本的党报党刊,为了加强宣传的主渠道作用,保证人民能够听到党和政府的声音,国家应适当予以补偿;对于某些农村、教育、科技类的弱势节目或媒介,虽然其具有外部经济性,但由于媒体内容产制者的收益低,他们对产制这类内容存在消极性,对此,政府应给予补贴和税收方面的优惠,以此作为社会收益的补偿,鼓励媒体更多地产制有利于社会的内容"。还有偏远地区和贫困地区报刊的发行,广播、电视的覆盖,这些都需要政府的政策主导以及资金支持。比如,我国在2011年4月开展的户户通直播卫星电视服务的系统工程,是政府为了突破农村地区的人们长久以来无法收听、收看广播电视的困境,由国家广播电影电视总局组织实施的直播卫星广播电视公共服务。这项服务意在全面调整我国广播电视的覆盖格局,实现全国每家每户广播电视的全面覆盖。

考虑到媒体兼具公共性和公益性,在社会生活中担任着信息传播、意见发表的重大责任,新闻失实和不良信息都会带来严重的社会影响,因此,政府在加强对新闻媒体的规制时,应坚持始终把公共利益放在首位,以保障人民利益作为监管媒体工作的出发点和落脚点,以保证媒体的健康、良好运行和社会的安定团结。

第三节　从受众出发的策略

监督制约媒体的行为,不仅是政府和媒体自身的责任,受众也是有效监督商业化媒体的必不可少的力量。德国哥廷根大学法学教授皮斯托尔在接受记者采访时说:"任何一种权力都不应变成为所欲为的工具。而对媒体这种无形权力最好的制约,就是包括媒体自身在内的公众监督。"①

一、强化受众主体意识

受众首先是社会大众,他们享有传播权、知晓权以及媒体接近权。"传播即是基本的权利,那么权利的拥有和实践就必须建立在平等与多元的基础上,特别是既有结构的弱势者,其权利更应该受到尊重,让人民得以参与媒体的运作。"②另外,通常受众又是媒体的服务对象,受众向媒体付费,因此他们有权利要求媒体提供高质量、高品位的服务来满足他们的需要。

监督媒体不仅是为了社会,更是受众用于维护自身的利益,为自己负责。受众应该积极地参与媒体活动,主动地担负起监督媒体内容和行为的责任,用批判的眼光审视媒体行为,还应该给予适当的反馈。除了受众自身,媒体和政府也应该正确引导受众提升自己的主体意识,引导受众了解自己的需要,不受媒体及外界各种因素的影响,学会运用自己的知识和经验独立客观地选择适合

---

① 柴野:《德国没有新闻法但有管制　公众监督是最好制约》,《光明日报》2012年7月13日。
② 转引自冯国有:《媒介话语权博弈与公共政策利益选择》,《理论与改革》2007年第5期。

的媒体、辨别媒体意图和有效地利用媒体。这样,媒体和受众的关系就处在双向互动的传播新模式下,受众就从一个只会接收信息的被动角色转变为拥有辨别信息、取舍信息能力的主动角色。

受众主体意识的提升与强化必将带来受众自身和社会共同获益的良好效果。双赢效果主要体现在两个方面:其一,受众主体意识的提升使保障受众自身利益的各项权利得到充分实现,强化了受众对消息的掌握、对媒体意图及内容的理解以及利用媒体等方面的能力。例如,为了突破商业化媒介的新闻垄断,美国有不少学者创办了新闻网站,如 www. alternet. org,www. democracynow. com,www. freepress. com 等,这些新闻网站主要报道被主流媒介"漏报"的新闻,如化妆品的毒性、以色列在加沙地带犯下的反人性罪、不公平的医疗保险体制等;同时列举媒体反民主的种种劣迹,如不顾生态环境的恶化不遗余力地推销消费主义,狂热地追杀国家异己分子的好战态度;回避工人工作环境、工资问题、企业产品、媒体暴力等问题;回避政府管理问题,如税收、公共资源管理等问题,这些报道弥补了主流媒介的新闻偏见,有助于唤起公众的警醒与参与。① 其二,受众主体意识的强化还会很大程度地提高媒体传播活动的水平和质量,改善传播效果。更重要的是,通过与媒体更广泛地交流、更深层次地互动后,媒体得到受众的反馈,而这种反馈可以使媒体更好地了解受众的需求。

二、提高受众媒介素养

媒介环境日益复杂多变,这对受众来说是一个巨大的挑战,有些受众对于媒体的认识有偏颇:一部分受众对于媒体传播的信息深信不疑,把媒体信息作为一切行动的指导思想,缺乏自己独立的思考判断;还有一部分受众认为媒体报道的任何事件都具有一定的目的性,对媒体信息全盘否定。显然,这两种对待媒体的极端态度都是不可取的。具有良好媒介素养的受众遇到难以判断的媒体信息时,会利用自身已有的知识储备进行客观地分析、辨别,这样就大大降低了媒体行业失范的危害程度。在日益复杂多变的媒体环境中,那些媒介素养较低的受众,面对难以辨别的媒体信息就会手足无措,很可能受到误导甚至伤害。受众媒介素养的水平很大程度上影响着大众传播的效果和受众对媒介行为的监督效果,是否接受过媒介素养教育使受众在对待媒体的态度和驾驭媒体

---

① 李异平:《美国媒介批判研究概述》,《国际新闻界》2009 年第 4 期。

的能力方面有较大差异,因此发展媒介素养教育势在必行。

媒介素养教育最早出现在20世纪30年代初期。1933年,英国学者利维斯和他的学生丹尼斯·桑普森出版了《文化和环境:培养批判意识》一书,在书中第一次系统阐述了学校引入媒介素养教育的必要性并提出了建议。他们认为,新兴的大众传媒在商业动机的刺激下所普及的流行文化,往往被推销一种"低水平的满足",这种低水平的满足将误导社会成员的精神追求,尤其是会对青少年的成长产生负面的影响。因此,教育界应以系统化的课程或训练,培养青少年的媒介批判意识,使其能够辨别和抵御大众传媒的不良影响。①

媒介素养教育的定义在各国没有统一的界定,这里将它定义为"针对日益强大的媒体影响力,围绕媒体所承载的信息内容,并根据受众的心理特点和社会需求,有目的、有组织地对他们进行一种教育活动,使其成为有能力批判性地选择、辨别、理解、质疑、评价媒体信息,进而能够驾驭媒体信息并能够传递信息的人"②。媒介素养已经成为现代信息社会中社会大众应对媒体影响的基本能力。

媒介素养教育的目的在于使大众更广泛地了解媒体知识,对媒体有一个准确、清晰的认识和定位,从而提高受众的媒介素养。它不仅能增强受众参与媒体的积极性,还能使受众学会如何使用媒体传播信息,如何利用媒体为自己所用。这样受众出于自身利益的考虑,就会自觉地对媒体及其工作者进行有效监督。作为文化素养的一部分,受众的媒介素养既受国民素质和整体科学文化水平的影响,反过来它的提高又可以促进国民素质和科学文化水平的提升。

加拿大媒介素养教育之父——约翰·庞金特提出了著名的媒介素养教育八大理念。第一,媒介是建构的。媒介不是现实世界的影像,而是对现实的反映。媒介素养教育致力于分解和辨析这种建构。第二,媒介建构现实。人们对外部世界的观察和体验都是经由媒介获得的,对此要清晰并持怀疑态度。第三,受众选取媒介中所传递的信息的意义。第四,媒介总是蕴含商业动机。第五,媒介包含意识形态和价值观。第六,媒介暗含政治和社会诉求。第七,媒介的内容和形式紧密相连。第八,媒介有其独有的美学形式。③

受众的媒介素养建设需要完整系统的运作,学校、媒介和家庭三方面缺一

---

① 田中初:《媒介素养:一种正在兴起的教育实践》,《浙江师范大学学报(社会科学版)》2004年第1期。
② 郎劲松、初广志:《传媒伦理学导论》,浙江大学出版社2007年版,第292页。
③ John Pungente,S.J.From Barry Duncan et al.,Media Literacy Resource Guide,On Tario Ministry of Education,Toronto,1989.

不可。

　　学校作为教育的重中之重,承担着媒介素养教育的主要任务。中小学、大学以及成人教育都应该开设媒介素养教育的相关课程和培训。在中小学,将媒介素养纳入素质教育的范畴,媒介素养教育可以渗透在各学科中,也可以定期进行媒介知识的普及,组织学生参观媒体,了解工作流程。在大学,将媒介素养教育的课程作为必修课开设,课程结束时应该进行实践性的检验,同时可以邀请媒介素养教育方面的专家或是资深媒体从业人员进行定期讲座;此外,学生社团也可以组织这方面的活动,以更容易接受和理解的方式使学生的媒介素养得到提高。媒介素养教育作为素质教育的一部分,应当是终身的、不间断的。成年人作为社会的主流人群,他们的媒介素养影响到整个社会的生产力水平和文化水平。所以,针对成年人的媒介素养教育同样值得关注,应对他们进行媒介知识的普及,引导他们学习如何更好地使用媒体、利用媒体。

　　媒体作为信息的生产者和传播者,在媒介素养教育方面负有不可推卸的责任。当今社会,大众与媒介的关系日益密切,媒体是个人社会化的重要工具。媒体掌握信息生产、传播的过程,理应利用先天的优势,为媒介素养教育作出贡献。媒体可以根据不同年龄、不同职业的特点,制作有关媒介素养教育的节目,比如,向受众展示节目制作过程、信息筛选的标准和流程等,还可以利用传播广泛、影响力大等优势进行媒介素养教育的宣传。

　　家庭作为社会的最小单元,也有着不容忽视的巨大力量。家庭教育对人的一生的影响是非常重要的,家长对孩子的了解是最全面、最透彻的,因而更能因材施教,把握孩子的特点,进行有效的媒介素养教育。家长了解、熟悉孩子经常接触的媒体,以便进行有效的引导,还要运用恰当的方式进行教育,要经常提示孩子媒体具有两面性,教会孩子利用自己已有的知识对媒体信息进行批判的接受和吸收。

第四节　从行业协会出发的策略

　　行业协会是由同一行业的企业法人、相关的事业法人和其他组织依法自愿组成的社团。中华全国新闻工作者协会作为新闻界的全国性人民团体,其主要职能有:进行新闻从业人员的教育、培训工作;开展新闻理论研究、业务交流;开展新闻奖评选及新闻从业者评优工作;维护新闻工作者的合法权益;推进新闻行业自律,规范新闻从业行为;为新闻界和社会各界提供行业信息服务;加强新闻界各媒体成员的交流和联系等。为应对愈演愈烈的媒体盈利诉求对公共利益的侵蚀,从行业协会的角度来看,最要紧的莫过于由中华全国新闻工作者协会发起设立全国新闻评议会,强化行业自律机制。

20世纪,西方新闻界在媒介商业化的推进中,"新闻自由权遭到滥用的情况日趋严重。黄色新闻的泛滥损害了社会公德和治安;广告主对新闻业的控制使一些新闻报道失去了客观、公正的立场;后来,报业垄断又使思想与意见的交换市场进一步缩小"。[①] 新闻界的这种情况不仅引起了广大公众的不满和指责,也促使新闻界进行道德反省。在这种背景下,新闻评议会这种媒体自律机构便诞生了。它包括建立民间自愿性的新闻行业道德评议组织,出版新闻职业道德评议刊物,制定新闻职业道德规范,开展日常性的新闻职业道德评议活动。1916年,瑞典开展报业自律的"报业公正经营委员会"成立,成为世界上最早的新闻评议组织。"二战"后迅速风行欧美,目前全世界约有30多个国家建立了这类组织。[②] 它们大概呈现如下几个特点:一是西欧等国的新闻评议组织成立时间普遍早于亚非国家;二是全国性和地方性的新闻评议会并存;三是部分国家的新闻评议会带有政府色彩(如印度尼西亚和意大利)。1953年成立的英国报业总评议会每年要处理100多件违反新闻道德的申诉案,后在司法界和社会各界人士的共同参与下,这项制度逐步完善。然而,一些新闻评议会因内部缺乏资金和人员、外部得不到新闻媒体的支持而难展宏图,例如,美国的全国新闻评议会在苦苦支撑10年后,被媒体内部的督察员制度取代。[③]

各国新闻评议会都有一个共同的任务:接受和处理因新闻工作者违反职业道德而引起的申诉。除此之外,在"维护新闻自由及防止自由之滥用"的旗帜下展开多样的工作。在瑞士,新闻评议会要负责维护报业免受外来影响,监督报纸的对外政策,制止任何虚伪和不利于国家及其政策的消息的散布。在德国,新闻评议会注意报业结构的发展,防止报团的独占,代表报业与政府、国会及其他公共机构商讨报业问题,并成为公共关系部门。在印度,新闻评议会还要协助国家建立新闻法规,训练和教育新闻从业者。[④]

各国新闻评议会自出现以来通过积极的作为取得了显著的功效。首先,新闻评议会较好地督促了新闻从业者实行道德自律。其次,对违反职业道德规

[①④] 廖晓英:《各国新闻评议会概况》,《国际新闻界》1988年第1期。
[②] 裘正义、黄瑚:《欧美各国的新闻评议制度与新闻自律》,《新闻战线》1996年第1期。
[③] 李良荣:《西方新闻事业史》,复旦大学出版社1997年版,第290页。

范,损害国家、社会、个人利益的行为,起到了一定的补救作用。评议会的判决被公之于众,表现出了新闻界对新闻活动规律的尊重和对国家、社会、个人的负责精神,从而很好地维护了新闻界的声誉,并且保护了国家、社会及个人的正当利益。[1]

目前,我国还没有全国性的新闻评议组织,1931年成立的"中国记协"和1999年成立的"中国报协"均不算正式意义上的评议组织。目前,我国地方性新闻评议组织只有4家,分别是台北市新闻评议会(1963)、香港报业评议会(2000)、北京网络新闻信息评议会(2006)、湖北网络文化协会新闻评议分会(2010)。

成立新闻评议会后有两个重要工作:一是制定行业道德规范,受理受众的投诉。如英国报刊投诉委员会(PCC)制定的《行为规约》被视为判定媒体是否违反行业道德的依据。在处理投诉方面,PCC力求为受众提供快速、公正、免费的服务。他们规定:受众投诉的热线电话在办公室响铃不得超过4次。除了全程热线指导,PCC还将以往的所有判决的案例公布在网络上,便于受众审查。PCC还定期访问妇女儿童、受歧视者,体现了对于社会弱势群体的关注。[2] 二是设立专业的媒体批评与监督阵地,出版评议刊物。从20世纪60年代开始,美国的芝加哥、费城、巴尔的摩、华盛顿形成了一场声势浩大的"新闻评论"运动。针对报刊中日益存在的过度娱乐化、滥用新闻自由的现象提出猛烈批评,并出版了一系列的评议刊物。其中《哥伦比亚新闻学评论》最为著名,该刊至1982年,发行量已增至35000份。

在我国也有新闻专业类刊物,但发表的绝大多数文章都是就新闻事业和新闻业务进行探讨、交流,几乎没有对新闻工作进行认真、严肃的自我审视与自我批评。中国缺少以批评、监督新闻业为宗旨的报刊及专栏,这无论是对新闻工作者著文进行的自我批评还是对外界发出的批评声音来说,都是一个极大的限制。而来自民间的网络论坛及大众的口头批评,则显得既不规范又没有权威性。[3] 因此,我们要筹建专业的媒体批评杂志,以利用这样的阵地给媒体以监督。

---

[1] 廖晓英:《各国新闻评议会概况》,《国际新闻界》1988年第1期。
[2] 焦俊波:《论我国新闻评议会的构建》,南昌大学新闻学2008年硕士论文,第15页。
[3] 肖志峰:《西方新闻自律的历史演进对我国新闻道德建设的镜鉴》,《湖南大众传媒职业技术学院学报》2006年第3期。

结　语

　　纵观中外历史，不管是在启蒙运动时期的欧罗巴，还是在独立战争中的美利坚，抑或是在戊戌变法下的清末，再或是在凯末尔变革席卷中的土耳其，历史上的每一次巨大进步无不伴随着思想的激烈争鸣，舆论在社会变革中所起的作用不可小觑。在多元观点的争执与碰撞中，在闪光思想的兼容并蓄下，文明的承续就在这样的舆论环境中步步前进。于是，检索历史中思维的精华沉淀，我们听到了伏尔泰"我不同意你的观点，但我誓死捍卫你说话的权利"的强劲声音，看到了《独立宣言》中关于人权的经典论述"我们认为这些真理是不言而喻的：人人生而平等"，感受了严复在《天演论》中的慨叹"物竞天择，适者生存"，"时代必进，后胜于今"，体悟了土耳其缔造者的深思"一个国家不论在战场上取得多么辉煌的胜利，如果没有知识大军，这个胜利就不能巩固和持久"。

　　然而，区别于过往历史时代的慷慨激昂，如今市场化环境运作下的媒体，还能否有足够的勇气担负这样的一份责任与义务，公众又能否自由地利用媒体畅所欲言，达到多元观点的碰撞与协调，更为关键的是，能否创造一个自由民主的舆论环境，巩固一个进步社会存在的根基？

　　在中国，媒体处在政治权力、商业利益和公众选择三方博弈的格局中。在媒体运作过程中，三者各有其目标与路径。利益通过需求表达，公众收看媒体内容，希望满足自己的生存和发展需要，国家希望媒体播出维护政治稳定的内容，而媒体的控制人则希望播出的内容带来投资回报。即政府的目标是意识形态的安全；媒体的目标是盈利的诉求；公众的目标则是公共利益。中国传媒业的改革，从30年前的单纯泛政治化到今天的政治化加商业化，媒体改革恰恰失落了公共利益目标。为确保意识形态安全，我国党和政府竭力倡导、建构了喉舌性质、党管媒体、党管干部、准入制度、国有资产、党性原则、宣传管理等一些列运作规则。在政府与媒体的关系上,政府是强者,媒体必须服从政府。因此,中国的媒体改革,一直沿着放松经济规制的路径在走。这样,由于缺乏公共利益的规制基础,媒体在某些方面已经步国外商业化媒体之后尘。可以说中国媒体 30 余年来的变革其实就是一场媒介的盈利诉求不断扩张,而媒体的公共利益功能不断被忽略与遮蔽的过程,二者已经严重失衡。本书希望在利润与公共利益博弈的框架下,审视问题内容产制的变迁,在传媒产业的发展中展现出其间的隐忧。

下面就是笔者认为当前中国新闻媒体应该注意的一些问题,也是本书的核心内容。

1.从媒介商业化的发展历程来看,外部环境的变动引发了经营活动的勃兴,经营活动的开展又引发了管理变革的跟进,实现了"经营—管理—经营—管理"螺旋式的前进。其在经营突破或管理跟进上,则是一段循序渐进的历程,它遵循自上而下"合谋"的路径,是以"边缘突破"的方式得以演进的。

2.在利润的诉求之下,在媒体"市场导向"、收视率、收听率和发行量的大棒以及媒体内部多样的绩效考核之下,媒体将受众视为消费者甚至是"上帝",不是基于他们的需要(need),而是要什么就给什么(want)。于是乎,媒体的内容出现了"两多、一少、一异化":一味吸引受众眼球的多了,为资方代言内容的多了;给受众提供满足知情权的调查报道少了;广告异化了。

3.在媒介商业化的道路上,部分媒体内容不可避免地出现了"较为持久的特性和倾向"——"低级趣味"的现象。

4.在民主的视角下,媒体本应遵循的"一人一票"原则蜕变为"一元一票",本应肩负为所有人服务的媒体变为为资本生产与为富人代言。

5.在风险最小化(模仿与拷贝)和利益最大化(都针对同一群受众定位)的生产原则下,无论报纸新闻还是电视都出现了内容同质化的现象。

6.媒体在追求资源最优配置与利润最大化的道路上,建立了降低成本与增加收入的一系列策略,有些手段触目惊心,比如加版不加人、降低政治风险、媒体寻租以及有效发行(收视)等。

7.为了提升媒体的效率,多数商业化的媒体均采用了"采编广告一体化"的策略,允许广告部门介入采编决策,建立了组织绩效考核制度与传播者绩效考核制度,这种数量导向制度的构建是引发媒体内容品质下降与普遍服务消失的罪魁祸首之一。

8.在中国媒介商业化发展的 30 余年,竞争在促进媒体实现最佳资源配置、提升媒介运作效率中发挥了不可替代的作用,成为推动中国媒体走向繁荣的重要力量,然而,竞争并不是完美的,竞争在繁荣中国媒体的同时也带来了其负产品——不正当竞争和垄断,它成为中国媒体进一步发展的隐忧。

9.在媒介商业化的道路上,在媒体内外的压力下,"中国新一代新闻工作者正在陷入严重的工作和生活窘地。在一个饥肠辘辘的中国商业化媒体环境里,中国的记者正在变成一个整天为自己的生活奔波养家糊口的人"。

10.在媒介商业化之下,作为媒体利益相关者的资本、广告、新闻来源和受众,利用种种手段渗入或介入媒介,实现自身的目标,达到自身的目的。

附录 市场结构的综合分类法[①]

市场结构类型	根据HHI高低分类	以集中度差别及企业数为基础细分
高寡占Ⅰ型	HHI>3000	(1)CR1>50;1,2位之间差别大 (2)CR2>75;2,3位之间差别大 (3)CR3>90;3,4位之间差别大 (4)CR2=100 或 CR3=100;企业间差别小
高寡占Ⅱ型	3000≥HHI>1800	(1)CR1>35;1,2位之间差别大 (2)CR2>50;2,3位之间差别大 (3)CR3>70;3,4位之间差别大 (4)CR4>80;4,5位之间差别大 (5)CR2>50;与其以下企业差别小[4—30] (6)CR5>90;与其以下企业差别小[6—30]
低寡占Ⅰ型	1800≥HHI>1400	(1)CR1>30;1,2位之间差别大 (2)CR2>45;2,3位之间差别大 (3)CR3>60;3,4位之间差别大 (4)CR4>70;4,5位之间差别大 (5)CR2>45;与其以下企业差别小[7—150] (6)CR5>75;与其以下企业差别小[7—50] (7)CR6>80;与其以下企业差别小[10—20]
低寡占Ⅱ型	1400≥HHI>1000	(1)CR1>25;1,2位之间差别大 (2)CR2>40;2,3位之间差别大 (3)CR3>50;3,4位之间差别大 (4)CR2>40;与其以下企业差别小[15—50] (5)CR5>65;与其以下企业差别小[9—70]

[①] 《现代日本产业集中》,日本经济新闻社1983年版。

续表

市场结构类型	根据 HHI 高低分类	以集中度差别及企业数为基础细分
竞争Ⅰ型	1000≥HHI>500	(1)CR1>20；1,2 位之间差别大 (2)CR2>30；2,3 位之间差别大 (3)CR3>35；3,4 位之间差别大 (4)CR5>45；与其以下企业差别小[10—170] (5)CR10>60；与其以下企业差别小[31—320]
竞争Ⅱ型	500≥HHI	(1)CR10>50；与其以下企业差别小[30—800] (2)CR10<50；与其以下企业差别小[80—10,000]

注：1.相邻企业同 CR 值相差 50% 以上为差别大，反之则差别小。
 2.[ ]内,是企业间 CR 值差别小时,产业内的企业数目。

主要参考文献

教材著作

〔英〕斯图尔特·艾伦:《新闻业:批判的议题》,纪莉、石义彬译,武汉大学出版社 2011 年版。

〔英〕罗杰·迪金森等编:《受众研究读本》,单波译,华夏出版社 2006 年版。

〔英〕利萨·泰勒、安德鲁·威利斯:《媒介研究:文本、机构与受众》,吴靖、黄佩等译,北京大学出版社 2005 年版。

〔英〕尼古拉斯·阿伯克龙比:《电视与社会》,张水喜等译,南京大学出版社 2007 年第 2 版。

〔英〕詹姆斯·库兰、〔美〕米切尔·古尔维奇:《大众媒介与社会》,杨击译,华夏出版社 2006 年版。

〔英〕斯图尔特·艾伦:《新闻文化》,方洁等译,北京大学出版社 2008 年版。

〔英〕斯图尔特·艾伦:《媒体潜规则——英国名记揭秘全球新闻业黑幕》,崔莹译,南方日报出版社 2010 年版。

〔英〕丹尼斯·麦奎尔、〔瑞典〕斯文·温德尔:《大众传播模式论(第 2 版)》,祝建华译,上海译文出版社 2006 年版。

〔英〕丹尼斯·麦奎尔:《麦奎尔大众传播理论(第四版)》,崔保国、李琨译,清华大学出版社 2006 年版

〔英〕彼得·戈尔丁、格雷厄姆·莫多克:《文化、传播和政治经济学》,华夏出版社 2006 年版。

〔英〕戴维·巴特勒:《媒介社会学》,社会科学文献出版社 1989 年版。

〔英〕马修·基兰编:《媒体伦理》,南京大学出版社 2009 年版。

〔加〕文森特·莫斯可:《传播政治经济学》,胡正荣等译,华夏出版社 2000 年版。

〔加〕罗伯特·哈克特、赵月枝:《维系民主?——西方政治与新闻客观性》,沈荟、周雨译,清华大学出版社 2010 年版。

〔美〕隆·莱博:《思考电视》,葛忠明译,中华书局 2005 年版。

〔美〕迈克尔·舒德森:《发掘新闻——美国报业的社会史》,陈昌凤等译,北京大学出版社 2009 年版。

〔美〕迈克尔·舒德森:《新闻社会学》,徐桂权译,华夏出版社 2010 年版。

〔美〕迈克尔·舒德森:《为什么民主需要不可爱的新闻界》,贺文发译,华夏出版社 2010 年版。

〔美〕迈克尔·舒德森:《新闻的力量》,刘艺娉译,华夏出版社 2011 年版。

〔美〕新闻自由委员会:《一个自由而负责的新闻界》,展江等译,中国人民大学出版社 2004 年版。

〔美〕理查德·布茨:《美国受众成长记》,王翰东译,华夏出版社 2007 年版。

〔美〕赫伯特·甘斯:《什么在决定新闻——对 CBS 晚间新闻、NBC 夜间新闻、〈新闻周刊〉及〈时代〉周刊研究》,石琳、李红涛译,北京大学出版社 2009 年版。

〔美〕W.兰斯·班尼特:《新闻——政治的幻象》,杨晓红、王家全译,当代中国出版社 2005 年版。

〔美〕盖伊·塔奇曼:《做新闻》,麻争旗等译,华夏出版社 2008 年版。

〔美〕罗伯特·W.麦克切斯尼:《富媒体、穷民主——不确定时代的传播政治》,谢岳译,新华出版社 2004 年版。

〔美〕约翰·H.麦克马那斯:《市场新闻业——公民自行小心?》,张磊译,新华出版社 2004 年版。

〔美〕本·H.贝戈蒂克安:《媒体垄断(第六版)》,吴靖译,河北教育出版社 2004 年版。

〔美〕弗雷德里克·S.西伯特等:《传媒的四种理论》,戴鑫译,中国人民大学出版社 2008 年版。

〔美〕大卫·克罗图、威廉·霍伊尼斯:《运营媒体——在商业媒体与公共利益之间》,董关鹏等译,清华大学出版社 2007 年版。

〔美〕大卫·克罗图、威廉·霍伊尼斯:《媒介·社会——产业、形象与受众》,邱凌译,北京大学出版社 2009 年版。

〔美〕比尔·科瓦奇、汤姆·罗森斯蒂尔:《新闻的十大基本原则——新闻从业者须知和公众的期待》,刘海龙、连晓东译,北京大学出版社 2011 年版。

〔美〕海伦·托马斯:《民主的看门狗——华盛顿新闻界的没落及其如何使公众失望》,夏蓓、蒂娜·舒译,南方日报出版社 2009 年版。

〔美〕约瑟夫·塔洛:《分割美国——广告与新媒介世界》,洪兵译,华夏出版社 2003 年版。

〔美〕沃纳·赛佛林、小詹姆斯·坦卡德:《传播理论——起源、方法与应用》,郭镇之主译,华夏出版社 2000 年版。

〔美〕休梅克:《大众传媒把关》,张咏华注释,上海交通大学出版社 2007 年版。

〔美〕梅尔文·德弗勒、桑德拉·鲍尔·洛基奇:《大众传播学诸论》,杜力平译,新华出版社 1990 年版,第 152 页。

〔美〕伦纳德·小唐尼、罗伯特·G.凯泽:《美国人和他们的新闻》,党生翠等译,中信出版社/辽宁教育出版社 2003 年版。

〔美〕马丁·李、诺曼·苏罗蒙:《不可靠的新闻来源》,杨月荪译,台湾正中书局 2002 年版。

〔美〕伯纳德·罗胥克:《制作新闻》,姜雪影译,台湾远流出版事业股份有限公司1994年版。
〔美〕约翰·维维安:《大众传播媒介(第七版)》,顾宜凡等译,北京大学出版社2010年版。
〔美〕凯瑟琳·霍尔·贾米森、卡林·科洛斯·坎尔贝:《影响力的互动——新闻、广告、政治与大众媒介》,洪丽译,北京广播学院出版社2004年版。
〔美〕道格·安德梧:《MBA当家:企业化经营下报业的改变》,林添贵译,台湾正中书局2000年版。
〔美〕克利福德·G.克里斯蒂安等:《媒介公正》,蔡文美等译,华夏出版社2000年版。
〔美〕埃弗利特·E.丹尼斯等:《媒介论争——19个重大问题的正反方辩论》,王纬等译,北京广播学院出版社2004年版。
〔美〕西奥多·格拉瑟:《公共新闻事业的理念》,华夏出版社2009年版。
〔美〕托德·吉特林:《新左派运动的媒介镜像》,华夏出版社2007年版。
〔美〕尼尔·波兹曼:《娱乐至死》,章艳等译,广西师范大学出版社2009年版。
〔美〕威尔伯·施拉姆等:《传播学概论》,何道宽译,中国人民大学出版社2010年版。
〔美〕达洛尔·M.韦斯特:《美国传播体制的兴衰》,北京大学出版社2010年版。
〔美〕汉诺·哈特:《传播学批判研究——美国的传播、历史和理论》,何道宽译,北京大学出版社2008年版。
〔美〕爱德华·S.赫尔曼、诺姆·乔姆斯基:《制造共识——大众传媒的政治经济学》,北京大学出版社2011年版。
世界银行《讲述的权利》编写组编:《讲述的权利——大众媒体在经济发展中的作用》,马庆平等译,中国财政经济出版社2005年版。
何舟、陈怀林编著:《中国传媒新论》,香港太平洋世纪出版社1998年版。
张裕亮:《变迁中的中国大陆报业制度图景》,台湾晶典文化事业出版社2006年版。
李金铨:《大众传播理论》,三民书局2005年版。
陈力丹:《新闻理论十讲》,复旦大学出版社2008年版。
董天策等:《新闻·公关·广告之互动研究——对"传播交叉领域"的学理审视》,暨南大学出版社2008年版。
李良荣:《新闻学(第二版)》,复旦大学出版社2006年第2版。
李良荣主编:《为中国传媒业把脉——知名学者访谈录》,复旦大学出版社2006年版。
周宪、刘康主编:《中国当代传媒文化研究》,北京大学出版社2011年版。
石义彬:《单向度 超真实 内爆——批判视野中的当代西方传播思想研究》,武汉大学出版社2003年版。
时统宇等:《收视率导向研究》,四川出版集团2007年版。
谭安奎编:《公共性二十讲》,天津人民出版社2008年版。
陈卫星:《传播的观念》,人民出版社2004年版。
赵月枝:《传播与社会:政治经济与文化分析》,中国传媒大学出版社2011年版。

郝振省主编：《中国新闻出版业改革开放 30 年》，人民出版社 2008 年版。
朱羽君、高传智主编：《进退之间——中国电视新闻从业人员心态录》，中国传媒大学出版社 2005 年版。
鲁曙明、洪浚浩：《传播学》，中国人民大学出版社 2007 年版。
徐小立：《传媒消费文化景观》，人民出版社 2010 年版。
陈力丹等：《艰难的新闻自律——我国新闻职业规范的田野观察/深度访谈/理论分析》，人民日报出版社 2010 年版。
谢静：《美国的新闻媒介批评》，中国人民大学出版社 2009 年版。
吴飞：《新闻专业主义研究》，中国人民大学出版社 2009 年版。
吴飞、王学成：《传媒·文化·社会》，山东人民出版社 2006 年版。
刘海龙：《大众传播理论：范式与流派》，中国人民大学出版社 2008 年版。
刘晓红：《西方传播政治经济学研究》，上海世纪出版集团 2007 年版。
高传智：《"资本"影像——90 年代以来中国电视新闻场域的变化及其影响》，中国传媒大学出版社 2009 年版。
黄升民、丁俊杰主编：《媒介经营与产业化研究》，北京广播学院出版社 1997 年版。
吴廷俊主编：《中国新闻传播史（1978—2008）》，复旦大学出版社 2011 年版。
胡正荣、张磊：《时代之印——中国媒介三十年（1978—2008）》，陕西人民出版社 2008 年版。
宋守山：《传媒三十年》，南方日报出版社 2009 年版。
张宁：《媒介社会学——信息化时代媒介现象的社会学解读》，中山大学出版社 2010 年版。
郑根成：《媒介载道——传媒伦理研究》，中央编译出版社 2009 年版。
肖燕雄：《微观新闻制度论》，中国传媒大学出版社 2008 年版。
金碚：《报业经济学》，经济管理出版社 2002 年版。
孙燕君：《报业中国》，中国三峡出版社 2002 年版。
展江、白贵：《中国舆论监督年度报告》，社会科学文献出版社 2006 年版。
宋建武主编：《中国报业年鉴》（2005—2010），中华工商联合出版社。
童清艳：《超越传媒——揭开媒介影响受众的面纱》，中国广播电视出版社 2002 年版。
李希光：《变形的新闻屋》，四川人民出版社 2002 年版。
杨仁忠：《公共领域论》，人民出版社 2009 年版。
易前良：《美国"电视研究"的学术源流》，中国传媒大学出版社 2010 年版。
田秋生：《市场化生存的党报新闻生产——〈广州日报〉个案研究》，中国广播电视出版社 2010 年版。
禹建强：《传媒市场化的缺陷》，中国传媒大学出版社 2005 年版。
郑保章等：《大众传播时代媒介歧视问题研究》，人民出版社 2011 年版。
王维佳：《作为劳动的传播——中国新闻记者劳动状况研究》，中国传媒大学出版社 2011 年版。

孔令顺:《中国电视的文化责任》,中国传媒大学出版社 2010 年版。
唐绪军:《报业经济与报业经营》,新华出版社 1999 年版。

期刊
《新闻与传播研究》
《新闻大学》
《国际新闻界》
《现代传播——中国传媒大学学报》
《新闻战线》
《新闻与传播》
《中国传媒报告》
《新闻记者》
《中国记者》
《新闻界》
《当代传播》
《青年记者》
《新闻知识》
《新华文摘》
《读书》

后 记

也许是受"盖文章,经国之大业,不朽之盛事。年寿有时而尽,荣乐止乎其身,二者必至之常期,未若文章之无穷"的思想影响,从小就对文字有一种敬畏之感,总以为变成铅字的东西是神圣的,对之笃信不疑。及至长大,虽也知"尽信书,则不如无书"的圣哲之言,依然对文字常怀恭敬之心。

如今,在大学执教,授课之余,码字已成为一种生活方式。每每独坐灯下,搜肠刮肚,常常想何日得神灵相助,得以梦笔生花。在大学执教十年之后,方有自己文字变为著作,在兴奋与得意之余,又生出几分惶恐。生怕它误人子弟,成为"掩埋学术金脉的印刷垃圾"。又想到人总会由不成熟到成熟,著作亦然,想到此也就稍觉心安。

遥想十余年来,读书、教书、码字之间,遇到的贵人可谓多矣。难以忘怀我的博士生导师刘燕南教授给予我的深切关怀和谆谆教导!

难以忘怀我的硕士生导师吴庚振教授引领我走上学术的道路!

难以忘怀我的学生们给我的真诚鼓励,无私的帮助!

感谢河北大学新闻传播学院的创院院长白贵教授读书求学之时,院长给我提供的宽松的学习环境,教书育人之际,院长谆谆告诫我踏踏实实、勤勤恳恳。还要感谢新闻传播学院现任院长韩立新教授的支持与鼓励!另外,河北大学的陈天、赵利圆、张贺、魏巍起草了部分章节的初稿,我的研究生郭彬、王建平、赵然然,我的本科生张世超、吉国杰、刘思洁和栾方凝做了大量的文字校对工作,研究生黄鑫宇则完美地完成了全书的图表制作,再次向他们一并致谢!

感谢我的父母、妻儿。你们是这个世界上最爱我的人,也是我最爱的人。每每我学术征途中遭遇难题,表现出怯懦时,想起你们的关爱和鼓励,我就会心生动力,果敢前行。

回首往昔,这些人生路上的宝贵财富,永远是我前行的动力。

辑录一首我非常喜欢的诗以自勉:

既然已选择了远方,

就把信念装进行囊。

既然已认准了彼岸,

就把目光投向苍茫。

既然脚已经上路,

既然船已经出港……

图书在版编目(CIP)数据

媒介问题内容产制研究——一种批判的视角/商建辉著.—北京：中国传媒大学出版社,2016.9
ISBN 978-7-5657-1662-1

Ⅰ.①媒… Ⅱ.①商… Ⅲ.①传播媒介—商业模式—研究—中国
Ⅳ.①G219.2

中国版本图书馆 CIP 数据核字（2016）第 054190 号

媒介问题内容产制研究——一种批判的视角
MEIJIE WENTI NEIRONG CHANZHI YANJIU——YIZHONG PIPAN DE SHIJIAO

著　　者	商建辉
责任编辑	欧丽娜
责任印制	曹　辉
封面制作	泰博瑞国际文化传媒
出版发行	中国传媒大学出版社
社　　址	北京市朝阳区定福庄东街1号　邮编:100024
电　　话	86-10-65450528　65450532　传真:65779405
网　　址	http://www.cucp.com.cn
经　　销	全国新华书店
印　　刷	北京艺堂印刷有限公司
开　　本	710mm×1000mm　1/16
印　　张	16
版　　次	2016年9月第1版　2016年9月第1次印刷
书　　号	ISBN 978-7-5657-1662-1/G·1662　定价 68.00元

版权所有　　翻印必究　　印装错误　　负责调换